Informatik-Fachberichte 295

Herausgeber: W. Brauer
im Auftrag der Gesellschaft für Informatik (GI)

W. A. Halang (Hrsg.)

PEARL 91 — Workshop über Realzeitsysteme

12. Fachtagung des PEARL-Vereins e.V.
unter Mitwirkung von GI und GMA

Boppard, 28. / 29. November 1991

Proceedings

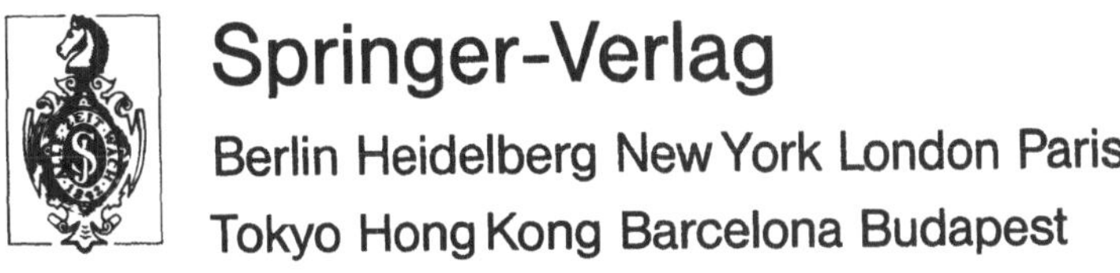

Springer-Verlag

Berlin Heidelberg New York London Paris
Tokyo Hong Kong Barcelona Budapest

Herausgeber

Wolfgang A. Halang

Fachgruppe Informatik, Reichsuniversität Groningen

Postfach 800, 9700 AV Groningen, The Netherlands

CR Subject Classification (1991): C.3, C.2.5, D.2.1, D.2.2, D.3.2

ISBN-13:978-3-540-54909-3   e-ISBN-13:978-3-642-77151-4

DOI: 10.1007/978-3-642-77151-4

Satz: Reproduktionsfertige Vorlage vom Autor

33/3140-543210 – Gedruckt auf säurefreiem Papier

Vorwort

Problematiken der Echtzeitverarbeitung wurden bisher vor allem im Bereich der Automatisierungstechnik behandelt. In letzter Zeit kommen nun neue, grosse Anwendungsbereiche hinzu, so dass die Bedeutung von Echtzeitsystemen im täglichen Leben und für unser aller Sicherheit rasch zunimmt. Das von diesen Systemen abgedeckte breite Spektrum soll hier mit einigen Beispielen charakterisiert werden: Steuerungen von Waschmaschinen, Anti-Blockier-Systemen, Computer-Tomographen, strukturinstabilen Flugzeugen, Magnetbahnen, Kraftwerken und Energieverteilungssystemen, Luftverkehrsüberwachungseinrichtungen sowie Satelliten und Raumstationen. Im Interesse des Wohlergehens der Menschen sind beträchtliche Anstrengungen für die Forschung und Entwicklung höchst zuverlässiger Echtzeitsysteme erforderlich. Weiterhin hängen heutzutage Konkurrenzfähigkeit und Wohlstand ganzer Nationen vom frühestmöglichen und effizienten Einsatz rechnerintegrierter Fertigungssysteme (CIM) ab, für welche die Echtzeitverarbeitung eine entscheidende Rolle spielt. Angesichts dieser Anwendungsmöglichkeiten wird deutlich, warum sich die Informatik-Forschung zur Zeit weltweit diesem wichtigen Gebiet verstärkt zuwendet.

In Bezug auf die deutschen Bemühungen zur wissenschaftlichen Bearbeitung von Echtzeitsystemen muss der letzte Satz korrigiert werden: das Interesse wendet sich nun bereits zum zweiten Male der Echtzeitinformatik zu. Auf Grund der intensiven Forschungstätigkeit in den siebziger Jahren, die u.a. durch das Projekt PDV der Bundesregierung nachhaltig gefördert wurde, dürfte die deutsche Forschung auf dem Gebiet der Echtzeitverarbeitung eindeutig führend in der Welt sein — und das, obwohl in anderen Ländern viel grössere militärische und Raumfahrtprojekte durchgeführt wurden, in denen besondere Echtzeitanforderungen zu berücksichtigen waren. Dies lässt sich auf die traditionell starke Weltmarktstellung der deutschen Industrie im — zivilen — Anlagenbau und die bereits früh eingeleitete Zusammenarbeit zwischen Informatikern und Automatisierungstechnikern zurückführen, die das Gebiet in den letzten 30 Jahren wissenschaftlich ausgearbeitet haben. Anfangs zielten die Bemühungen auf die Verbesserung der sehr unbefriedigenden Situation bei der Software ab. So wurde seit Ende der sechziger Jahre die höhere Prozessprogrammiersprache PEARL entwickelt, die in ihrer Funktionalität bisher immer noch unerreicht dasteht. In engem Zusammenhang mit der Sprachentwicklung und der Anwendung spezieller Prozessperipherieeinheiten wurde die Forschung auf dem Gebiet der Echtzeitbetriebssysteme vorangetrieben. Bedingt durch die hohen Anforderungen zur Implementation von PEARL wurden bereits in den siebziger Jahren Echtzeitbetriebssysteme mit Leistungsmerkmalen entwickelt, wie sie heute kaum zu finden sind. Als Folge dieser Aktivitäten wird der Echtzeitinformatik auch in der Lehre eine ihrer Bedeutung annähernd entsprechende Beachtung geschenkt. Als einziges Land der Welt verfügt Deutschland heute über eine Reihe von Professuren für Echtzeitinformatik, und zwar sowohl an Universitäten als auch an Fachhochschulen. Das erste, und wohl heute noch einzige, umfassende Lehrbuch über Echtzeitsysteme wurde schon 1976 in deutscher Sprache veröffentlicht. Auf Grund dieser Ausbildungsarbeit haben, anders als z.B. in Japan oder in Nordamerika, bereits wissenschaftliche Methoden zur Unterstützung des gesamten Entwicklungsprozesses von Echtzeitanwendungen, angefangen von der Lastenhefterstellung für Hard- und Software bis hin zur automatischen Code-Generierung und Dokumentation, Eingang in die industrielle Praxis gefunden.

Die jährlichen Workshops des PEARL-Vereins stellen eine der am längsten eingeführten Veranstaltungsreihen zum oben umrissenen Themenspektrum dar. Gemäss ihrer Konzeption beschränken sie ihr Interesse nicht allein auf die Entwicklung und Anwendung der Sprache PEARL selbst, sondern bieten ein Forum zur breiten Information und Diskussion über Themen aus allen Bereichen der Echtzeitinformatik. Die diesjährige 12. Fachtagung des PEARL-Vereins setzt diese Tradition fort. Sie findet in einer Zeit des Umbruchs für den Verein statt. Zum 1. Juli 1991 wurde von der Gesellschaft für Informatik die neue Fachgruppe 4.4.2 "Echtzeitprogrammierung, PEARL" gegründet, in die der PEARL-Verein zum Jahreswechsel 1991/92 übergeleitet werden wird. Diese Entwicklung trägt den Veränderungen Rechnung, die sich in den letzten Jahren im PEARL-Verein vollzogen haben, und zwar weg von einem Gremium der mit der Sprache PEARL befassten Herstellerfirmen hin zu einer Gemeinschaft an PEARL und Echtzeitprogrammierung interessierter Ingenieure und Wissenschaftler aus Forschung und Lehre. Es steht zu erwarten, dass die PEARL-Gemeinde unter dem Dach der Gesellschaft für Informatik unabhängig von finanziellen Sorgen die Sprache langfristig weiterentwickeln können wird, um so die durch die deutsche Informatik auf dem Gebiet der Echtzeitprogrammierung errungene führende Stellung in der Welt zu behaupten und, wenn möglich, weiter auszubauen.

Diese gut eingeführte Veranstaltungsreihe wird von den erwähnten organisatorischen Veränderungen kaum berührt werden. Es ist geplant, die 13. Fachtagung über Realzeitsysteme zur gleichen Zeit des kommenden Jahres, d.h. Ende November, wieder als zweitägigen Workshop abzuhalten. Als Konsequenz der deutschen Vereinigung ist allerdings zu überlegen, ob es nicht besser wäre, einen zentraler gelegenen Ort als Tagungsstätte zu wählen. Als gemeinsame Träger der Veranstaltung werden vom kommenden Jahr an die GI/GMA-Fachgruppe "Echtzeitsysteme" und eben die neue GI-Fachgruppe "Echtzeitprogrammierung, PEARL" auftreten. Damit wird auch weiterhin eine jährliche, deutschsprachige Fachtagung angeboten werden, die sich thematisch mit allen Fragen der Echtzeitverarbeitung beschäftigt und die, bei durchaus wissenschaftlichem Anspruch, immer die Rückkopplung mit der industriellen Anwendung sucht.

Die seit der letzten Tagung zu verzeichnende internationale Beteiligung hat sich auch in diesem Jahre fortgesetzt: drei der insgesamt 16 im vorliegenden Band gesammelten Beiträge stammen aus dem benachbarten Ausland. Die zum Workshop angenommenen Einreichungen wurden den folgenden vier Themengebieten zugeordnet:

- Software-Engineering in Realzeitprojekten,

- Aktuelle Realzeitanwendungen,

- Konzepte und theoretische Aspekte der Realzeitdatenverarbeitung,

- Realzeitbetriebssysteme und Weiterentwicklung von PEARL,

womit wir hoffen, eine interessante und abwechselungsreiche Mischung aus wissenschaftlicher Theorie, Methodik, vergleichenden Übersichten und Anwendungsbeispielen zusammengestellt zu haben. Der eingeladene Einführungsvortrag beschäftigt sich mit der Fragestellung des Baus eines fehlerfreien Compilers. Das Interesse an diesem Thema resultiert aus der Absicht, PEARL zu *der* Echtzeitprogrammiersprache für sicherheitskritische Anwendungen weiterzuentwickeln. Eine Zertifizierung von in Hochsprachen formulierten Programmen wird letztendlich nur dann möglich sein, wenn auch die Korrektheit des Compilers nachgewiesen werden kann.

Abschliessend möchte ich allen am Gelingen dieser Fachtagung Beteiligten sehr herzlich danken: den Vortragenden für ihr Interesse an diesem Workshop, ihre aktive Teilnahme und ihre Mühe bei der Ausarbeitung ihrer Referate, den Mitgliedern des Programmkomitees für die Vorbereitung und

Zusammenstellung des Programms, allen mit der Organisation befassten Personen sowie den an der Trägerschaft beteiligten Organisationen, der Gesellschaft für Informatik und der VDI/VDE-Gesellschaft für Mess- und Automatisierungstechnik. Unser besonderer Dank gilt wiederum dem Springer-Verlag, der die Herausgabe des Tagungsbandes in sehr attraktiver Form als Informatik-Fachbericht ermöglicht hat.

Stellvertretend für die Veranstalter und das Programmkomitee wünsche ich allen Tagungsteilnehmern zwei interessante und anregende Tage in Boppard sowie einen nützlichen Erfahrungsaustausch sowohl während der Plenarveranstaltungen als auch in den informellen Diskussionen am Rande.

Groningen, im September 1991   W. A. Halang

Programmkomitee

W. Gerth	Hannover
W. A. Halang	Groningen (Vorsitz)
A. Küchle	Friedrichshafen
K. Mangold	Konstanz
H. Meyerhoff	Bremen
D. Popovic	Bremen
H. Rzehak	Neubiberg
D. Sauter	München
K. Stieger	Neubiberg
H. Töpfer	Dresden
H. Windauer	Lüneburg

Inhaltsverzeichnis

Realzeit-Betriebssysteme und Weiterentwicklung von PEARL

Versuche der Compiler–Validierung

J. Blieberger und **G.–H. Schildt**
Technische Universität Wien
Treitlstraße 3/4
A–1040 Wien
Österreich

Zusammenfassung. Verschiedene Verfahren der Compiler–Validierung werden gegenübergestellt. Die Spanne bewegt sich dabei von Black–Box–Validierung bis zur White–Box–Validierung. Ein halb–formales Verfahren wird vorgestellt, das die Lücke zwischen formalen mathematischen und weniger formalen Methoden schließen soll. Die Anwendungsbereiche des vorgestellten Verfahrens liegen vor allem in Bereichen der Validierung, die (bis jetzt) einer exakten mathematischen Behandlung nicht zugänglich sind. Das trifft insbesondere auf Systeme mit Multitasking zu.

Keywords. Compiler–Validierung, Black–Box–Validierung, White–Box–Validierung, Sicherheitsnachweise

1 Einleitung

Prozeßsteuerungen mit Sicherheitsverantwortung erfordern vor Inbetriebnahme die Durchführung eines Sicherheitsnachweises. Dies trifft z.B. auf chemischen Anlagen, Kernkraftwerke und automatisierte Verkehrssysteme zu. Auf der Basis der Relaistechnik war in der Vergangenheit auf der Grundlage der klassischen Fail–Safe–Technik oftmals noch ein umfassender Sicherheitsnachweis möglich, obgleich man bei komplexen Anlagen bei dieser Nachweistechnik auch schnell an Aufwandsgrenzen stieß. Vor allem der Nachweis der Vollständigkeit aller zu betrachtender Testfälle bereitete oftmals Schwierigkeiten.

Seit dem Übergang zur Mikroprozessortechnik und gleichzeitiger Abkehr von der klassischen, einkanaligen Fail–Safe–Technik, verbunden mit dem Übergang zu einer "Sicherheit per Verfahren" durch mehrkanalige Systemstrukturen mit Vergleichern bzw. Mehrheitsentscheidern entstanden eine Reihe neuer Herausforderungen [Schi80]:

o die Überprüfung der (meist) einkanaligen Spezifikation,

o sowie beim Übergang zu Hochsprachen die Notwendigkeit der Validierung des für die Anwendersoftware zugehörigen Compilers,

o die Validierung des Echtzeitbetriebssystems,

o die Validierung der Anwendersoftware.

Bezüglich der Compilervalidierung wurden für verschiedene Programmiersprachen bereits zahlreiche Validierungen unternommen. Im wesentlichen kann man drei verschiedene Arten von Compiler-Validierungen unterscheiden. Es ist aber dabei in allen Fällen zu beachten, daß über die korrekte Implementierung der Zielsprache keinerlei Aussagen gemacht werden. Die Zielsprache kann dabei sowohl eine höhere Programmiersprache *(Precompiler)*, eine Assemblersprache als auch die Maschinensprache eines Prozessors sein, dessen Korrektheitsnachweis von den Chip-Designern zu erbringen ist.

1. *Black–Box–Validierung.* Darunter versteht man die Validierung eines Compilers, wobei weder der Source- und der Objekt-Code des Compilers, noch der vom Compiler erzeugte Code inspiziert wird; es wird lediglich an Hand von Testprogrammen überprüft, ob der Compiler korrekt arbeitet und gegebenenfalls die übersetzten Programme korrekt ablaufen.

2. *White–Box–Validierung.* Hierbei wird der Source-Code, in dem der Compiler geschrieben worden ist, inspiziert und auf seine Korrektheit untersucht, d.h., es wird untersucht, ob zu einem gegebenen Source-Code der richtige Objekt-Code erzeugt wird. Eine verschärfte Art dieser Inspektion benutzt formale Methoden der Semantik-Beschreibung, um exakte mathematische Beweise bezüglich der Korrektheit des Compilers zu führen.

3. *Gray–Box–Validierung.* Darunter versteht man die Validierung eines Compilers, wobei weder der Source- noch der Objekt-Code des Compilers, jedoch der vom Compiler erzeugte Code auf seine Korrektheit überprüft wird.

In den folgenden Kapiteln werden wir für diese drei Arten der Validierung Beispiele angeben und Vor- und Nachteile der einzelnen Methoden erörtern.

2 Die Validierung von Ada–Compilern

Die Überlegungen bezüglich der Validierung von Ada-Compilern wurden bereits vor der Fertigstellung des Ada-Standards initiiert. Dabei wurden sowohl die Grenzen einer möglichen Validierung festgelegt als auch die signifikante Aspekte einer Validierung ausgearbeitet [Goo81]. Die letztgenannte Aktivität mündete darin, ein Dokument zu erstellen, das den Erstellern eines Compilers als Unterstützung dienen soll. Diese Unterlagen – der *Ada Compiler Validation Implementor's Guide* [Sof80] – ist kein ein für allemal feststehendes Dokument, sondern wächst dynamisch mit jeder neuen Implementierung und mit den dabei auftretenden Problemen.

Der Aufbau des *Implementor's Guide* ist ähnlich dem des *Ada Reference Manuals* [Ich83]. Jedes Kapitel enthält einige oder alle der folgenden fünf Unterkapiteln.

1. *Unklare semantische Beschreibungen im Ada Reference Manual.* Hier werden – oft an Hand von Beispielen – Teile des *Reference Manuals* näher erläu-

tert, deren semantische Beschreibung zu Mißverständnissen führen kann oder geführt hat. Dadurch beinhaltet dieses Unterkapitel natürlich wertvolle Hinweise, welche Testfälle für Validationszwecke verwendet werden sollten.

2. *Fehler, die zur Compilier–Zeit erkannt werden müssen.* Dieses Unterkapitel enthält kontextsensitive syntaktische und semantische Einschränkungen, die ein korrektes Programm erfüllen muß. Im einzelnen werden alle Einschränkungen aufgezählt, die nicht durch die Syntax allein erfaßt werden können. Daraus ergeben sich einerseits alle Prüfungen, die ein Ada–Compiler durchführen muß, bevor er ein Programm als korrekt übersetzt angibt, und andererseits wertvolle Hinweise für die Zusammenstellung von Validationstestfällen.

3. *Bedingungen zur Auslösung von Exceptions.* Dieses Unterkapitel beinhaltet alle Bedingungen, die erfüllt sein müssen, damit ein zu einem Compiler passendes Laufzeitsystem eine *Fehlermeldung (Exception)* auslöst, die zu einem bestimmten Sprachkonstrukt gehört. Wie im vorigen Unterkapitel folgen auch hieraus sowohl für den Compiler–Bauer als auch für den Compiler–Validierer wertvolle Hinweise.

4. *Testziele und Entwurfsrichtlinien für Testprogramme.* Hier werden die Testfälle zur Validierung spezifiziert, Probleme und Hinweise aufgezählt, die man beim Erstellen der Testfälle kennen sollte, und (falls notwendig) Programmstrukturen skizziert, um bestimmte Testziele zu erreichen. Dabei wird die Information aus den obigen drei Unterkapiteln genutzt.

   Testfälle werden dabei nicht nur für Sprachkonstrukte entworfen, deren Implementierung Probleme bereitet, sondern auch um zu verhindern, daß der Compiler Unter– oder Übermengen des Standards akzeptiert. Den letzten Fall betreffend wird vor allem geprüft, ob der Compiler fälschlicherweise reservierte Symbole anderer Sprachen akzeptiert.

5. *Inkonsistenzen und Mehrdeutigkeiten.* Hier werden Testfälle konstruiert, um festzustellen, welche Interpretation ein Compiler bezüglich Mehrdeutigkeiten des Sprachstandards gewählt hat. Die Ergebnisse solcher Testfälle führen natürlich nicht dazu, den Compiler für nicht validiert zu erklären.

Bei der Erstellung von Testfällen kann man zwei grundlegende Linien unterscheiden, die die Größe der Testfälle betreffen. Vor– und Nachteile sollen im folgenden kurz aufgezählt werden.

a. Der Vorteil weniger, dafür aber umfangreicher Testfälle besteht vor allem darin, daß für die Vorbereitung einer Validierungsprozedur und für die anschließende Analyse wenig Zeit und Arbeit erforderlich ist.

b. Andererseits besteht ein nicht unwesentlicher Nachteil darin, daß bei Auftreten eines Fehlers am Anfang eines Testfalls unter ungünstigen Umständen keinerlei

Aussagen über den Rest des Testfalls gemacht werden können.

c. Für ein kleines Testprogramm, das sich auf einen einzigen Aspekt der Sprache beschränkt, ist es viel wahrscheinlicher, korrekt übersetzt zu werden, als für ein Programm, das den gesamten Sprachumfang überprüft.

d. Neu hinzukommende Testfälle können leichter integriert werden, wenn viele, kleine Testprogramme existieren.

Für Ada wurde entschieden, möglichst kleine Testprogramme zu erstellen, wobei aber diese viele kleinen Testprogramme bei weiteren Validierungsversuchen zu größeren Einheiten zusammengefaßt werden können, um den Aufwand beim Compilieren zu verringern.

Die Testfälle für Ada sind in sechs Klassen unterteilt worden, die im folgenden erläutert werden sollen.

o Ein Testprogramm der Klasse A gilt als korrekt durchlaufen, wenn während des Compilierens keine Fehler aufgetreten sind. Obwohl diese Programme so erstellt worden sind, daß sie ablauffähig wären, werden keine Laufzeittests vorgenommen.

o Ein Testprogramm der Klasse B ist ein "falsches" Programm. Ein solches Programm besteht den Test, falls bei der Übersetzung alle absichtlich eingestreuten Fehler gefunden werden und sonst kein Fehler auftritt.

o Testprogramme der Klasse L sind Programme, deren Fehler erst beim Linken offensichtlich werden.

o Testprogramme der Klasse C sind selbstprüfende Programme, die den Test bestehen, falls sie korrekt ablaufen und keinen Fehler produzieren.

o Testprogramme der Klasse D überprüfen Beschränkungen, wie etwa die Anzahl von Identifiern oder die Anzahl von Einträgen in Libraries.

o Testprogramme der Klasse E stellen fest, wie ein bestimmter Compiler Mehrdeutigkeiten des Sprachstandards interpretiert. Dies führt zu keiner Aussage betreffend die Validierung, kann aber als Information für Benutzer herangezogen werden.

Die große Anzahl von Testfällen zur Validierung eines Ada-Compilers macht eine zumindest teilweise Automatisierung des Analysevorganges notwendig. Dies wird unter anderem dadurch erreicht, daß fehlerhafte Zeilen eines Programmes mit einem standardisierten Kommentar gekennzeichnet werden. Solche Zeilen können dann mit einem kleinem Programm automatisch gefunden und daraufhin überprüft werden, ob der Fehler gefunden wurde, falls der Compiler gefundene Fehler in das Compiler-Listing einstreut. Auch exekutierbare Programme sind so aufgebaut, daß ihr Output automatisch auf Korrektheit geprüft werden kann.

Abschließend soll darauf hingewiesen werden, daß eine einmalige Validierung eines Ada–Compilers nicht ausreicht. Vielmehr muß sich auch ein bereits validierter Compiler in regelmäßigen Abständen neuerlich diesem Prozeß unterziehen. Dieser Umstand resultiert aus den dynamisch sich entwickelten Testprogrammen.

Betreffend unsere einleitende Klassifizierung handelt es sich daher bei der Validierung eines Ada–Compilers um eine *Black–Box–Validierung*. Ein Vorteil dieses Verfahrens ist sicherlich der relativ geringe Aufwand des Validierungsprozesses. Der Nachteil dieses Verfahrens ist, daß die dadurch gewonnene Sicherheit bezüglich der Korrektheit eine relativ geringe ist, da keinerlei Code-Inspektion stattfindet, weder in Bezug auf den Code des Compilers, noch in Bezug auf den erzeugten Code.

3 Die Validierung von Pascal–Compilern

3.1 Die PASCAL–Validation Suite

Die PASCAL–Validation-Suite ist (im wesentlichen) ein Paket aus etwa 750 Quellprogrammen der Gesellschaft für Mathematik und Datenverarbeitung (GMD). Das Hauptziel der Suite ist es, einen Compiler auf Einhaltung der Norm DIN 66256 zu prüfen. Jedes Prüfprogramm versucht, eine bestimmte Eigenschaft des Compilers oder des Laufzeitsystems zu testen, indem es entweder eine JA/NEIN–Entscheidung herbeiführt (z.B.: übersetzt/nicht übersetzt, gelaufen/nicht gelaufen) oder eine Maßzahl berechnet [Lan87].

Die so gewonnenen Informationen über den Compiler und sein Laufzeitsystem können als Grundlage für die Erstellung von Programmierrichtlinien für sicherheitstechnische Anwendungen dienen. Diese Informationen sind teilweise auch für andere Anwender des Compilers nützlich, so z.B. Maßzahlen über die Genauigkeit der Gleitkommaoperationen.

Jedes Testprogramm kann einer der folgenden acht Testklassen zugeordnet werden, wobei jede Klasse einen Aspekt der Sprache PASCAL untersucht:

o *Conformance*
Diese Klasse prüft die Norm–Konformität (hier zu DIN 66256 [DIN85]) in einem positiven Sinn, d.h. alle Programme dieser Klasse sind in korrektem PASCAL geschrieben. Alle Testprogramme sollten daher übersetzbar und ablauffähig sein.

o *Deviance*
Diese Klasse prüft die Norm–Konformität in einem negativen Sinn, d.h. alle Programme dieser Klasse enthalten eine Abweichung von der in der Norm DIN 66256 definierten Sprache. *Kein* Programm sollte übersetzbar sein.

o *Errorhandling*
Diese Klasse von Testprogrammen prüft die Fähigkeiten eines Compilers bei der Fehleraufdeckung. In der DIN-Norm 66256 werden 59 (Laufzeit-)Fehler definiert, zu jedem Fehler existiert mindestens ein Testprogramm. Alle Programme sollten spätestens zur Laufzeit eine Fehlerreaktion auslösen. Die Qualität eines Compilers ist dann als höherwertig einzustufen, wenn möglichst viele Fehler bereits zur Übersetzungszeit erkannt werden.

o *Implementation—defined*
Diese Klasse betrifft die implementierungsdefinierten Eigenschaften eines Compilers. Solche Eigenschaften können für einen Compiler spezifisch sein, sind jedoch in jedem Fall definiert (so z.B. die größte ganze Zahl, die im Prozessor darstellbar ist u.ä.). Testprogramme, die sich auf solche spezifischen Eigenschaften richten, sind notwendigerweise nicht portabel.

o *Implementation — dependent*
Diese Klasse von Testprogrammen ermittelt die implementierungsabhängigen Eigenschaften eines Compilers. Solche Eigenschaften können für einen Compiler spezifisch sein, sind aber nicht notwendigerweise definiert, wie z.B. die Auswertung der Indices eines Arrays.

o *Quality*
Diese Klasse ermittelt Maßzahlen für die Qualität eines Compilers wie z.B. den Genauigkeitsverlust bei der Division von Gleitpunktzahlen, Anzahl der Prozeduren, die in einer Übersetzungseinheit definiert werden können u.s.w. (Für den Sicherheitsnachweis eines Compilers sind diese Angaben jedoch ohne Bedeutung).

o *Level 1*
Diese Klasse von Testprogrammen prüft den Level 1 der in der Norm DIN 66256 definierten Sprache, das Konzept der Conformant Arrays. Diese Klasse von Testprogrammen zerfällt in Unterklassen, nämlich die 6 vorangegangenen Klassen von Testprogrammen. Wird nur der Level 0 geprüft, beschränkt man sich üblicherweise auf Deviance-Tests.

o *Extension*
Diese Klasse von Prüfprogrammen prüft einige übliche Erweiterungen von PASCAL-Compilern, so z.B. einen OTHERWISE-Zweig in der CASE-Anweisung (mit nur vier Testprogrammen ist diese Klasse recht klein).

Für die Validierung eines Compilers für einen bestimmten Prozessor sind für einen Sicherheitsnachweis die Error-Handling-Tests am interessantesten, so z.B.: Welche Fehler werden unter welchen Umständen *nicht* entdeckt? Aber auch die Klassen "Conformance" und "Deviance" geben wichtige Anhaltspunkte, weil dort gezielt kritische Stellen der Implementierung eines Compilers berührt werden.

Abschließend kann zu diesem Verfahren des Black-Box-Tests festgestellt werden, daß zwar die Fülle von Testprogrammen den Anwender beruhigt, für sicherheitsrelevante Anwendungen kann jedoch die Vollständigkeit der Testprogramme *nicht* nachgewiesen werden.

3.2 Kombinationsvalidierung

Im Gegensatz zur PASCAL-Validation-Suite, die einen Compiler für einen Prozessor funktionsorientiert, jedoch punktuell, prüft, macht die sogenannte *Kombinationsvalidierung* einen Ansatz in Richtung auf eine *systematische* und *vollständige* Prüfung. In unserer Klassifizierung ist dieses Verfahren eine Gray-Box-Validierung. Der grundlegende Vorteil der Kombinationsvalidierung ist ihre *Automatisierbarkeit*.

Die Kombinationsvalidierung geht davon aus, daß es gewisse *atomare* Sprachelemente (Sprachkonstrukte) in dem Sinn gibt, daß es zu jedem dieser Sprachelemente *genau* eine Folge von Maschinenbefehlen gibt. Alle Programme des Source-Bereiches entstehen durch Verschachteln und Hintereinanderschreiben der *atomaren* Sprachelemente. Unter der Annahme, daß ein Programm nur aus validierten Sprachelementen aufgebaut ist, ergibt sich, daß das Programm als Ganzes dann auch validiert ist. Allerdings muß gezeigt werden, daß ein *atomares* Sprachelement in allen Kontexten stets gleich übersetzt wird, d.h., das Verschachteln muß ein *gedächtnisfreies* Konstruktionsmittel sein.

Damit ergibt sich die folgende Vorgehensweise: Zuerst sind alle *atomaren* Sprachelemente zu identifizieren. Zu jedem dieser Sprachelemente muß ein Programm geschrieben werden, das nur dieses Sprachelement enthält. Der von dem Sprachelement erzeugte Code muß manuell validiert werden. Danach sind (möglichst automatisiert) Programme so zu erzeugen, daß das *atomare* Sprachelement in jedem erlaubten Kontext einmal auftritt. Der zuvor validierte Code ist nun (automatisch) mit dem in allen Kontexten erzeugten Code auf Identität zu vergleichen.

Einen sehr wichtigen Teil einer höheren Programmiersprache stellen die (mathematischen) Ausdrücke dar, die mit ihrer Hilfe formuliert werden können. Aber auch dieser "kleine" Teil einer Programmiersprache kann dazu benutzt werden, unendlich viele verschiedene Ausdrücke zu formulieren. Daher ist eine neuerliche Einschränkung nötig. Diese Einschränkung auf endlich viele Ausdrücke kann natürlich auf verschiedene Weise erfolgen. Zwei naheliegende sind:

1. Beschränkung auf eine endliche Anzahl von Operatoren oder Operanden und

2. Beschränkung der Höhe des Stacks, der zur Auswertung der Ausdrücke nötig ist (die Höhe des Stacks ist gleich groß wie die Schachtelungstiefe des zugehörigen Ausdrucks).

Aus der Kombinatorik weiß man, daß die Anzahl der Ausdrücke mit n Operatoren für große Werte von n asymptotisch die Form

$$c_1 \; \rho^n \; n^{-3/2}$$

hat (siehe z.B. [Mei78]), d.h., daß die Anzahl im wesentlichen exponentiell in n wächst und man im ersten Fall mit einer in n exponentiell wachsenden Anzahl von Testfällen rechnen muß.

Ebenso weiß man aus der höheren Kombinatorik, daß die Anzahl der Ausdrücke, die möglich sind, wenn man die Stack–Höhe auf h beschränkt, für große Werte von h asymptotisch

$$c_2 \; (c_3)^h \; exp(\sigma^h)$$

erfüllt [Fla84], d.h., daß die Anzahl der zu erwartenden Testfälle im zweiten Fall doppelt exponentiell mit dem Parameter h wächst.

Betrachtet man nur diese Argumente, so scheint es sinnvoll, den ersten Fall vorzuziehen. Für sicherheitstechnische Anwendungen jedoch ist die Beschränkung der Stack–Höhe viel wichtiger, da ein unbegrenzt wachsender Stack zu unvorhersehbaren Ereignissen (z.B. memory overflow) führen kann.

Gewisse Probleme bei der hier vorgestellten Kombinationsvalidierung verursacht der auch bei stark eingeschränktem Eingaberaum relativ große Rechenaufwand. In [Pla87] findet sich hierzu eine erste Rechenzeitabschätzung in Abhängigkeit von der Schachtelungstiefe S. Es wurde abhängig von S die Anzahl der erforderlichen Testprogramme berechnet. Nach dem oben dargestellten Verfahren der Kombinationsvalidierung konnten wichtige Teilbereiche für PASCAL 86 auf einem Intel–Processor 80186 als Target–Prozessor validiert werden, da die vorliegende Aufgabe parallelisierbar ist.

Es ist also zu zeigen, daß der Compiler in jedem Fall einen Ausdruck immer gleich übersetzt und nicht äußere Umstände – eine Art *Gedächtnis* – die Codegenerierung beeinflussen. Dies kann nur durch Überprüfung aller Kombinationen von Verschachtelungen bis zu einer bestimmten Schachtelungstiefe erfolgen. Die große Anzahl von Möglichkeiten bedingt, daß dies nur maschinell durchführbar ist. Folgende Tools sind hierfür erforderlich:

o ein Programm, das es ermöglicht, alle Kombinationen von Verschachtelungen aus einer vorgegebenen Menge von Ausdrücken zu erzeugen und als compilierbares, syntaktisch korrektes PASCAL–Programm zu hinterlegen.

o ein Programm, das in dem Listing eines compilierten Programmes ein bestimmtes Statement sucht (durch Kommentar markiert), dessen Nummer ermittelt und im Assembler–Code für dieses Programm die zugehörigen Anweisungen isoliert.

o ein Programm, das den gefundenen Assembler–Abschnitt mit dem hinterlegten vergleicht.

Das vorgestellte Verfahren betrachtet nur die Abhängigkeit von der *formalen* Umgebung einer Anweisung, nicht aber der *semantischen*. So wird zwar festgestellt, daß z.B. ein **if–then–else**-Konstrukt immer in der gleichen Weise übersetzt wird, es wird jedoch nicht festgestellt, ob eine Variable im zu testenden Ausdruck nicht schon vorher in den vorangegangenen Konstrukten verwendet bzw. modifiziert wurde. Wollte man diese Möglichkeit noch überwachen wollen, so würde sich die Anzahl der zu generierenden Testprogramme nochmals erheblich erhöhen. Die so entstehende Komplexität würde einem Sicherheitsnachweis entgegenwirken.

Alle Library–Funktionen, die vom erzeugten Objekt–Code aufgerufen werden, sind aufgrund ihres disassemblierten Codes zu prüfen, als wären sie Bestandteil des erzeugten Codes. Betriebsarten des Compilers, die Library–Funktionen vermeiden, sind zu bevorzugen, da die Validierung aufwendig und bei neuen Compilerversionen nicht reproduzierbar ist. Die Verwendung von Library–Funktionen einschließlich Ein–/Ausgabe in der Source ist bis auf Ausnahmefälle zu unterbinden.

Nach den ersten Erfahrungen ist es schwierig, den gesamten Sprachumfang zu validieren. Man muß für den Anwender den Sprachumfang einschränken und weitere beschränkende Parameter finden, so z.B. die maximale Schachtelungstiefe. Weiter muß man sich auch bei den Sprachkonstrukten beschränken, also bei Anweisungen und Ausdrücken.

In [Pla87] finden sich Abschätzungen über die Anzahl der Testprogramme bei der Kombinationsvalidierung. Wird die maximale Schachtelungstiefe von PASCAL–Ausdrücken mit S bezeichnet, so ergeben sich aufgrund der Sprachbeschreibung und unter der Annahme von vier Adressierungsarten ca. $400{\cdot}35^S$ Ausdrücke. Davon sind viele semantisch sinnlos, sodaß hier noch ein Potential zur Verringerung der zu generierenden Testprogramme vorhanden ist. Mit P soll die maximale Anzahl von Paramentern einer Prozedur bezeichnet werden. Dann ergeben sich 30^P verschiedene Möglichkeiten eines Aufrufs einer P–parametrigen Prozedur. Mit Z als maximale Schächtelungsstufe von PASCAL–Anweisungen erhält man $6{\cdot}5^Z$ Kombinationen. Damit ergeben sich insgesamt

$$6{\cdot}5^Z + 30^P + 400{\cdot}35^S$$

zu behandelnde Testprogramme. Mit S=3, P=4 und Z=7 entsteht ein durchaus brauchbarer Sprachumfang. Mit diesen Werten und einer durchschnittlichen Bearbeitung von 1000 Testprogrammen je Stunde folgt eine Rechenzeit von ca. 2,1 Jahren.

4 Die Validierung eines Compilers mit formalen mathematischen Methoden

Bei diesem Verfahren handelt sich bezugnehmend auf unsere einleitende Klassifizierung um eine *White–Box–Validierung*. Genaugenommen wird bei der Realisierung des Compilers, ja eigentlich schon bei der Spezifikation der Semantik der Sprache eine nachfolgende Validierung berücksichtigt.

Wir wollen diese Art der Validierung kurz an Hand eines Beispieles erläutern [Ste91]. Die grundlegende Idee dabei ist, *denotationelle Semantik* [Gor79] zur Beschreibung der Semantik der Sprache zu verwenden, die anschließend zum Beweis der Korrektheit eines Compilers herangezogen wird.

Mittels denotationeller Semantik ist es möglich, eine Sprache zu definieren, indem man jedem Sprachkonstrukt einen mathematischen Wert – eine "Bedeutung" – zuordnet. Dadurch kann man die abstrakte, maschinenunabhängige Bedeutung von Programmen "berechnen".

Für die Implementierung eines Compilers ist nicht nur die Spezifikation der Quellsprache erforderlich, sondern auch die der Zielsprache. Es ist die Aufgabe eines Compilers, höhere Sprachkonstrukte, wie etwa

if <boolean_expr> **then** <then_stmts> **else** <else_stmts>

in Zielsprachkonstrukte, sogenannte *Schablonen (engl. templates)*, zu übersetzen, wie zum Beispiel

```
        <boolean_expr, label1>
        <then_stmts>
        jump label2
label1:
        <else_stmts>
label2:
```

Dabei ist zu beachten, daß die Teile innerhalb der spitzen Klammern rekursiv ähnlich zu behandeln sind. Wenn man nun sowohl für die Quellsprache, als auch für die Zielsprache eine Beschreibung solcher Konstrukte in denotationeller Semantik zur Verfügung hat, kann man für beide ihre Bedeutung berechnen. Erhält man übereinstimmende Ergebnisse, so ist der Übersetzungsprozeß korrekt.

Wir wollen nun kurz an Hand des obigen Beispiels zeigen, wie so ein Beweis aussieht. Dazu werden wir die Formalismen der denotationellen Semantik verwenden, ohne sie genauer zu definieren. Wir hoffen, daß die Umformungen trotzdem verständlich sind. Wer an den Formalismen interessiert ist, sei auf [Gor79] verwiesen. Außerdem werden wir die Semantik der Zielsprache nicht näher spezifizieren; auch sie sollte intuitiv leicht faßbar sein. Es wird versucht werden, durch verschiedene textuelle Darstellung Klarheit zu schaffen bezüglich der Zugehörigkeit von Ausdrücken zu ihren Sprachen, z.B.:

Sprachmittel	Sprache
if ... then ... else	denotationelle Semantik
if ... then ... else	Quellsprache
if ... then ... else	Zielsprache

Wir geben eine informelle Beschreibung einiger wichtiger Bezeichnungen der denotationellen Semantik:

E	ordnet einem Ausdruck seine Bedeutung zu
C	ordnet einer Anweisung seine Bedeutung zu
P	ordnet einem Programm seine Bedeutung zu
ϕ	sind Sprungziele in der Zielsprache
ρ	stellt Umgebung dar
σ	stellt den Speicher dar
Σ	stellt den Zustand einer Berechnung dar

Die semantische Beschreibung des **if–then–else**–Konstruktes lautet

$$C \,[\, \textbf{if } \varepsilon \textbf{ then } \chi_1 \textbf{ else } \chi_2 \,]\, \rho\Sigma \;=\; (\, \text{if } E\,[\,\varepsilon\,]\,\rho\Sigma = \textit{True} \text{ then } C\,[\,\chi_1\,] \text{ else } C\,[\,\chi_2\,]\,)\,\rho\Sigma.$$

Das entsprechende Konstrukt in der Zielsprache sieht folgendermaßen aus

```
ϕ₀ : if ¬ ε then goto ϕ₁ else skip
     χ₁
     goto ϕ₂
ϕ₁ : χ₂
ϕ₂ : skip
```

Um zu zeigen, daß dies eine korrekte Übersetzung darstellt, müssen wir zeigen, daß die beiden Ausdrücke dieselbe Bedeutung haben. Wir schreiben statt

```
P [ϕ₀ : if ¬ ε then goto ϕ₁ else skip; χ₁ ; goto ϕ₂
    ϕ₁ : χ₂
    ϕ₂ : skip ] ρΘσ = Θ₀σ
```

die folgenden Ausdrücke

$$\Theta_0 = \textbf{P}\,[\, \text{if } \neg\,\varepsilon \text{ then goto } \phi_1 \text{ else skip; } \chi_1 ; \text{ goto } \phi_2 \,]\, \rho_1 \Theta_1$$
$$\Theta_1 = \textbf{P}\,[\, \chi_2 \,]\, \rho_1 \Theta_2$$
$$\Theta_2 = \textbf{P}\,[\, \text{skip} \,]\, \rho_1 \Theta$$
$$\rho_1 = \rho\,[\, \Theta_0/\phi_0,\; \Theta_1/\phi_1,\; \Theta_2/\phi_2 \,]$$

Daher ist die gesamte Bedeutung des Zielsprachenkonstruktes $\Theta_0\sigma$. Herausheben des ersten sequentiellen Statements ergibt:

$$\Theta_0\sigma = \textbf{P}\,[\, \text{if } \neg\,\varepsilon \text{ then goto } \phi_1 \text{ else skip} \,]\, \rho_1$$
$$\{\textbf{P}\,[\, \chi_1 ; \text{ goto } \phi_2 \,]\, \rho_1 \Theta_1\}\, \sigma$$

Herausheben des zweiten führt zu:

$$\Theta_0\, \sigma = \mathbf{P}\,[\text{ if } \neg\, \varepsilon \text{ then goto } \phi_1 \text{ else skip }]\, \rho_1$$
$$\{\, \mathbf{P}\,[\, \chi_1\,]\, \rho_1\, \{\, \mathbf{P}\,[\text{ goto } \phi_2\,]\, \rho_1\, \Theta_1\, \}\}\, \sigma$$

Setzt man nun für das goto ein, erhält man:

$$\Theta_0\, \sigma = \mathbf{P}\,[\text{ if } \neg\, \varepsilon \text{ then goto } \phi_1 \text{ else skip }]\, \rho_1$$
$$\{\, \mathbf{P}\,[\, \chi_1\,]\, \rho_1\, \{\, \rho_1\,[\, \phi_2\,]\, \}\}\, \sigma$$

Substituiert man für den Label ϕ_2, so ergibt das:

$$\Theta_0\, \sigma = \mathbf{P}\,[\text{ if } \neg\, \varepsilon \text{ then goto } \phi_1 \text{ else skip }]\, \rho_1$$
$$\{\, \mathbf{P}\,[\, \chi_1\,]\, \rho_1\, \Theta_2\, \}\, \sigma$$

Wenn man das **if-then-else** herauszieht, erhält man

$$\Theta_0\, \sigma = (\text{ if } \mathbf{E}\,[\, \neg\, \varepsilon\,]\, \sigma \text{ then } \mathbf{P}\,[\text{ goto } \phi_1\,]$$
$$\text{else } \mathbf{P}\,[\text{ skip }])\, \rho_1\, \{\, \mathbf{P}\,[\, \chi_1\,]\, \rho_1\, \Theta_2\, \}\, \sigma$$

Indem man nun den Teil, der dem **if-then-else** folgt, in die Klammer hineinzieht, ergibt sich:

$$\Theta_0\, \sigma = \text{ if } \mathbf{E}\,[\, \neg\, \varepsilon\,]\, \sigma \text{ then } \mathbf{P}\,[\text{ goto } \phi_1\,]\, \rho_1\, \{\mathbf{P}\,[\, \chi_1\,]\, \rho_1\, \Theta_2\}\, \sigma$$
$$\text{else } \mathbf{P}\,[\text{ skip }]\, \rho_1\, \{\, \mathbf{P}\,[\, \chi_1\,]\, \rho_1\, \Theta_2\}\, \sigma$$

Jetzt ersetzen wir noch im einen Zweig das goto und im anderen das skip und erhalten:

$$\Theta_0\, \sigma = \text{ if } \mathbf{E}\,[\, \neg\, \varepsilon\,]\, \sigma \text{ then } \rho_1\,[\, \phi_1\,]\, \sigma \text{ else } \mathbf{P}\,[\, \chi_1\,]\, \rho_1\, \Theta_2\, \sigma$$

Indem wir noch die Bedeutung des Labels ϕ_1 einsetzen, ergibt sich:

$$\Theta_0\, \sigma = \text{ if } \mathbf{E}\,[\, \neg\, \varepsilon\,]\, \sigma \text{ then } \Theta_1\, \sigma \text{ else } \mathbf{P}\,[\, \chi_1\,]\, \rho_1\, \Theta_2\, \sigma$$

Nun setzen wir die Bedeutung des Teiles ein, der dem **if-then-else** folgt, und erhalten:

$$\Theta_0\, \sigma = \text{ if } \mathbf{E}\,[\, \neg\, \varepsilon\,]\, \delta \text{ then } \mathbf{P}\,[\, \chi_2\,]\, \rho_1\, \Theta_2\, \sigma \text{ else } \mathbf{P}\,[\, \chi_1\,]\, \rho_1\, \Theta_2\, \sigma$$

Wenn wir annehmen, daß unsere Quellsprache keine **goto**s aus einem **if-then-else** heraus erlaubt, dann kommen in χ_1 und in χ_2 keine Labels ϕ_0, ϕ_1 und ϕ_2 vor. Wenn dann der Compiler bei der Übersetzung von **if-then-else**-Konstrukten immer neue Namen für die Labels erzeugt, folgt, daß $\mathbf{P}\,[\, \chi_1\,]\, \rho_1\, \Theta_2 = \mathbf{P}\,[\, \chi_1\,]\, \rho\Theta$, usw., und daher

$$\Theta_0\, \sigma = (\text{ if } \mathbf{E}\,[\, \neg\, \varepsilon\,] \text{ then } \mathbf{P}\,[\, \chi_2\,] \text{ else } \mathbf{P}\,[\, \chi_1\,])\, \rho\Theta\sigma$$

Wenn wir jetzt noch die Negation eliminieren und die Programmzweige entsprechend vertauschen, erhalten wir das Endresultat:

$$\Theta_0 \sigma = (\text{ if } \mathbf{E}\,[\,\varepsilon\,] \text{ then } \mathbf{P}\,[\,\chi_1\,] \text{ else } \mathbf{P}\,[\,\chi_2\,]\,)\,\rho\Theta\sigma$$

Diese Art von Beweisführung kann im Prinzip für die gesamte Syntax und Semantik einer Programmiersprache durchgeführt werden. In [Ste91] wird auch gezeigt, wie diese Art der Semantikbeschreibung in ein Prolog-Programm umgesetzt und dazu verwendet werden kann, gleichzeitig einen Interpreter für die Sprache zu gewinnen.

Dieses Verfahren der Compiler-Validierung bietet einerseits den Vorteil einer exakten Korrektheitsüberprüfung, hat aber andererseits auch einige Nachteile.

1. Das Verfahren ist relativ aufwendig und möglicherweise nur von Experten in denotationeller Semantik durchführbar.

2. Das in [Ste91] dargestellte Verfahren der Compiler-Erstellung unter Zuhilfenahme von Prolog erscheint zweifelhaft, da zum Korrektheitsbeweis des Compilers auch der Nachweis der Korrektheit des Prolog-Compilers oder Prolog-Interpreters nötig ist.

3. Man kann zwar mittels denotationeller Semantik alle Sprachkonstrukte herkömmlicher, prozeduraler Programmiersprachen beschreiben, doch versagt das Verfahren bei Sprachen, die stark echtzeitorientiert sind, wie etwa Ada oder PEARL, da es *nicht* geeignet ist, auf parallelen Programmfluß einzugehen.

5 Schablonenbasierte Validierung

Im Gegensatz zum im vorigen Kapitel vorgestellten Verfahren der Compiler-Validierung, das nur für Quellsprachen verwendet werden kann, deren "Bedeutung" für alle Anweisungen mittels denotationeller Semantik festgelegt ist, schlagen wir vor, Ideen dieses Verfahrens zu übernehmen, und dadurch Validierungen einerseits auch für Sprachen durchführen zu können, für die keine exakte semantische Beschreibung existiert, und andererseits die Möglichkeit zu schaffen, jene Sprachkonstrukte, deren Semantik (bis jetzt) keiner formalen mathematischen Behandlung zugänglich ist, zu validieren.

Dieses Verfahren benötigt folgende Voraussetzungen:

1. Der Compiler produziert nicht nur Objekt-Code sondern auch ein "lesbares" Listing desselben.

2. Vom Compiler-Bauer wird erwartet, daß er Schablonen in der – im Abschnitt 4 eingeführten – Form für\die gesamte Quellsprache spezifiziert.

3. Wenn der Benutzer im Quell–Code eines Programmes ein oder mehrere Anweisungen kennzeichnet (etwa durch Pragmas), so markiert der Compiler in eindeutiger Weise die Anweisungen im Objekt–Code entsprechend der Schablonen aus Punkt (2).

4. Der Compiler darf keinerlei Optimierungen vornehmen.

Die im Compiler für die Punkte (1) und (3) zuständigen Code–Teile müssen "von Hand" validiert werden. Da dies keine allzu komplizierten Vorgänge sind, sollte der dafür erforderliche Aufwand nicht allzu groß sein. Sollten aber in diesen Code–Teilen im Laufe der Validierungsprozedur noch Fehler vorhanden sein, so ist es sehr wahrscheinlich, daß sie während der Validierung zu Tage treten.

Der vierte Punkt ist wahrscheinlich der, der von seiten der Compiler–Bauer am meisten Widerstand entgegengebracht werden wird, da sie um die Performance ihres Produktes fürchten werden, andererseits ist für sicherheitsrelevante Anwendungen die Performance eines Programmes hinter den Sicherheitsaspekten einzuordnen.

Das Verfahren wird folgenderweise durchgeführt:

1. Der Validierer erstellt ein oder mehrere Testprogramme, die den zu validierenden Sprachumfang möglichst abdecken. Dabei werden sowohl syntaktisch korrekte als auch syntaktisch inkorrekte Programme erzeugt. Syntaktisch falsche Testprogramme sollen entweder vom Compiler, oder vom Linker erkannt werden (vgl. das für die Sprache Ada angewandte Verfahren (Kapitel 2)).

2. Im Quell–Code jedes syntaktisch korrekten Testprogrammes kennzeichnet er eine oder mehrere Anweisungen.

3. Er compiliert das Testprogramm (der Compiler darf keine Fehler melden!).

4. An Hand der vordefinierten Schablonen, des Quell– und Objekt–Codes überprüft er die Korrektheit des Übersetzungsvorganges.

Es folgen nun Gedanken, wie dieses Verfahren zu automatisieren ist und welche Teile nicht automatisiert werden können bzw. sollten:

1. Die Erstellung der Testprogramme muß "von Hand" durchgeführt werden; dies bezieht sich vor allem auch auf syntaktisch falsche Programme; diese sind aber ohnehin sprachspezifisch zu erstellen und daher nicht vom zu validierenden Compiler abhängig.

2. Ein Software–Werkzeug, das systematisch eine Anweisung nach der anderen oder zufällig mehrere Anweisungen kennzeichnet und anschließend den Compiler aktiviert, ist sicherlich leicht realisierbar.

15

3. Die Überprüfung der Korrektheit der "Schablonenstruktur" im Objekt-Code ist
sicherlich zum Teil ebenfalls automatisierbar. Dabei ist insbesondere darauf zu
achten, daß ein solches Werkzeug (eine Art Experten-System) alle von ihm
nicht durchgeführten Überprüfungen selbsttätig meldet und dadurch die vom
Validierer zu leistende Arbeit möglichst eingrenzt.

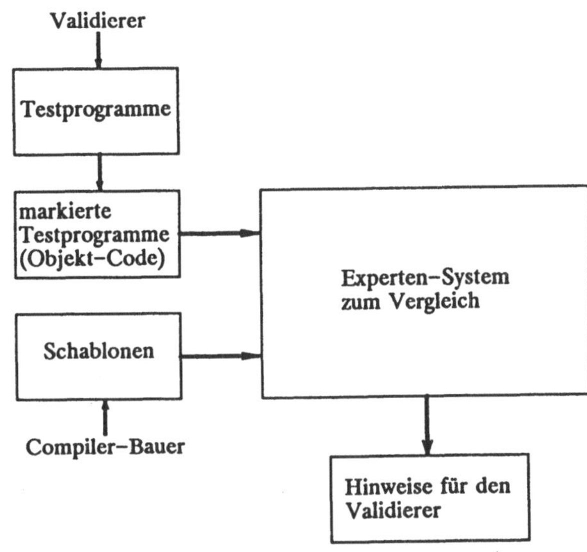

Experten—System zum Vergleich von markiertem Objekt—Code und Schablonen

Abschließend noch Bemerkungen zum Thema Zwischen-Code-Erzeugung von
Compilern. Es ist allgemein übliche Praxis, daß Compiler als Objekt-Code nicht
direkt Maschinen-Code oder Assembler-Sprachkonstrukte erzeugen, sondern die
Quellsprache zunächst auf eine andere (höhere) Sprache abbilden. Man vergleiche
etwa den von manchen Pascal-Compilern erzeugten P-Code (z.B. [Pem82]), der eine
Stack-Maschine zur Realisierung erfordert, oder den bei der Firma WERUM für die
Sprache PEARL-90 in Entwicklung befindlichen Compiler, der die Quellsprache in C
übersetzt [War90]. Allgemein kann man sagen, daß in solchen Fällen die Zielsprache
ein weniger hohes Niveau haben wird als die Quellsprache.

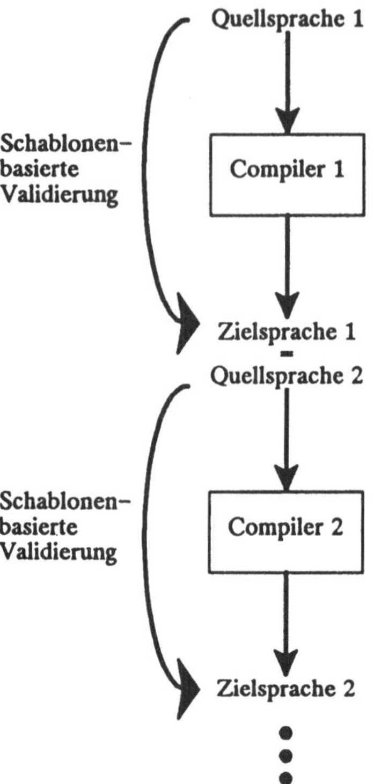

Anwendbarkeit des Verfahrens bei Zwischen–Code–Erzeugung

Die Anwendbarkeit unseres Verfahrens bleibt auch in diesen Fällen voll gegeben, ja es kann sogar für die nächste Stufe im Übersetzungsprozeß erneut eingesetzt werden, sofern der dafür vorgesehene Compiler die von uns vorausgesetzten Bedingungen erfüllt, z.B. Markierung von Anweisungen im Objekt–Code und Bereitstellung der benötigten Schablonen. Man kann dabei erwarten, daß die Syntax einfacher und die Anzahl der Schablonen weniger ist als bei der ursprünglichen Quellsprache.

Darüberhinaus bedeutet unser Verfahren eine wesentliche Arbeitsersparnis, da nur Teile eines Compilers neu validiert werden müssen, falls z.B. der Compiler auf einen neuen Prozessor portiert werden soll.

Der wesentliche Vorteil unseres Verfahrens im Vergleich zu dem im vorigen Kapitel besteht vor allem darin, daß es ohne die Verwendung einer Sprache zur Beschreibung der Semantik auskommt. Dies stellt sicherlich in Hinsicht der Validierung eines Compilers für eine höhere Programmiersprache dann eine große Erleichterung dar, wenn für die Sprache zwar eine natürlichsprachliche Beschreibung der Semantik existiert (z.B. Ada), aber keine formale, wie etwa in Form von denotationeller Semantik. Andere Semantik-Beschreibungssprachen, wie etwa attributierte Grammatiken (z.B. DIN 66253, Programmiersprache PEARL [DIN82]), müßten erst an das oben dargestellte Verfahren angepaßt werden.

6 Zusammenfassung

Abschließend stellen wir das im Kapitel 5 vorgestellte den anderen erläuterten Verfahren gegenüber. Folgende Vorteile sind zu erwähnen:

1. Das Verfahren ist formaler als das in Kapitel 2 vorgestellte.

2. Da es nicht so formal ist, wie das im Kapitel 4, ist es auch von Personen durchführbar, die keine Experten in denotationelle Semantik sind.

3. Es kann auch dann durchgeführt werden, wenn keinerlei formale Semantik-Beschreibung der Quellsprache vorliegt.

4. Es kann für Sprachkonstrukte verwendet werden, für die (bis jetzt) keine formalen mathematischen Methoden zur Validierung existieren, z.B. Multitasking.

5. Es zwingt den Compiler-Bauer durch die an den Compiler gestellten Anforderungen zur Auseinandersetzung mit den Validierungskonzepten und erhöht die Qualität des Produktes dadurch, daß es eine Testumgebung erzwingt.

Als Nachteile wären zu nennen:

1. Der Verzicht auf Compiler-Optimierung aufgrund sicherheitsrelevanter Argumente führt zu Performance-Einbußen.

2. Der Gewinn an Sicherheit ist gegenüber dem Verfahren aus dem vorigen Kapitel 4 weitaus geringer, da man sich auf eine begrenzte Anzahl von Testfällen stützt und nicht allgemein gültige Aussagen gewinnt. Andererseits sind (bis jetzt) formale Methoden für Multitasking nicht vorhanden.

3. Das Verfahren setzt Bedingungen an den Compiler voraus, die nur dann vernünftig berücksichtigt werden können, wenn der Übersetzer erst entwickelt wird oder wenn intensiv mit der entwickelnden Institution zusammengearbeitet werden kann.

4. Der Automatisierungsgrad (vor allem des angedeuteten Experten-Systems) ist nicht genau festlegbar, da er von Compiler zu Compiler sehr unterschiedlich sein kann und von der Zielsprache abhängt.

Was die Validierung von Programmen, die aus mehreren parallelen Prozessen bestehen, mit formalen mathematischen Methoden betrifft, so kann man festhalten, daß die bisher angewandten Methoden nur dann vernünftig verwendbar sind, wenn einerseits Prozesse Sprachelemente sind, und andererseits Sprachmittel zur Kommunikation und Synchronisation von Prozessen existieren, die zur semantischen Analyse geeignet sind. Man vergleiche z.B. [Dil90], wo selbst die in Ada vorhandenen Mechanismen zum Rendezvous von Tasks noch beschränkt werden, um formale semantische Methoden anwenden zu können. Einer der Gründe, warum eine solche Beschränkung notwendig ist, ist, daß ansonsten in eine entsprechende Validierung das Scheduling des gesamten Systems miteinbezogen werden muß oder alle möglichen zeitlichen Überlappungen der Prozesse betrachtet werden müssen. Vor allem in bezug auf Echtzeitsysteme stellt die Abhängigkeit vom Scheduling des Gesamtsystems, obwohl es einige ermutigende, wahrscheinlichkeitstheoretische Ergebnisse gibt (vgl. [Bli91], [Sch91]), ein wirkliches Problem dar.

Zusammenfassend kann man sagen, daß für Sprachen, die für die Kommunikation und Synchronisation von Prozessen nur Semaphor–Variable vorsehen, in absehbarer Zeit nicht damit gerechnet werden kann, daß Fortschritte bei der Validierung von parallelen Programmen mit formalen, mathematischen Methoden erzielt werden.

Literatur

[Bli91]   Blieberger, J., Schmid, U., *Preemptive LCFS Scheduling in Hard Real–Time Applications,* wird erscheinen in 'Performance Evaluation', 1991

[DIN82]   DIN 66253, Teil 2, *Programmiersprache PEARL, Full PEARL,* Beuth Verlag GmbH, Berlin, Okt. 1982

[DIN85]   DIN 66256, *Programmiersprache Pascal,* Beuth Verlag GmbH, Berlin, Jan. 1985

[Dil90]   Dillon, L.K., *Using Symbolic Execution for Verification of Ada Tasking Programs,* ACM Trans. on Prgr. Lang. and Systems, Vol. 12, No. 4, Oct. 1990, p. 643–669

[Fla84]   Flajolet, P., Odlyzko, A.M., *Limitdistributions for coefficients of iterates of polynomials with applications to combinatorial enumerations,* Math. Proc. Camb. Phil. Soc., 1984, Vol. 96, p. 237–253

[Goo81]   Goodenough, J.B., *The Ada Compiler Validation Capability,* Computer, June 1981, p. 57–64

[Gor79]   Gordon, M.J.C., *The Denotational Description of Programming Languages – An Introduction,* Springer, New York, 1979

[Ich83]   Ichbiah, J.D, et.al., *Reference Manual for the Ada Programming Language*, ANSI/MIL-STD 1815A, January 22, 1983

[Lan87]   Lange, H., Hahn, W., *Kombinationsvalidierung*, (interner technischer Bericht), Braunschweig, 1987

[Mei78]   Meir, A., Moon, J.W., *On the Altitude of Nodes in Random Trees*, Canad. J. Math. 30, 1978, p. 997-1015

[Pem82]   Pemberton, S., Daniels, M., *Pascal Implementation: The P4 Compiler*, John Wiley & Sons, New York, 1982

[Pla87]   Platsatoura, E., *Einfluß der Schachtelungstiefe und der Adressierungsarten auf die Anzahl der Testfälle bei der Validierung eines PASCAL-Compilers*, Diplomarbeit, TU Braunschweig, 1987

[Sch91]   Schmid, U., Blieberger, J., *Some Investigations on FCFS Scheduling in Hard Real-Time Applications*, wird erscheinen in 'Journal of Computer and System Sciences', 1991

[Schi80]   Schildt, G.H., *Grundlagen für Vergleicher mit Sicherheitsverantwortung*, Siemens-Forschungs- und Entwicklungsberichte, Bd. 9, 1980, Nr. 6, p. 347-353

[Sof80]   SofTech Inc., *Ada Compiler Validation Implementor's Guide*, 1067 - 2.3, Contract Number MDA 903-79-C-0687, October 1, 1980

[Ste91]   Stepney, S., Whitley, D., Cooper, D., Grant, C., *A Demonstrably Correct Compiler*, Formal Aspects of Computing, 1991, 3, p. 58-101

[War90]   Warzawa, M., Kneuer, E., *Neue Implementierungswege mit PEARL 90*, Proceedings: PEARL 90 Workshop über Realzeitsysteme, Boppard, Nov. 1990

LACATRE :
The basis
for a Real Time Software Engineering Workshop

J.J. SCHWARZ, J.J. SKUBICH, R. AUBRY
L.I.S.P.I
Institut National des Sciences Appliquées
F 69621 - VILLEURBANNE - CEDEX   FRANCE

Abstract.

The development of Real Time Applications raises a number of problems which add themselves to those, already non-trivial, generated by the development of all Information Systems, either during their design or their implementation, mainly because such applications are closely coupled to the physical world with which they interact.

This paper is dedicated to those who have to solve this type of applications using Real Time Executives.
The major difficulties they encounter are :
- the expression of the dynamical aspect of this type of applications,
- the number and the variety of these Real Time Executives.
Standardisation efforts, now performed by Real Time Executive constructors in order to promote Real Time Executive standards, can be considered as some sort of answer to the second problem.
In order to take both problems into account and to bring up global answers, we define the LACATRE graphical language (LAngage de Conception d'Applications Temps REel) which allows the modelisation of an application using graphical representations of the main entities present (handled) in commonly used Real Time Executives (i.e. VRTX, RTC, RMX, ...).
It may be used in two different ways :
- a free-hand use for design aid and/or graphical documentation of programs in which case it may be considered as a method of design and this is not the subject of this paper,
- an interactive tool as a generator of multitask Real Time Application program skeletons. In this aspect, it may form the basis of a Real Time Software Engineering Workshop.
Within the Software Lifecycle, LACATRE covers a part of Preliminary Design and Detailed Design. It allows the expression of the dynamic decomposition and task relationships, in order to obtain the skeleton of the multitask program but not a precise description of the computation.

1. Introduction

Specification and design of Real Time Applications (RTAs) may be performed by means of standard methodologies. Some of them do not allow the decomposition of a system into modules or tasks, while others do not provide help in structuring a system into concurrent tasks. The most suitable ones are those lying within the Data Flow approach and/or encapsulation, providing representational tools for task communication and synchronisation.

The development of RTA raises a number of problems which add themselves to those, already non-trivial, generated by the development of all Information Systems (IS), either during their design or their implementation. Nevertheless it is worthy of note that industrial RTA design ("Hard Real Time") always introduces a certain number of specific difficulties because such applications are closely coupled to the physical world with which the application interacts.

A RTA implements an IS in which working is governed by the dynamic evolution of the state of the connected environment whose behaviour it has to control, thanks to a set of actions (tasks) whose starting execution times are directly (or not) subordinate to the simple start signals (events) or computed start ones (measures) of this process.
The environment induces stimuli which are mostly asynchronous, but which are sometimes simultaneous. Then it is natural to express the behaviour of an RTA in term of parallel actions whose executions may be supported by fictitious (or, sometimes, actual) processors which communicate instantaneously among themselves.
Then, design and programming of such applications essentially rely upon a multitask computing base, and tools which allow design and description of parallel computing.
The aim of Real Time Executives (RTXs) is to assume a consistent scheduling of the various tasks forming a RTA and to supply the designer with essential elements in synchronisation, communication and mutual exclusion management with a deterministic behaviour.
Today, it seems essential to develop complementary tools whose aims are to ease the design, realization and maintenance (i.e; documentation, test planning, ...) of multitasking RTAs [GOMAA, 1984; GROSS, 1988; LUDEWIG, 1986; MENDELBAUM , 1988;].
That is why, in the same effort of standardization which has come about among RTX constructors [ELECTRONIQUE ACTUALITES, 1990] and which, thanks to the Real Time Consortium, tries to promote standards preserving the sometimes opposing specificities of every RT product and leading to an interoperability between hardware and software, we apply ourselves to determine a set of basic objects necessary to RTA Design, to take into account the RT standards of the market, in order to express graphically every RTA from this set of objects independently of the target machine or target system.

The graphical language we define [SCHWARZ, 1990; SCHWARZ, 1991], LACATRE (LAngage de Conception d'Applications Temps REel) acts as an extra layer above commonly used RTXs (i.e. VRTX, RTC, RMX, ...).

It may be used in two different ways :

> - a free-hand use for the design and/or graphical documentation of programs in which case it may be considered as a method of design and this is not the subject of this paper,
> - an interactive tool as a generator of multitask RTA program skeletons. In this aspect, it may form the basis of a Real Time Software Engineering Workshop (RTSEW).

It simplifies the use of RTXs keeping the application designer in a familiar situation for design.

The following section presents the description of the main guiding ideas and features of the LACATRE language. Then the main lines of a RTSEW based upon this language will be developed.

In conclusion, the prototype model already implemented will be presented followed by an example of a working session based on a simple case of a RTA, in order to show the use of the tool.

2. The LACATRE Language

With the assistance of a suitable graphical symbolism (graphical objects, linking components and connection rules) LACATRE allows :

> - the expression of dynamic decomposition and task relationships,
> - the attainment of a synthetical view of the RTA,
> - the structuring of the application **technically free** from the target machine, system or language.

<u>Note</u> : The sense **"technically free"** in LACATRE means that it allows the designer to focus on the essential aspects of application design whilst beeing freed of technical details dependent on the target machinen, RTX or language. That does not necessarily imply Portability; LACATRE objects do not have an equivalent in all the target RTXs, but perhaps they may be emulated.

2.1. The Objects :

The objects handled by the LACATRE language are those involved in commonly used RTXs plus some extensions we think essential in RTA Design.

These objects are :

- the task,
- the generalized semaphore,
- the mailbox,
- the interrupt,
- the resource,
- the event,
- the message.

Each of these has a strictly defined graphical representation named **symbol**, for which are rigorously described :

- its shape,
- its active areas,
- its connection areas,
- its parameters.

A duple (symbole, object_identifier) is associated with every instance of a LACATRE object.

Relationships between objects, which describe RTAs' dynamical behaviour, follow precise rules complying with a grammar of connection rules and are symbolized by various shapes according to their functionalities.

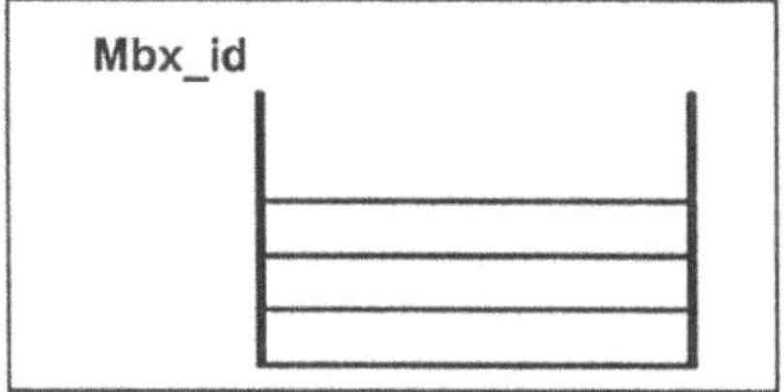

Figure 1

2.1.a. Object composition :

Every LACATRE object is composed of :

- a specific **symbol** - for example, the mailbox object has the following shape shown above (Figure 1),

- **state bars** which are the parts of the shape of the graphical object where creation/destruction actions or actions which modify the status of the concerned object end. For example, for a mailbox the creation/destruction bars are shown opposite (Figure 2),

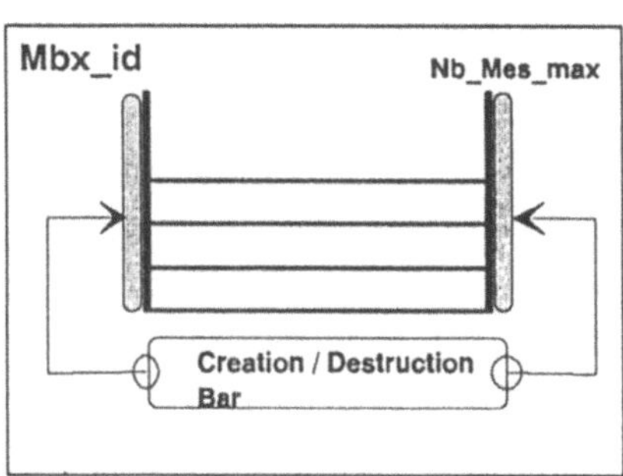

Figure 2

- **action bars** which are specific to each object type and which allow the handling of the objects. The mailbox has a deposit bar and a withdrawal bar (Figure 3).

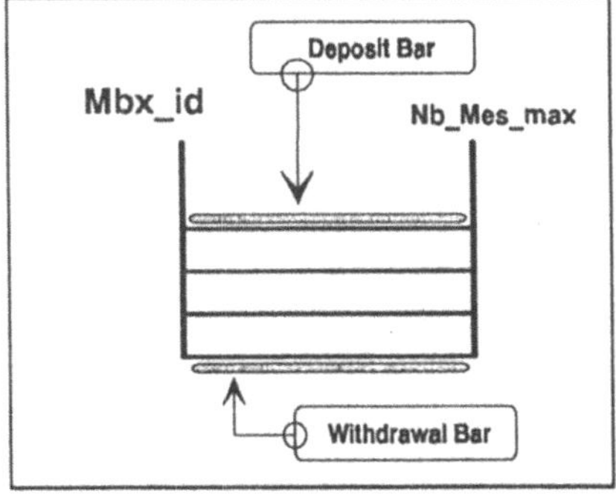

Figure 3

- **progress bars** which are a peculiar type of action bars used by active objects such as tasks, they defines the execution order of actions performed but they are not time scaled (see Figure 4).

These 2 previous types of bars are connection areas at which LACATRE actions start or end. They comply with well defined connection rules which are generally bound to the type of the actions which may be connected.

As an example, a typical use of the objects task, interrupt, message and mailbox appears thus (Figure 5).

2.1.b. LACATRE Object Classes :

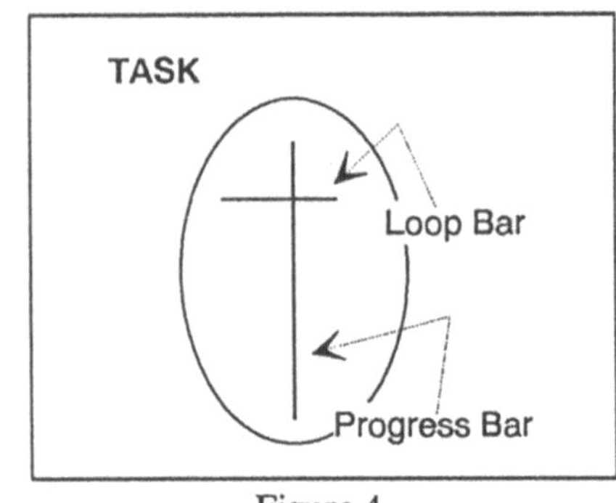

Figure 4

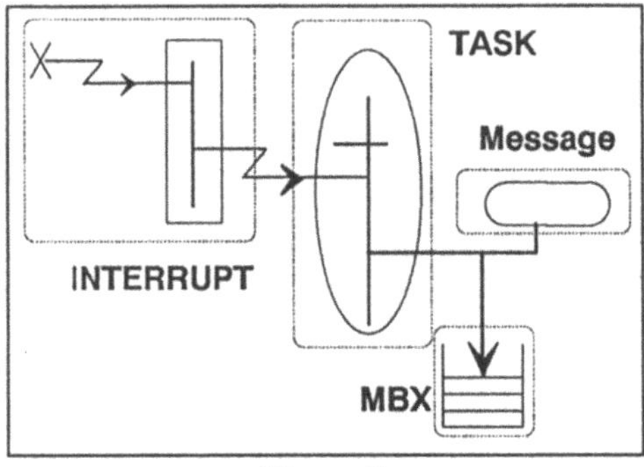

Figure 5

The configurable object class :

LACATRE Objects which have only state and action bars are said to be **configurable.** The designer can only modify (act upon) their attributes. Their behaviour are fully defined by the configuration of their working parameters (for example, the size) during their creation (static configuration). These parameters allow, for example, the definition of the handling mode of queues possibly associated to these objects : flow control, size, ...
The LACATRE configurable objects are :

     - the generalized semaphore,
     - the mailbox,
     - the resource,
     - the message,
     - the event.

The programmable object class :

These objects have a body whose content is defined by a sequence of actions which defines their behaviour. They have a **progress bar** which defines the sequence of LACATRE actions they have to perform. The progress bar only points out a logical order of computing of Real Time action activations (see Figure 4).

The order of these actions within a sequence bar may be altered according to the use of certain algorithmic forms (Figure 6).

The LACÁTRE programmable objects are :

      - the task,
      - the interrupt.

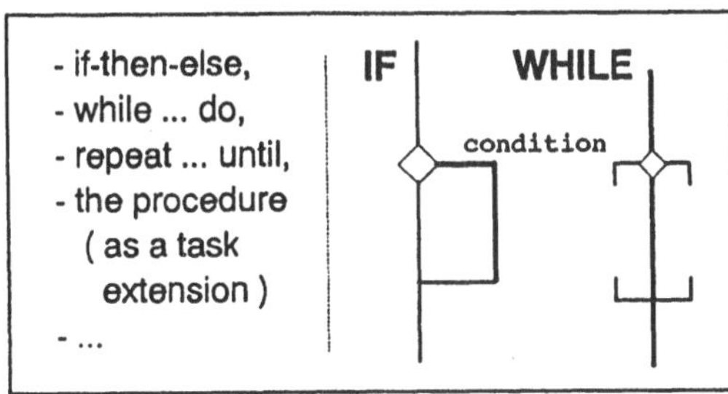

Figure 6

2.2. The LACATRE actions

Defined actions such as those provided by the LACATRE language allow the designer the expession and the modelling of the dynamical interactions or links between the various objects composing a RTA.

The symbolism associated with an action is basically an oriented line with a graphical "decor".

LACATRE ACTIONS are composed of :

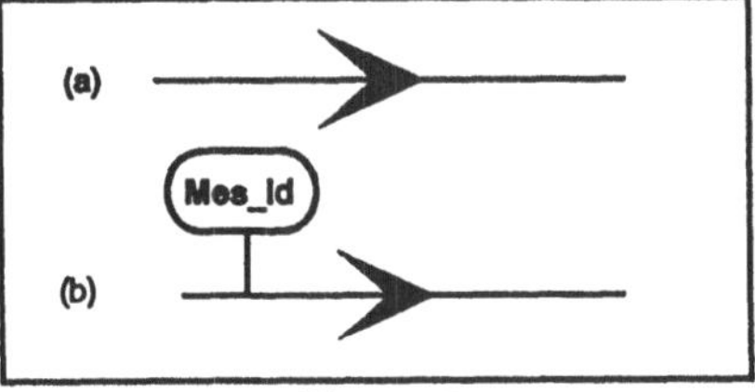

Figure 7

- a general(basic) **shape** - an oriented line which reflects the unidirectionnal nature of the dynamical relationship :

acting object = > object acted upon
consulted object = > inspecting object

This nature is signified by one or more arrows according to the length of the line (Figure 7a).

- a specific **decor** - which denotes the environment of the interaction : information types, communication conditions, ... (Figure 7b)

- **connection rules** defining the starting and the ending points as well as the objects concerned with the relationships.

2.2.a. Creation/Deletion actions :

Two actions : **object creation** and **object destruction**. These 2 actions can apply to all LACATRE objects. The associated symbols start from a progress bar and ends at a state bar of the suffering object.

These actions can only be invoked by task objects.

A mailbox creation is shown opposite (Figure 8).

2.2.b. Object-handling actions :

These actions are specific to each object type. They are bound to the behaviour and nature of objects.

The associated symbol starts either from a sequence bar or an action bar and ends either at a state bar, a sequence bar or an action bar .

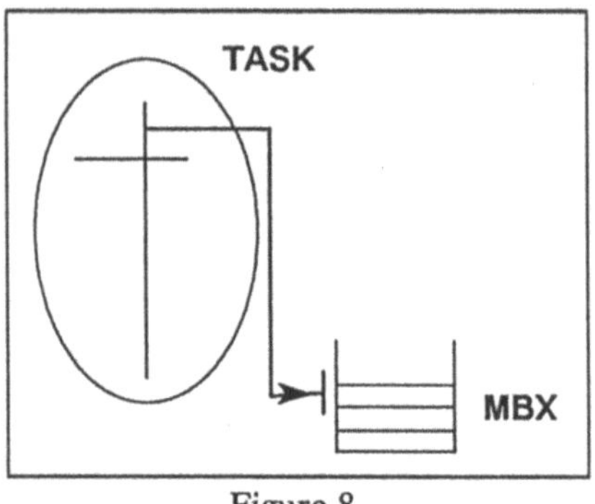

Figure 8

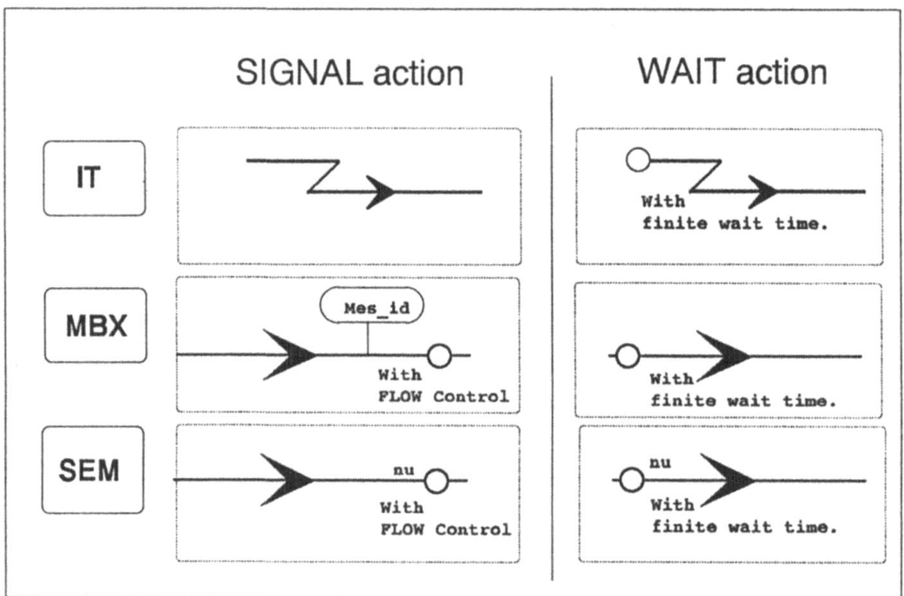

Figure 9

3. LACATRE : the basis for a Real Time Software Engineering Workshop

The LACATRE tool is a multi-mode tool. It provides a graphical mode (La4_G mode) which allows the description of a RTA in term of a graphical diagram. Using its textual mode (La4_T mode), it associates this diagram with its textual equivalence. One has to note that **La4** is the french phonetical abbreviation of **LACATRE**.

As discussed in the previous section, the expression of the design of a RTA using a LACATRE graphical diagram allows not only the obtainment of a synthetical view and the expression of the dynamic decomposition and inter-task relationship, but also to make the structure of the application **technically free** from the target system and target machine.

The definition of the LACATRE objects and their mutual interactions are defined by a grammar. This allows us, from the beginning, to associate with the graphical formalism of the La4_G language a textual equivalence expressed in the La4_T language.

Therefore :
- every **symbol** is coupled to a **textual equivalent.**

```
<text_rep> ::= <def_header> <body>

where :
<def_header> ::= obj_type(obj_id, param list)
<body> ::= <def_body> <def_trailer> | empty
<def_body> ::= action_list
<def_trailer> ::= end_obj_type


where :
obj_type : keyword of the object type,
obj_id : the object identifier,
```

For example, the symbol and textual equivalent of the semaphore and the task object are shown below :

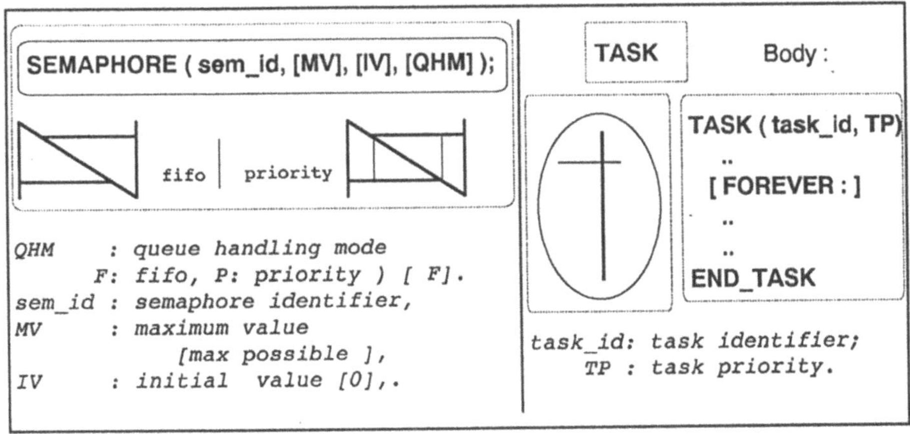

Figure 10

The body of the programmable objects is user-defined and initially empty while the configurable object one is always empty.

- every **La4_G action** is linked to a **La4_T "statement"**. The graphical attributes of a La4_G action are parameters of the equivalent La4_T statement.

For example, let us consider the send_message and send_unit actions :

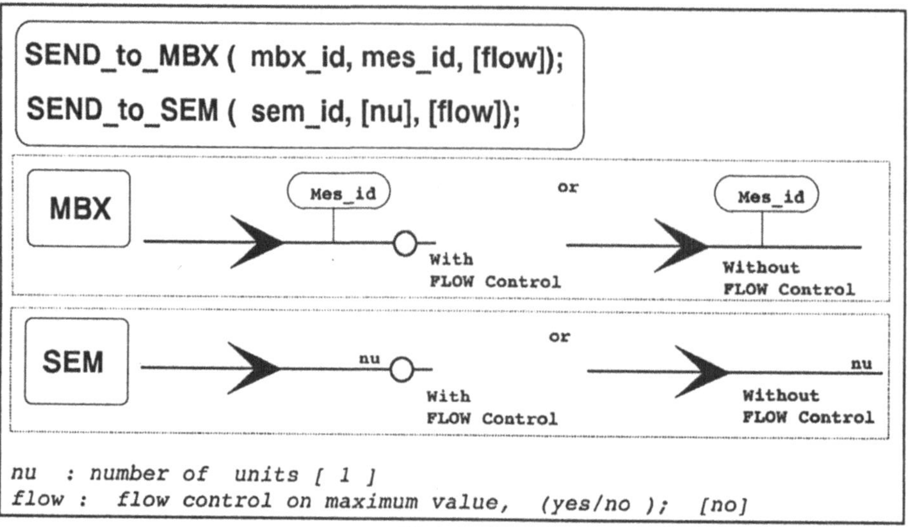

Figure 11

It is worthy of note that it is obviously of interest to start with the La4_G graphical mode and to produce a La4_T text **technically free** of any RTX and target machines. This text is then the skeleton of the graphically designed RTA.

The La4_G graphical mode essentially allows a first step of control and verification according to the semantics associated with the objects, actions and connection rules.
Following this, in La4_T textual mode, the existence of the grammar associated with the language will permit :

- syntactic and semantic analysis,
- coherence analysis of the application and its architecture,
- cross reference analysis,
- complexity analysis,
- response time delay evaluation,
- ...

It will also allow reversier to the graphical design mode to modify the application diagram in order to make it coherent, or directly to correct the text generated by the textual mode.

Once the textual equivalence has been obtained from the graphical diagram, the use of La4_T - target language translators will allow the generation of skeletons of programs composing the RTA for a given machine and a given RTX.

The design and production process is as follows :

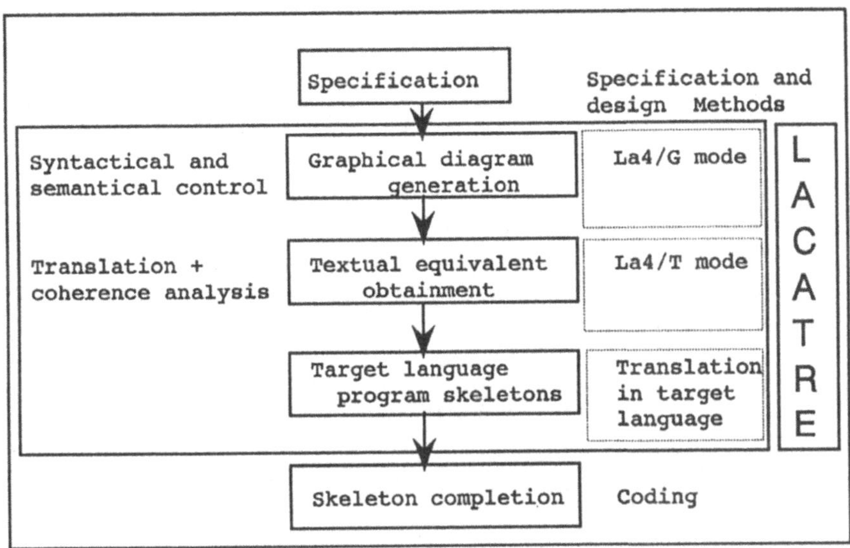

Figure 12

The tool discussed in the next section may be considered as a basis of a RTSEW, its ambition is to be helpful to engineers in charge with modern commonly used RTXs. It deals partly with Preliminary and Detailed Design within the Software Life Cycle. At the specification and module identification stages, the designer may use various methods and using the graphical mode describe his RTA.

In conclusion, the tool has to provide the designer with on-line help during the object creation or the creation of relationships between objects.

4. The LACATRE Tool - The prototype

4.1. The Prototype necessary media :

The prototype must have some necessary media and needs. It has to rely within a graphical system providing textual description facilities (Autocad like - DXF Format) which allows the user to work with the equivalent textual description and then using an appropriate compiler to generate the target language code for the chosen target system.

The graphical system we chose for the first implementation of the prototype is Sylva Foundry of Cadware.

4.2. The graphical method generator Sylva Foundry of Cadware :

The Sylva Foundry software [SYLVA, 1988] is a generator of graphical methods. It runs on AT compatible machines under MS-DOS :

method = graphical symbols + link elements + connection rules

Starting from a set of basic objects represented by icons, it allows the definition of **graphical object types** bound to specific **icons** using its **diagram editor** (Figure 13) and its **rule tool**. In this way, it can provide the user with a set of icons for graphical diagram production. Starting from the graphical diagram drawn according to a given method, a descriptive text-file is generated.

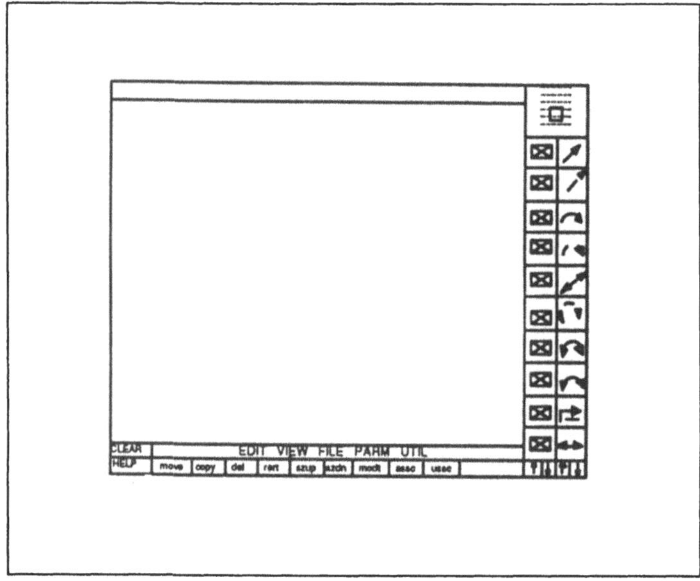

Figure 13

A set of basic symbols is proposed by the **rule tool** for the definition of an object.

This definition phase is 4 fold :

 - graphical definition (shape),
 - information related to the object considered as a whole,
 - information related to specific components of the object, such as connection points, text fields, ...
 - notes and comments which are helps given to the icon designer even if they are not a part of the object.

The icons are grouped on 2 columns : the first one provides icons associated with the objects, the second with the icons of connectors of the two types unectors or rulectors.

4.3. The Prototype :

This consists of 3 parts :

- the **graphical interpreter** built up by means of the Sylva foundry software which allows the creation of application graphical diagrams,

- the **La4_G->La4_T translator** developed using the Compiler Design Language STARLET [BENEY, 1990],

- the **La4_T->PLM286** compiler (chosen target language) developed with the help of STARLET.

4.3.a. The graphical interpreter :

This is an interactive tool which allows, using the mouse and icons, the creation or modification of graphical diagrams. When its execution starts, it presents the following initial screen :

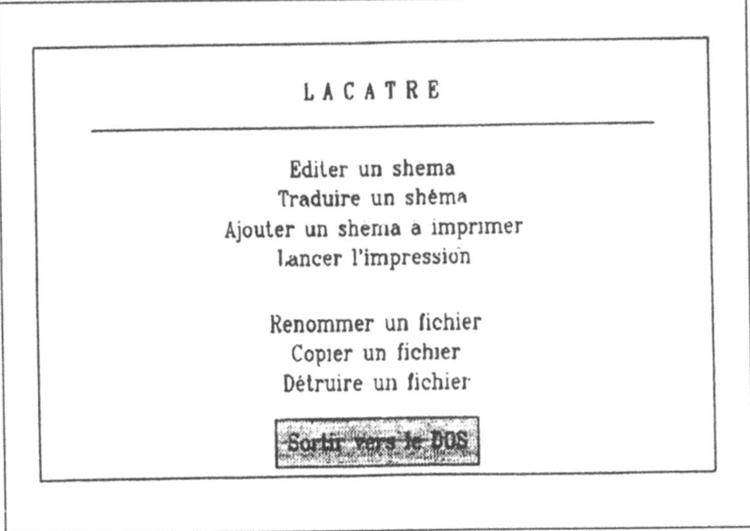

Figure 14

We restrict our presentation to the edit and graphical diagram translation commands.

Diagram editing :

The command generates the following screen :

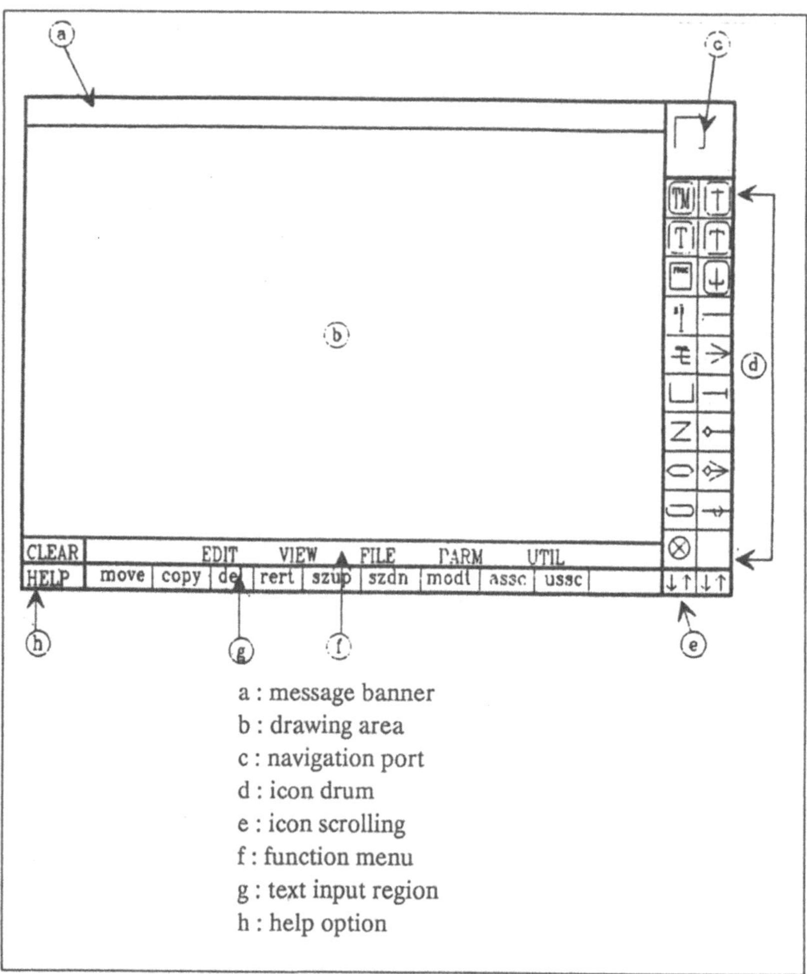

Figure 15

This command allows the creation or the modification of a graphical diagram. The generated file will have the .CHT extension.

<u>Diagram translation</u> :

That allows the translation of a diagram produced by the previous command in an intermediate graphical form (**extract file**) expressed in La4_G Text.
The generated file will have the .**TEXT** extension.
At this stage of translation, the validity of the diagram is verified and the production of an extract file is conditionnal upon the absence of errors or detected anomalies.

4.3.b. The La4_G->La4_T translator

This is given in outline as opposite (Figure 16).

The cross-reference analyser :

The translation step is followed by a coherence analysis phase outlined opposite (Figure 17) :

This stage may allow some measures for complexity analysis.

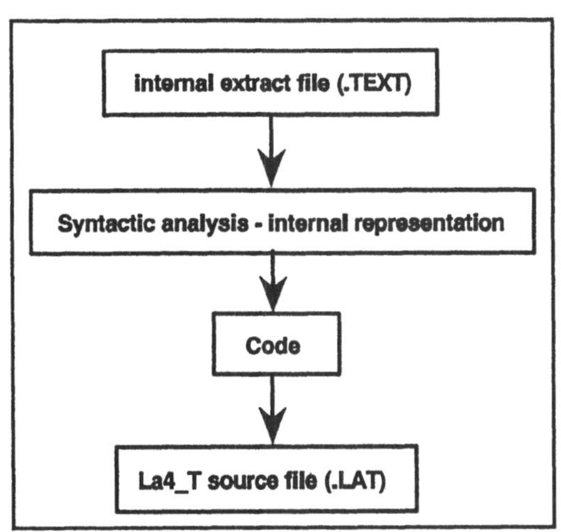

Figure 16

4.3.c. The La4_T->PLM286-RMX compiler :

This is a 2 -pass compiler :

- syntactical analysis
    . error detection and recovery,
    . generation of a created object list,

- a 3-level semantic analysis :
    . preliminary analysis : double creations,
    . "with-the-stream" analysis : object existence and correct use,
    . recapitulatory analysis : use and destruction of created objects.

One has to note that others compilers could be developed in order to generate some code in various target languages and systems.

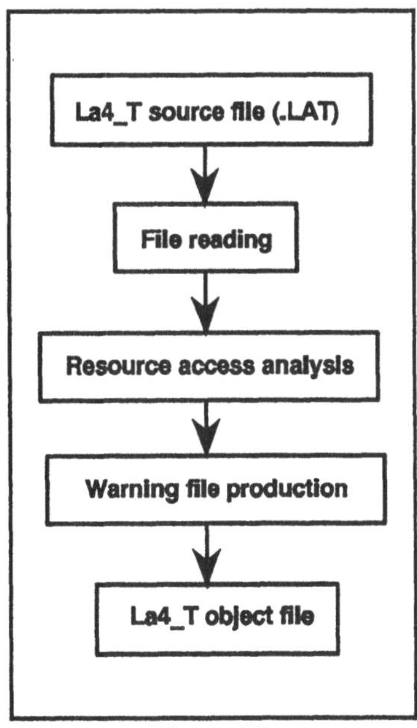

Figure 17

5. Conclusion

The implemented prototype shows the feasibility of our study, without full integration of the 3 parts composing the tools. Improvements are being brought to both LACATRE symbolism level and symbol design, in order to get a well-specified language using a minimum set of powerful concepts.

The future version of this tool will be widened to new objects which will take distributed systems into account : agences, remote mailboxes, communication canals (remote pipes); and include the possibility of creation of new objects : multiple objects, ... and the use of graphical libraries for Reusability.

Bibliographic references

J.P. ELLOY (1990). Le Temps Réel - Automatique, Productique, Robotique - Colloque AFCET - Nantes (F) - 10/11 October 1990.

J. BENEY, J.F. BOULICAUT (1990). STARLET : An Affix Based Compiler-Compiler designed as a logic programming system. - Proceedings of the 3rd International Workshop on Compiler-Compiler CC'90. Schwerin (FRG), Octobre 1990. LNCS 1990 Springer Verlag.

B.N.I Bureau d'Orientation de la Normalisation en Informatique (1984). SCEPTRE : proposition de noyau normalisé pour les exécutifs temps réel. Techniques et Sciences Informatiques Vol.3 1984.

Electronique actualités (1990). Création d'un consortium des Standard Temps Réel. Electronique Actualités 1023, December 1990.

H. GOMAA (1984). A Software Design Method for Real-Time Systems. Communication of the ACM, Vol.27-9. September 1984.

C. GROSS (1988). Les outils logiciels pour applications Temps Réel. Electronique Industrielle 146, June 1988.

W.A. HALANG (1989). Languages and tools for the graphical and textual system Independent Programming for Programmable Logic Controllers. Microprocessing and Microprogramming 27- North Holland. 1989.

J. LUDEWIG (1986). Practical methods and tools for specification. Embedded Systems. Springer Verlag. 1986.

H.G. MENDELBAUM, D. FINKELMAN (1988). CASDA : Synthesized Graphic Design of real-Time Systems. IEEE Computer Graphics & Applications. January 1989.

J.J. SCHWARZ (1990). LACATRE, Notice résumée V2.01. Polycopié - Support de Cours "Techniques Temps Réel" - Polycopié. Département Informatique INSA - Lyon - Novembre 1990.

J.J. SCHWARZ, J.J. SKUBICH, M. MIQUEL (1991). A Graphical Language for Multitasking Real Time Application Design. An application to RMX Programming - 1991 International iRUG Conference - Baltimore USA - 7/9 October 1991.

SYLVA (1988). Sylva Foundry User's Manual V1-2, Cadware 1988.

Systems International (1990). Time-critical software. Systems International, May 1990.

APPENDIX A

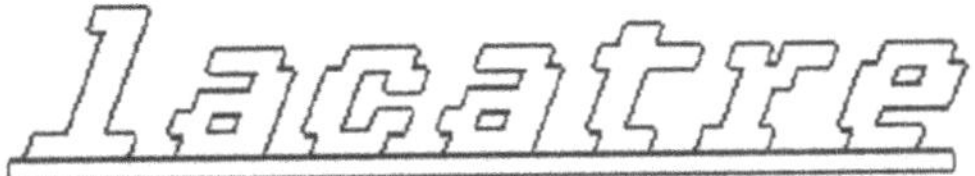

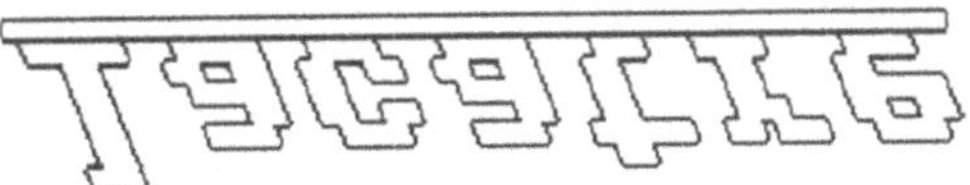

A Graphical Language

for

Real Time

Applications   Design

Summary.   **Version 2.01**

INSA Lyon
Département Informatique
J. J. Schwarz
Novembre 1990

For all La4 Objects

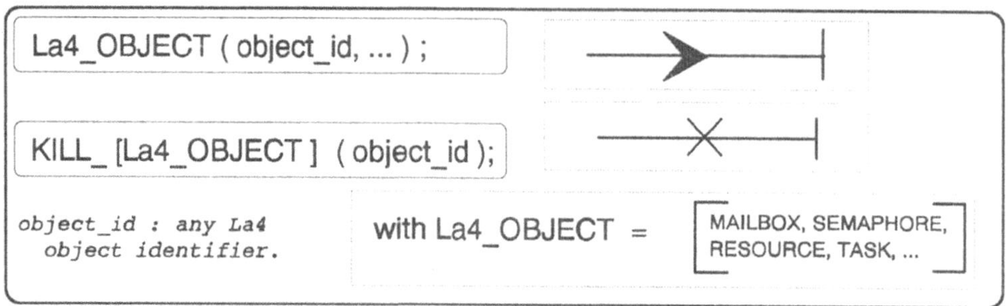

Tasks

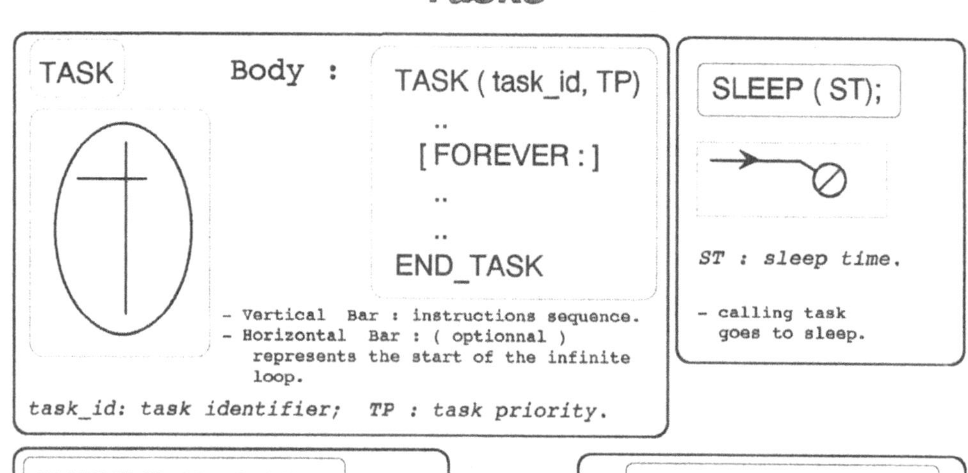

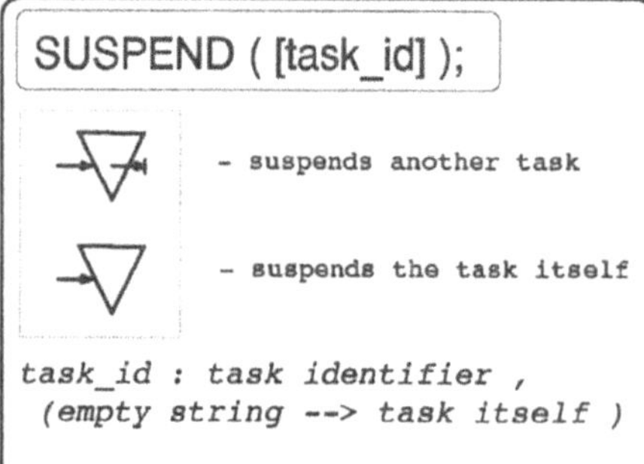

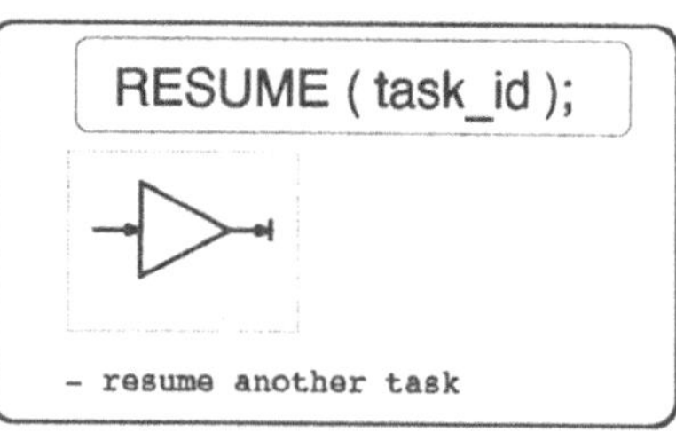

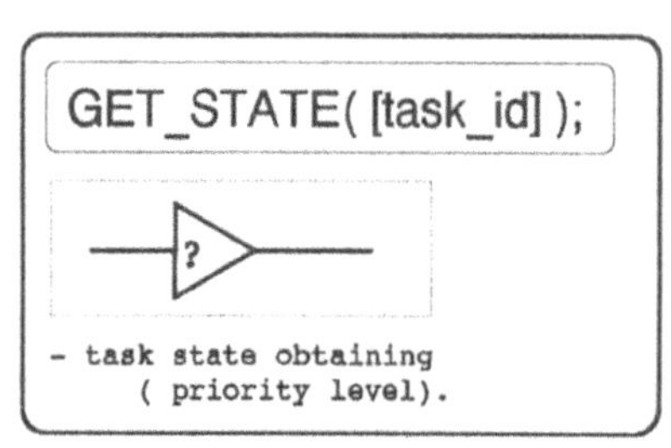

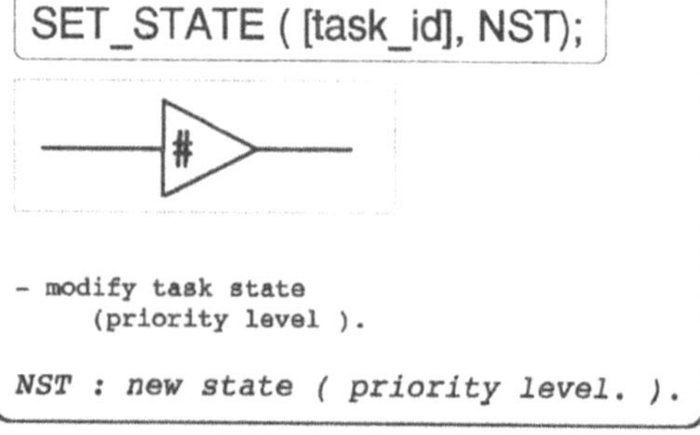

Semaphores, Mailboxes and Messages

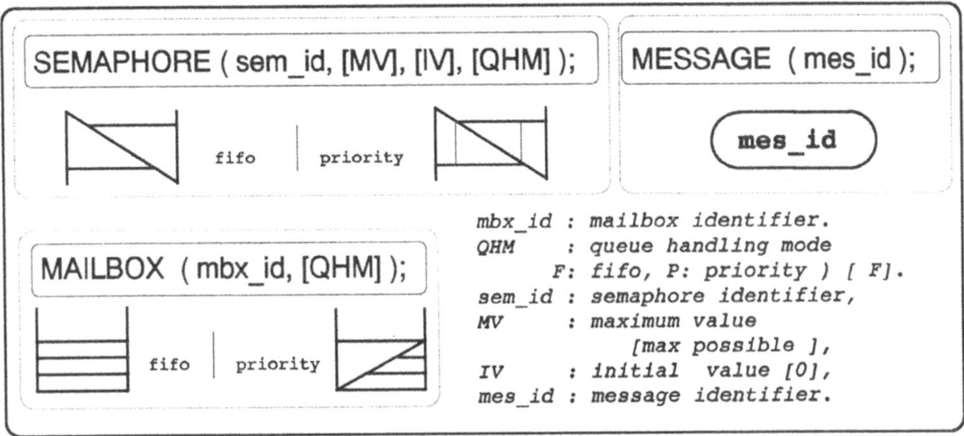

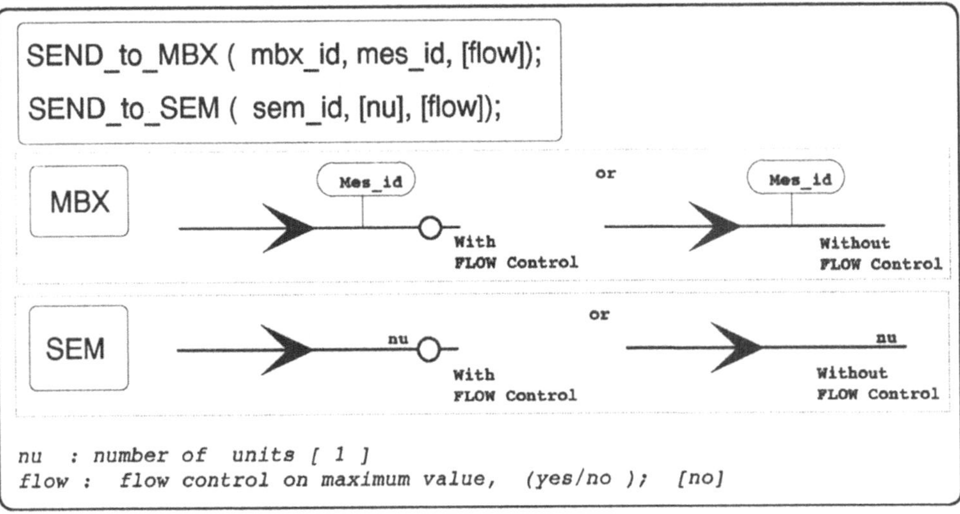

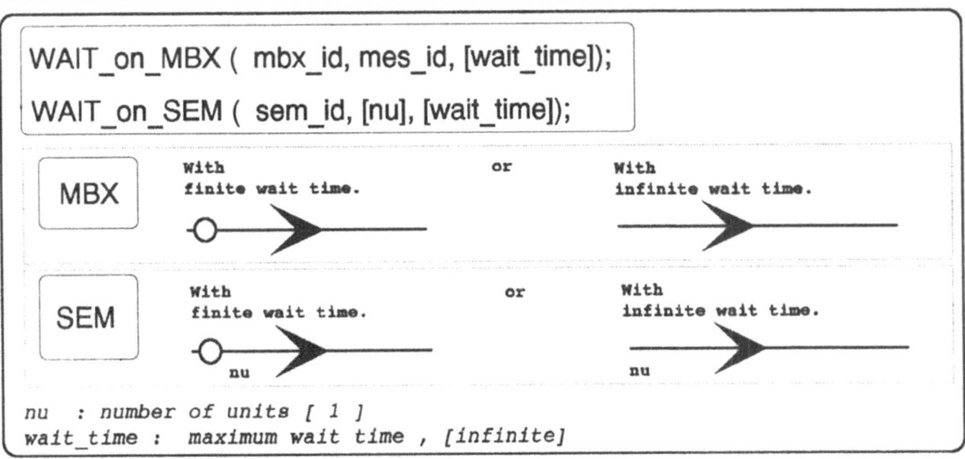

Resources

RESOURCE (resource_id, [RT], [PT]) ;

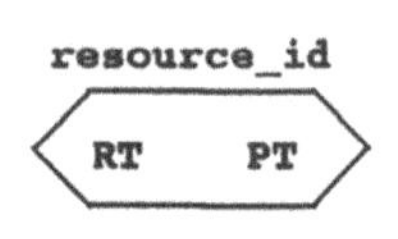

```
resource_id : resource identifier        PT : protection type :        [ S ]
RT : resource type :      [ S ]                 - S : semaphore
             - S : structure                    - R :  region
             - F : file                         - I : interrupt desabling
             - D : device.                      - O : non protected.
```

ACCESS (resource_id, AT, [wait_time]);

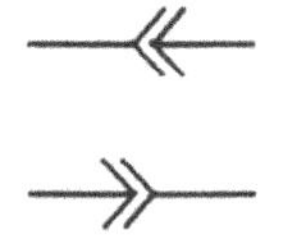

```
AT : access type  :
          = R  for read only,
          = W  for write ( and read ).
wait_time : maximal wait time
             [ infinite ].
```

The double arrows orientation versus
the ressource gives the access type.

RELEASE (resource_id);

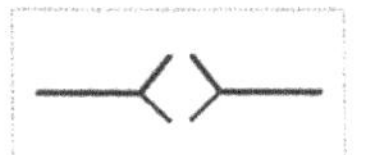

Events

EVENT (Event_id, N, Op) ;

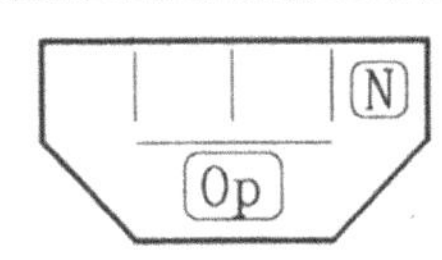

```
Event_id : multiple event
            identifier
N  :  number of simple events.
Op  :  < AND, OR > .
```

SIGNAL_EVENT (Event_id (i));

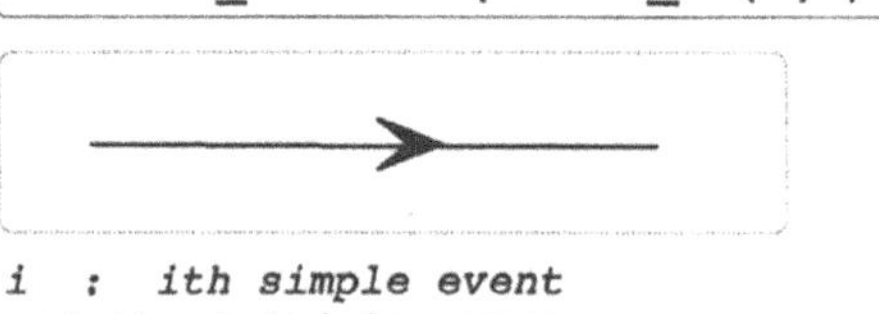

```
i  :   ith simple event
 of the multiple event.
```

WAIT_EVENT (Event_id, [W_t]);

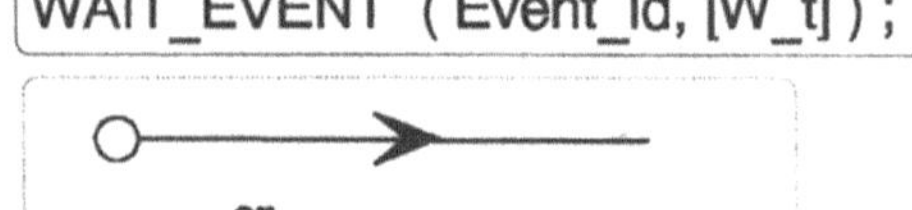

```
or
```

```
W_t  :   maximum wait time.
```

CLEAR_EVENT (Event_id (i));

Interrupts

Body :

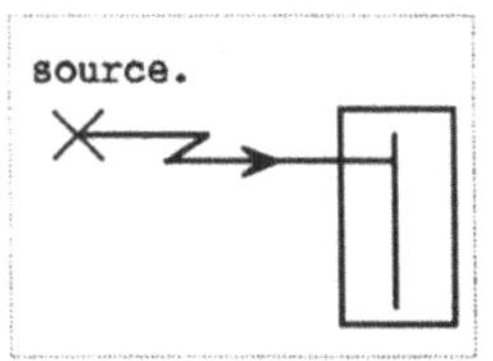


```
INTERRUPT ( Int_id, source )
...
...
END_INTERRUPT
```

int_id : interrupt identifier.
source : physical interrupt
*   identifier (level).*

SIGNAL_IT (Int_id) ;

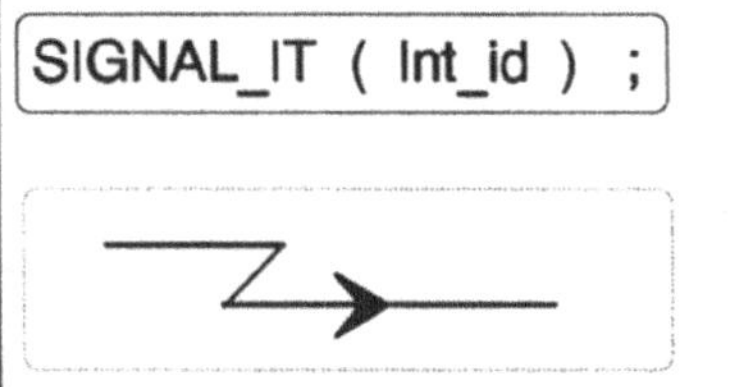

DISABLE_IT (Int_id) ;

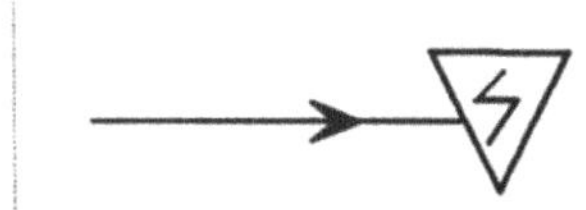

WAIT_IT (Int_id, [W_t]);

or

ENABLE_IT (Int_id) ;

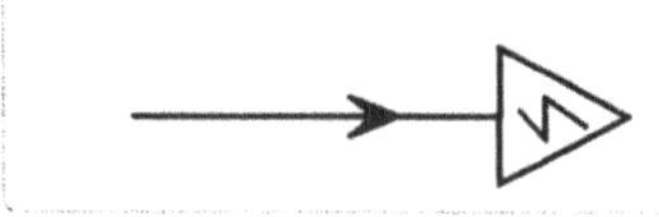

SIMULATE_IT (Int_id) ;

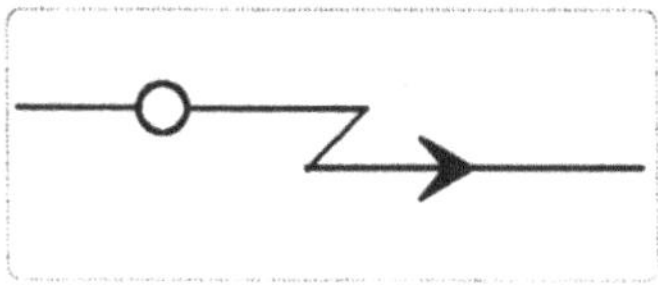

Interrupt simulation (software
interrupt) can be made from any task.
The symbol ends at the interrupt
object entry point.

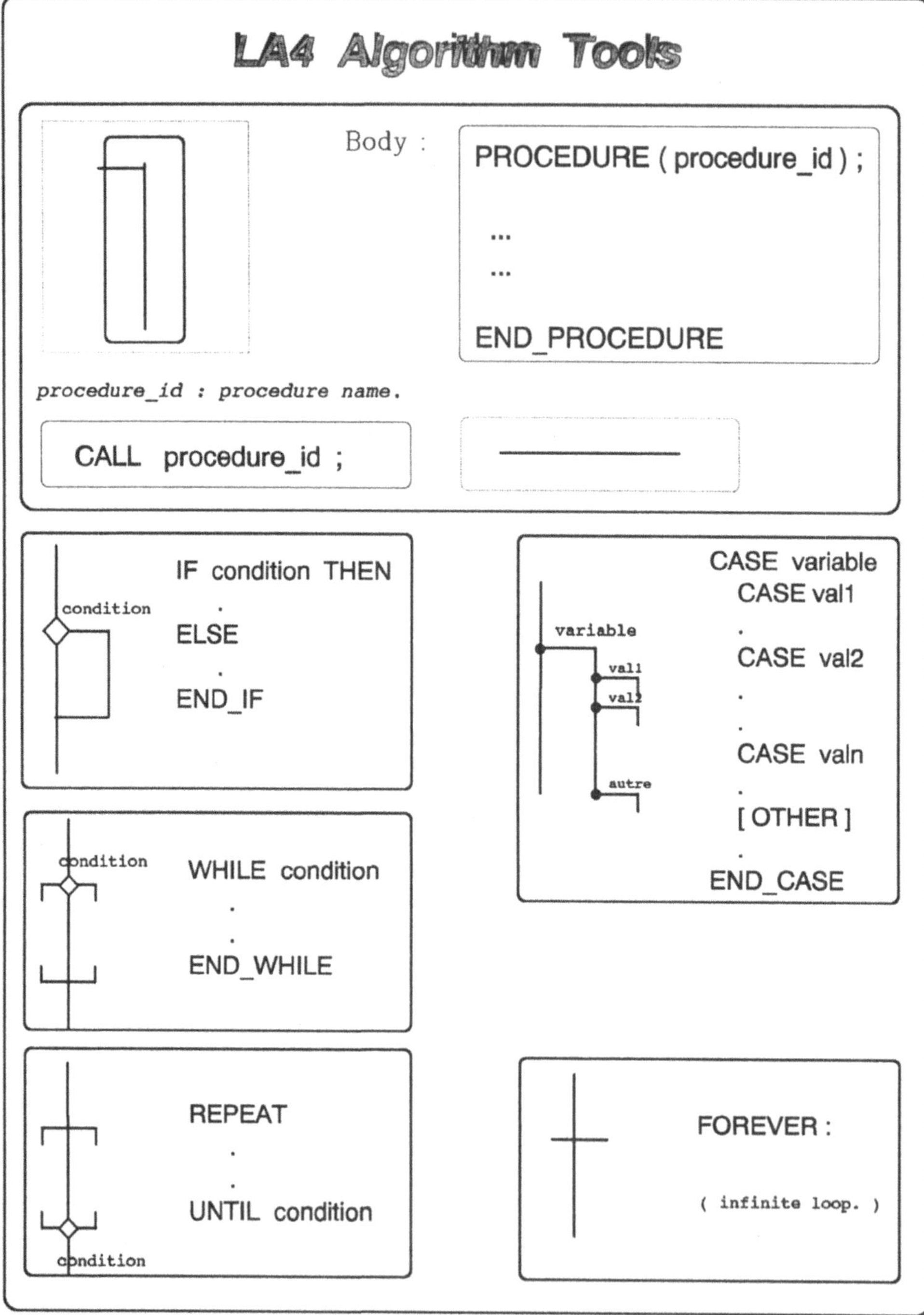
LA4 Algorithm Tools
Body :
PROCEDURE (procedure_id) ;
...
...
END_PROCEDURE
procedure_id : procedure name.
CALL procedure_id ;
IF condition THEN
condition
ELSE
END_IF
CASE variable
CASE val1
variable
val1
val2
CASE val2
CASE valn
autre
[OTHER]
END_CASE
WHILE condition
condition
END_WHILE
REPEAT
UNTIL condition
condition
FOREVER :
(infinite loop.)

Gestaltungs- und Realisierungsprinzipien von
Softwarekomponenten für verteilte Steuerungssysteme

Principles of design and implementation of softwarecomponents for distribute control systems

Dipl.-Ing. Eckhard Schöbel
Dr.-Ing. Gunter Reinig
AIS GmbH Dresden, Niedersedlitzer Str. 63, O-8017 Dresden
Tel. 0051 2732 543
Technische Universität Dresden, Mommsenstraße 13, O-8010 Dresden
Tel. 0051 463 3240

Kurzbeschreibung

Auf der Basis der Anforderungen an verteilte Steuerungssysteme erfolgt die Darstellung typischer Applikationsfunktionen am Beispiel eines für die Automatisierung bzw. Instrumentierung technologischer Ausrüstungen konzipierten Steuerungssystems. Daran anschließend werden Gestaltungsprinzipien und Grundstrukturen von Softwarekomplexen für verteilte Steuerungssysteme mit heterogener Prozessorarchitektur vorgestellt, die eine Unabhängigkeit der technologiespezifischen Anwendersoftware von der Verteiltheit des Systems und damit eine einfache Ausbaufähigkeit der Steuerung gewährleisten. Alle vorgestellten Lösungen sind in einem nach Hardware- und Funktionsanforderungen konfigurierbaren verteilten Steuerungssystem für technologische Ausrüstungen unterschiedlicher Ausbaustufen realisiert und mit Erfolg erprobt worden.

Die anschließende Darstellung der Entwicklungsumgebung für die im Steuerungssystem verwendete Programmiersprache "C" demonstriert den Einsatz dieser Sprache für unterschiedliche Rechnerkategorien. Ergänzend werden Applikationen aus den Branchen Sondermaschinenbau, Meßtechnik und Kranbau vorgestellt, die mit dem beschriebenen Steuerungssystem in unterschiedlicher Konfiguration und Verteiltheit realisiert werden.

Anforderungen an die Systemsoftware für dezentrale Steuerungssysteme

Ebenso wie für die Hardwarekomponenten sind für die Systemsoftware von dezentralen Steuerungssystemen die Gegebenheiten der industriellen Prozeßautomatisierung maßgebend. Dabei sind insbesondere auch die Struktur und die Einsatzbedingungen der zu lösenden Automatisierungsaufgaben zu berücksichtigen. Für die Automatisierung vakuumtechnologischer Ausrüstungen fiel die Wahl auf eine Architektur mit lose über ein bitserielles Bussystem bzw. über AMS-Busse gekoppelte lokale Subsysteme unter Verwendung der Prozessortypen 80386, 80286, 8086, 8080 und Z80 [2].

Die Automatisierung eines technischen Prozesses stellt hohe Anforderungen an das Echtzeitverhalten des Rechnersystems. Dabei sind im Allgemeinen verschiedenartige Zeitbedingungen zu berücksichtigen.

- Viele Aufgaben, z.B. digitale Regelalgorithmen, verlangen eine zyklische Bearbeitung, wobei einige Algorithmen sehr empfindlich auf schwankende Zykluszeiten reagieren.
- Für die Bearbeitung von Ablaufsteuerungen, die Annahme von Grenzwert- oder Stellungsrückmeldungen oder ähnliche Aufgaben ist die Reaktion auf asynchrone Forderungen notwendig.
- Einige Aktionen müssen zu absoluten Zeiten ausgeführt werden bzw. benötigen absolute Zeiten (z. B. für Trend- und Protokoll- informationen).

Die Aufgabenverteilung auf die Lokalsysteme und die mittlere Systembelastung sind in der Regel stationär. Sie ändern sich nur

- durch eine neue Konfigurierung bzw. Ergänzung von Aufgaben
- durch eine Rekonfigurierung im Fehlerfall (Fehlertolerante Systeme).

Dynamische Änderungen gibt es bei der Prozessor- und Busauslastung, da diese vom jeweiligen Zustand des automatisierten Prozesses abhängen.

In den einzelnen lokalen Subsystemen dezentraler Steuerungssysteme gibt es im Allgemeinen keine Massenspeicher. Diese befinden sich nur in einer Leitstation und sind daher nur seriell erreichbar. Das hat folgende Konsequenzen:

- Die gesamte Systemsoftware ist hauptspeicherresident.
- Das Laden (bzw. Eintragen) von Anwendungsprogrammen erfolgt entweder sehr schnell aus dem ROM   oder
- seriell von einer Leitstation aus, was einen größeren Zeit- verzug zur Folge hat.
- Ein laufendes Ablegen von Programmen (swapping) oder Daten auf Platten ist nicht möglich.

Die Festlegung der Funktionen für eine Applikation erfolgt in der Regel durch eine Konfigurierung, d.h. die Verknüpfung und Parametrierung von Standardsoftware. Die technologiespezifischen Anwendungsprogramme müssen weitestgehend unabhängig von der Hardwareausstattung des Steuerungssystems sein, um eine Modularität und Ausbaufähigkeit des Gesamtsystems zu sichern.

Die Konfiguration der Hardware ist bei der Generierung der Systemsoftware nicht bekannt und kann nach der Installation eines Steuerungssystems noch modifiziert werden. Die Systemsoftware muß sich an diese Änderungs- und Erweiterungsmöglichkeiten anpassen können.

- Das Leistungsvermögen eines installierten Steuerungssystems kann durch die Verwendung zusätzlicher Rechnerkomponenten erhöht werden.

- Die Bedienerkommunikation erfolgt wahlweise mit in Komfort und
  Leistung unterschiedlichen Bedienkomponenten.
- Subsysteme sowie intelligente Meß- und Stellglieder werden über
  branchentypische oder allgemein genormte Schnittstellen
  vernetzt.

Die aufgeführten Anforderungen stellen hohe Ansprüche an die
Gestaltung der Systemsoftware. Sie lassen aber auch
Vereinfachungen gegenüber anderen Rechensystemen zu, da keine
großen Datenmengen bearbeitet und verwaltet werden müssen.

Hauptfunktionen des verteilten Steuerungssystems VAC 286

Das für die Automatisierung bzw. Instrumentierung von
technologischen Ausrüstungen realisierte Steuerungssystem VAC
286 stellt in seiner Gesamtheit alle wesentlichen
Applikationsfunktionen zum Steuern, Regeln, Parametrieren,
Bedienen und Beobachten als Systemdienste zur Verfügung. Diese
Hauptfunktionen sind in separaten in der Struktur gleichen
Softwaremodulen realisiert, welche die Dienste eines
Echtzeitbetriebssystemkernes nutzen und schalenmäßig um diesen
angeordnet sind. Die Module arbeiten als Nachrichteninterpreter
eines einheitlichen Kommunikationssystems, und bilden damit die
Voraussetzung ihrer wahlfreien Verteilung auf die einzelnen
lokalen Subsysteme des verteilten Steuerungssystems. Im VAC 286
sind folgende Hauptfunktionen modulartig realisiert und
entsprechend den technologie- und anlagenspezifischen
Anforderungen für ein "maßgeschneidertes" Automatisierungssystem
konfigurierbar (siehe Abb. 1 und 2).

- Ablaufsteuerung komplexer technologischer Prozesse
- Rezeptursteuerung und -verwaltung
- Zeitsteuerung (Absolut- und Relativzeitbehandlung)
- Regelung (PID-Reglerbausteine)
- Ein- /Ausgaben (digitale, analoge und inkrementelle)
- 3-Achsen Lageregelung
- Schrittmotorsteuerung
- Kommunikationsnetz
- Systemdiagnose
- Fehlerprotokollierung und -behandlung
- Prozeßprotokollierung
- Bedien- und Beobachtungsfunktionen (Window- und Menütechnik)

Die konzeptionell offen angelegte Struktur des Steuerungssystems
sowie die konsequente Nutzung der systemintern standardisierten
Schnittestellen ermöglichen das unkomplizierte Einbinden weiterer
Funktionsmodule für spezielle Anwendungen oder zur
kontinuierlichen Weiterentwicklung des Systems.

Grundstrukturen von Softwarekomponenten

Die Online-Software von Automatisierungssystemen untergliedert sich in der Regel in System- und Anwendungssoftware. Um diese Komplexe unabhängig im physikalischen Adressraum der einzelnen Rechnerkomponenten zu platzieren, ist es günstig, ihre Schnittstellen analog zu üblichen Betriebssystemen der Rechentechnik als Softwareinterrupts auszubilden. Wie in den Anforderungen an die Systemsoftware definiert, erfolgt die Festlegung des Funktionsvorrates für eine Applikation durch Konfigurierung. Nachstehend soll die Softwarestruktur von Funktionsmodulen erläutert werden, die eine definierte Menge von System globalen Funktionen auf Anforderung realisieren, wahlfrei auf unterschiedliche Rechnerkomponenten verteilbar sind, weitestgehend autark arbeiten und die Dienste eines unterlagerten Echtzeitbetriebssystemkernes nutzen.

Die Abbildung 3 stellt die Grundstruktur eines Funktionsmoduls mit
seinen Komponenten:

- Interfaceprozedur
- Interruptannahme
- Verarbeitungseinheit
- Initialisierungsprozedur dar.

Die reentranten Interfaceprozeduren nehmen die Anforderung eines Systemdienstes auf und leiten sie durch Nutzung des Interruptsystems an die Interruptannahmeprozedur des Funktionsmoduls weiter. Diese erzeugt entsprechend der Anforderung ein kommunikationsgerechtes Nachrichtensegment und übergibt dieses an eine Mailbox der Verarbeitungseinheit. Ist die Verarbeitungseinheit des Funktionsmoduls nicht auf dem eigenen lokalen Subsystem angeordnet (wird durch Konfigurierung festgelegt) erfolgt die Übergabe des Nachrichtensegmentes zu dessen Vermitlung an das Kommunikationsnetztwerk, dessen Vermittlungskerne sich auf jedem lokalen Subsystem des verteilten Steuerungssystems befinden. Im adressierten Lokalsystem erfolgt die Übergabe des Nachrichtensegmentes an eine Mailbox der Verarbeitungseinheit und wird entsprechend dem verwendeten Warteschlangenprinzip (FIFO oder prioritätsorientiert) verarbeitet. Dies sichert den sequentiellen Zugriff auf die Datenstrukturen des Funktionsmoduls unter Berücksichtigung eines Multitaskanwendungssystems. Nach Bearbeitung des mit einer Nachricht angeforderten Dienstes in einer Prozedur der Verarbeitungseinheit erfolgt eine Fehlerkontrolle der Ausführung und gegebenenfalls das Zurücksenden einer Fehlernachricht über das Kommunikationsnetz an den Absender der Anforderung. Danach erfolgt die Abarbeitung der nächsten Anforderungen aus der Warteschlange. Die Verteiltheit des Steuerungssystems sowie die Zuordnung der Applikationsmodule auf die einzelnen Lokalsysteme hat keine Rückwirkungen auf die technologiespezifische Anwendungssoftware im Steuerungssystem, da die Menge der Interfaceprozeduren eines Moduls auf allen Lokalsystemen installierbar und nicht lokalsystemspezifisch ist.

In einer globalen Initialisierungsprozedur des Funktionsmoduls werden alle Datenstrukturen initialisiert und die benötigten Objekte durch Nutzung des unterlagerten Echtzeitkernes eingerichtet. Die konfigurierten Module werden in der Systeminitialisierung abgearbeitet. Danach ist das verteilte Steuerungssystem funktionstüchtig und bereit, Anforderungen des nachfolgend initialisierten Anwendungssystems zu bearbeiten.

Quellenverzeichnis

[1]   Hubert Mäncher (1987)
      Fehlertolerante dezentrale Prozeßautomatisierung
      Springerverlag, Berlin Heidelberg New York London Paris
      Tokio

[2]   AIS GmbH Dresden
      Gesellschaft für Automatisierungs- und Informationssysteme
      mbH
      Systemübersicht - Verteiltes Steuerungssystem VAC 286 -

[3]   Zöbel, Dieter (1987)
      Programmierung von Echtzeitsystemen
      Oldenbourg Verlag GmbH München

[4]   GEP Oederan GmbH
      Gesellschaft für Echtzeitprogrammierung
      Dokumentation Echtzeitbetriebssystem OS 86

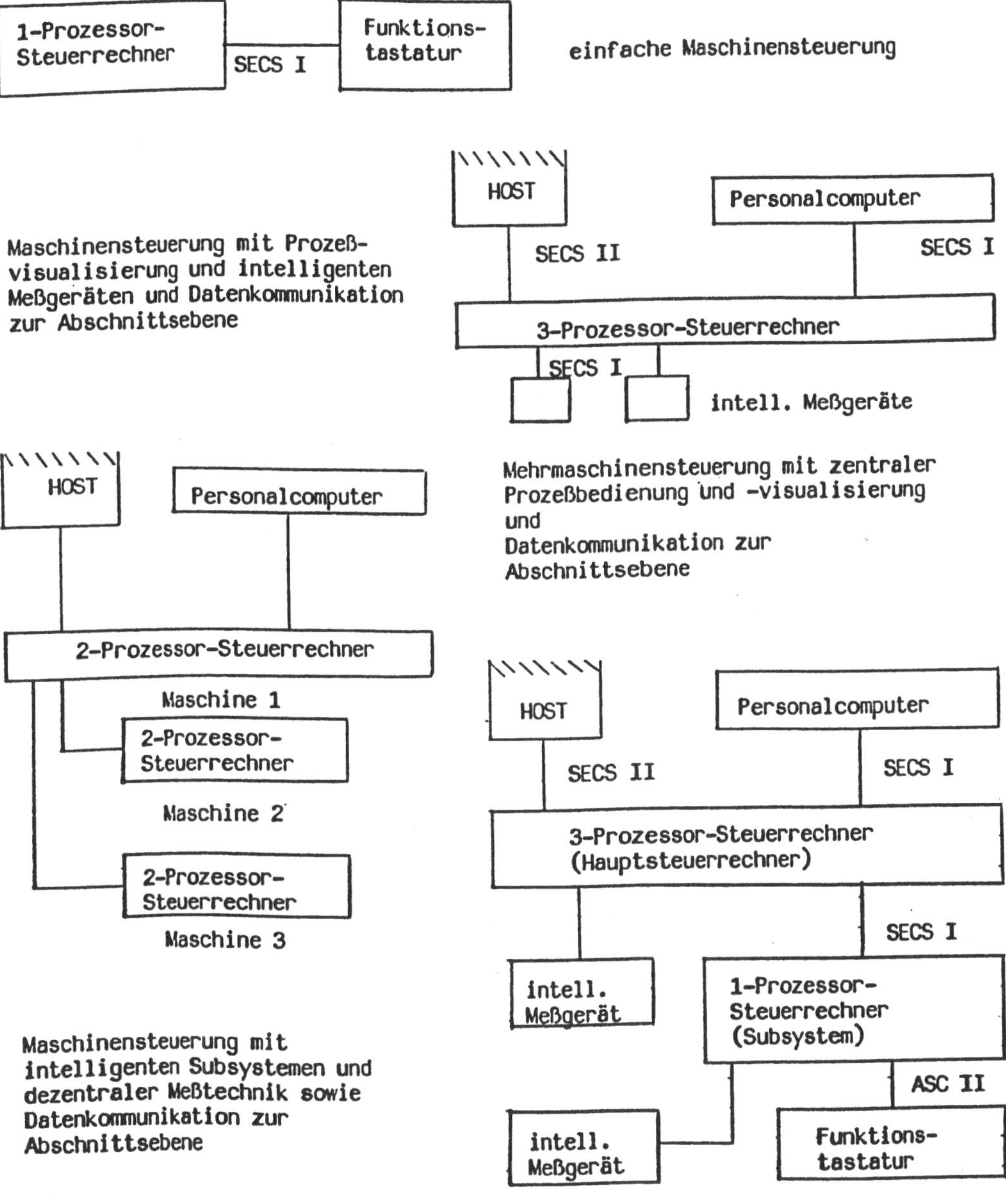

Abb. 1:

Typische Steuerungsstrukturen mit VAC 286
Automatisierung und Instrumentierung

1-Prozessor-Steuerrechner
SECS I
Funktions-tastatur
einfache Maschinensteuerung

Maschinensteuerung mit Prozeß-visualisierung und intelligenten Meßgeräten und Datenkommunikation zur Abschnittsebene

HOST
SECS II
Personalcomputer
SECS I
3-Prozessor-Steuerrechner
SECS I
intell. Meßgeräte

Mehrmaschinensteuerung mit zentraler Prozeßbedienung und -visualisierung und Datenkommunikation zur Abschnittsebene

HOST
Personalcomputer
2-Prozessor-Steuerrechner
Maschine 1
2-Prozessor-Steuerrechner
Maschine 2
2-Prozessor-Steuerrechner
Maschine 3

HOST
SECS II
Personalcomputer
SECS I
3-Prozessor-Steuerrechner
(Hauptsteuerrechner)
SECS I
intell. Meßgerät
1-Prozessor-Steuerrechner
(Subsystem)
ASC II
intell. Meßgerät
Funktions-tastatur

Maschinensteuerung mit intelligenten Subsystemen und dezentraler Meßtechnik sowie Datenkommunikation zur Abschnittsebene

Abb. 2:

VAC 286 – ein dezentrales Steuerungssystem

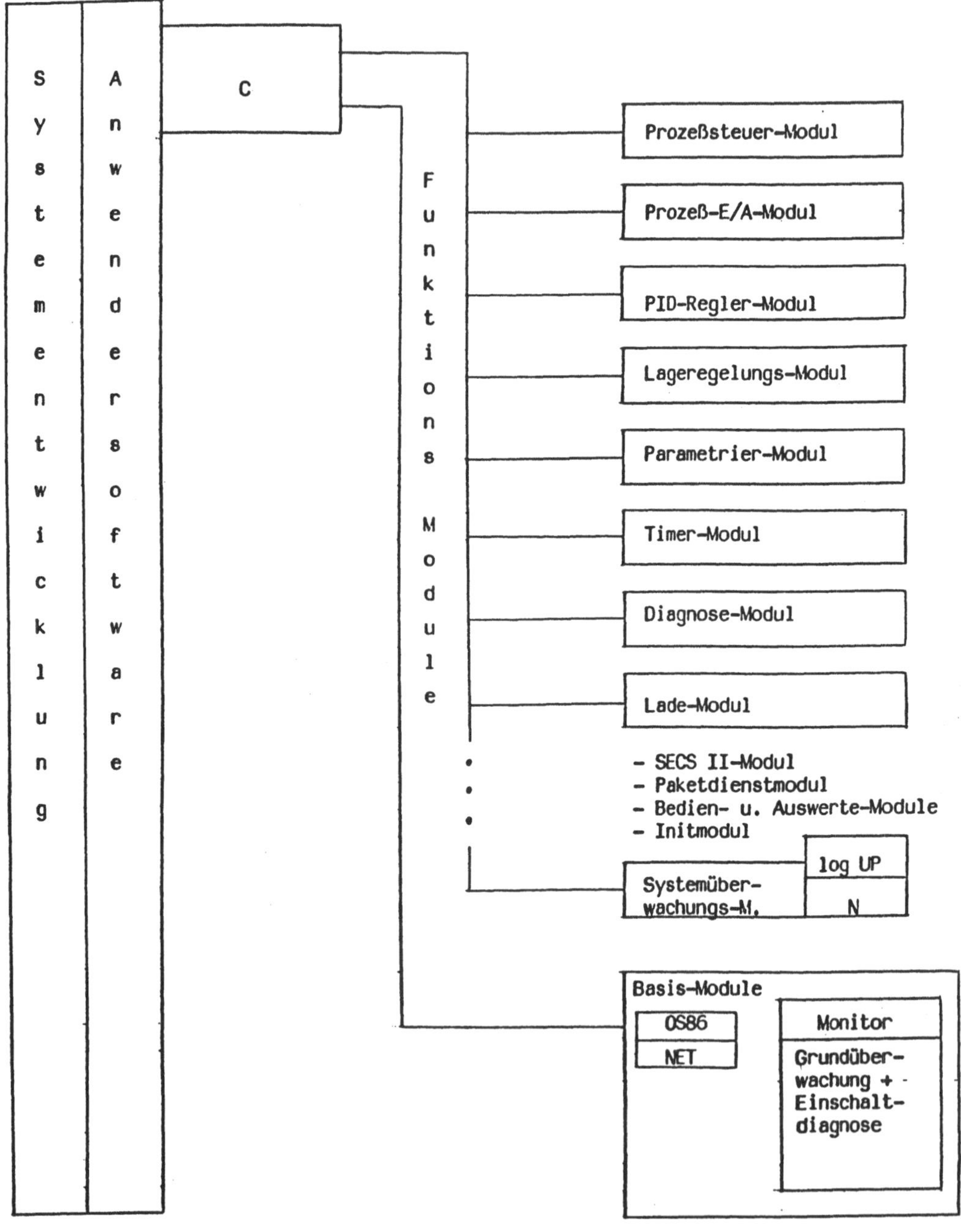

Abb. 3:

Grundstruktur eines Funktionsmoduls im verteilten Steuerungssystem VAC 286

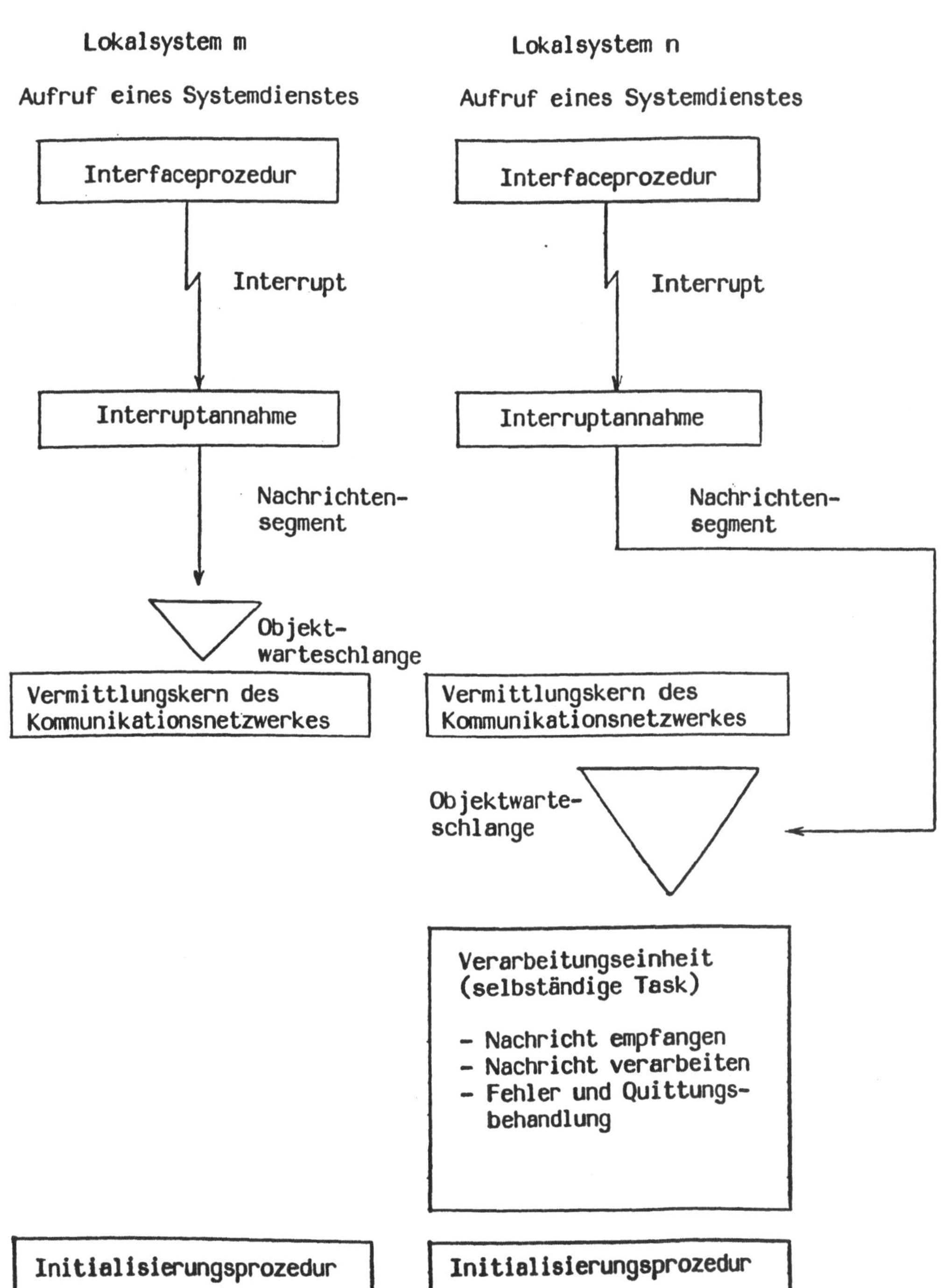

Spezifikation und Entwurf der Realzeit-Software für die Regel-basierte Automatisierung einer natürlichen Hallenbelüftung in PEARL-orientierter Form

G. Thiele, L. Renner, E. Wendland

Institut für Automatisierungstechnik, Universität Bremen

Kurzfassung

Häufig können Steuerungs-Funktionen unmittelbar in Regeln formuliert werden. Andererseits kann wegen der Komplexität eines Prozeß-Modells oder bei geringer Prozeß-Information eine Regel-basierte Formulierung der Automatisierungsfunktionen überhaupt die einzig sinnvolle sein. Weiterere Vorteile sind die leichte Lesbarkeit und die mit wissensbasierten Sprachen, wie z.B. PARLOG, vorhandene Möglichkeit der präzisen syntaktischen Ausdrucksweise. Deshalb eignet sich eine Regel-basierte Formulierung auch sehr gut zur Problemspezifikation, wobei in PARLOG auch bereits Realzeit-Aspekte durch die Möglichkeit der Formulierung paralleler Prädikate spezifiziert werden können.

Für die Entwurfsphase verfügt die Realzeitsprache PEARL über Sprachmittel, wie das zyklische Einplanen von Tasks, die über die Möglichkeiten wissensbasierter Sprachen weit hinausgehen, was zu der Überlegung führt, beide Ansätze miteinander zu verbinden. Wenn die Struktur der Regeln aber z.B. sehr einfach ist, so können diese auch direkt in einen PEARL-orientierten Entwurf eingebracht werden, wobei der Entwurf im Großen zunächst die Möglichkeit bietet, für das Regel-Wissen eigene und damit leicht austauschbare Moduln zu entwerfen.

In diesem Beitrag wird diese Vorgehensweise gewählt, indem die Aufgaben der Software einer natürlichen Belüftungsanlage zunächst Regel-basiert in PARLOG-ähnlicher Form spezifiziert werden, und diese Spezifikation dann systematisch in einen PEARL-orientierten Entwurf überführt wird. So können parallele Prädikate in parallele Tasks und deren Steuerung sowie Prozeß-E/A-Prädikate in Prozeß-E/A-Anweisungen auf hoher Ebene umgesetzt werden.

Im vorliegenden Fall wird auch die Implementation in PEARL vorgenommen.

1.   EINLEITUNG UND PROBLEMSTELLUNG

Die diesem Aufsatz zugrunde liegende Aufgabenstellung ist die Klima-Regelung zweier räumlich getrennter "Glashallen", wobei als Steuergrößen allerdings im Sinne einer natürlichen Hallenbelüftung in der ersten Ausbaustufe nur die Stellungen von Klappfenstern im Oberlicht sowie im unteren Bereich der Hallenwände zur Verfügung stehen (Bild 1-1) [1]. Als Stellglieder sind Gleichstrom-Spindelmotoren vorgesehen, an denen 4 Fensterstellungen über Kontakte erfaßt werden können.

Zur Erfassung der Zustandsgrößen der Klimadynamik stehen an ausgegewählten Meßpunkten Sensoren für Temperatur, Luftfeuchte, CO_2, Luftqualität und Luftgeschwindigkeit in den Hallen, sowie für Temperatur, Luftfeuchte, Windrichtung und Windgeschwindigkeit auf einer Wetterstation außerhalb der Hallen zur Verfügung. Auf der Wetterstation sind zusätzlich ein Regenwächter und ein Strahlungsgeber für die Messung der Sonneneinstrahlung installiert.

l.r.

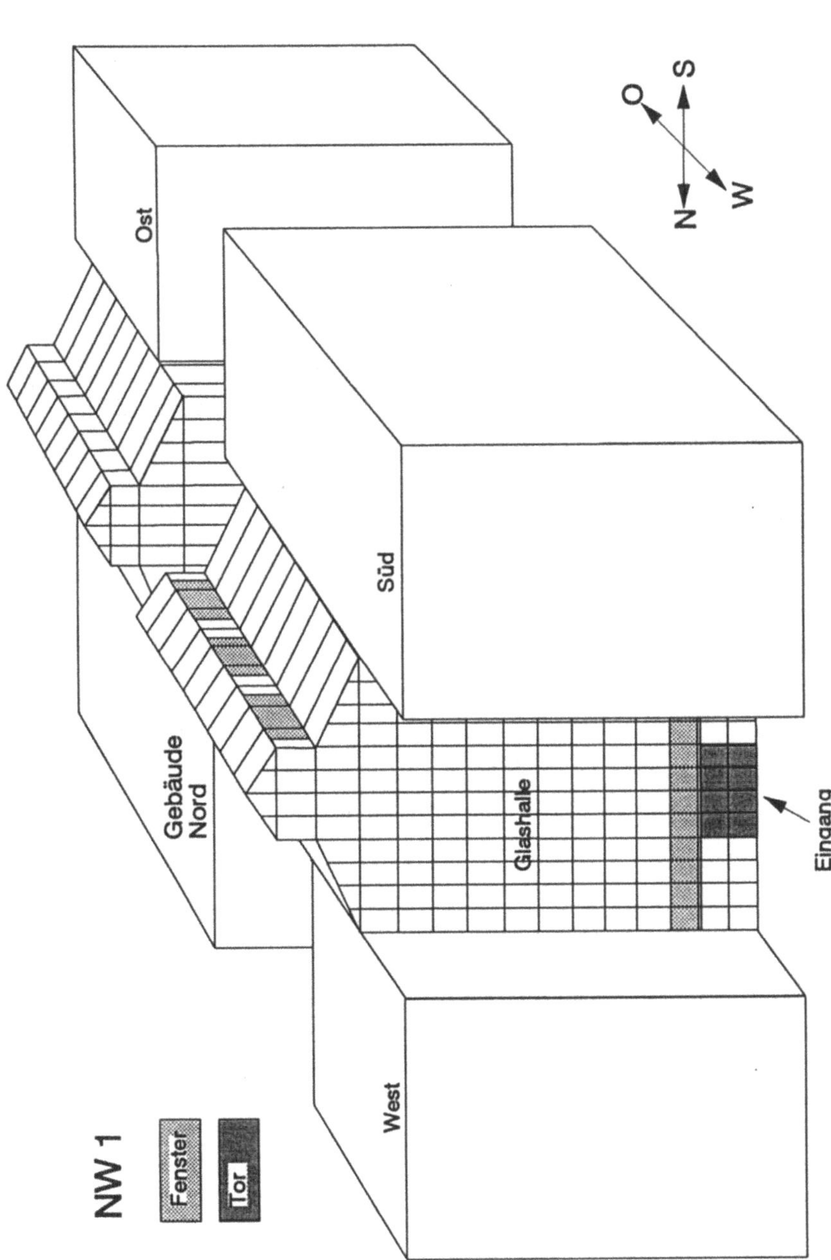

Bild 1-1: Bauskizze des zu belüftenden Glashauses.

Da zum Erreichen eines "behaglichen Klimas" [1] in den Hallen die Eingriffsmöglichkeiten allein mit vier verschiedenen diskreten Stellungen der Belüftungsfenster äußerst gering sind, ist zunächst eine mathematische Modellbildung für die Klimadynamik nicht sinnvoll. Vielmehr liegt die Klima-Beeinflussung zunächst im Sinne von heuristischem und schließlich von Expertenwissen nahe, wobei dieses Wissen ständig erweitert und bis hin zum mathematischen Modellwissen vertieft werden kann.

Für die Spezifikation des Wissens soll hier PARLOG [2] verwendet werden, da auf diese Weise eine systematische Umsetzung in einen PEARL-orientierten Entwurf [3,12,13] begünstigt wird. Für PEARL [11] sprechen dabei u.a. das Multitasking auf hoher Ebene sowie die Prozess-E/A auf hoher Ebene bei vorhandenem modernen Modul-Konzept, was insgesamt eine hohe Wartbarkeit der Software, insbesondere hier bei der Modifikation bzw. Erweiterung des Regel-Wissens, ermöglicht. Teile des PEARL-orientierten Entwurfs, z.B. der System-Modul zur Deklaration von Anwender-Namen für die Prozeß-Peripheriegeräte, können dabei in bestimmten Fällen eine besondere Spezifikation ersetzen. Bestimmte Spezifikations-Prädikate können außerdem als "built-in" Prädikate interpretiert werden, die keiner genaueren Spezifikation bedürfen, da für die Umsetzung in den PEARL-orientierten Entwurf geeignete Sprachkonstrukte auf hoher Ebene zur Verfügung stehen.

Bei der Umsetzung der Spezifikation nach PEARL wird hier statt der Einführung von Schlußfolgerungskomponenten für die einzelnen Tasks [4] eine direkte Umsetzung der Regeln im Sinne ihrer prozeduralen Bedeutung vorgenommen.

Als Prozeßrechner wird im beschriebenen Projekt ein VME-Bus-Rechner eingesetzt mit einem PEARL-System [5], das bereits den PEARL-90-Sprachumfang in großen Teilen zur Verfügung stellt [6].

2.   PROBLEM-SPEZIFIKATION

2.1   VERWENDUNG LOGISCHER PROGRAMMIERSPRACHEN

Unter "Problem-Spezifikation" wird die Festschreibung der Anforderungen an ein zu projektierendes Automatisierungssystem verstanden. Dabei ist von großer Bedeutung, daß diese Festschreibung auf der einen Seite sowohl übersichtlich als auch eindeutig erfolgt und auf der anderen Seite sowohl von den - den Auftrag ausführenden - Automatisierungs-Ingenieuren als auch von den Auftraggebern, die i.a. keine Automatisierungs-Ingenieure sind, verstanden wird. Aus diesem Grunde werden häufig graphische Hilfsmittel wie Datenflußdiagramme [7] zur Spezifikation herangezogen.

Ein wesentlicher Aspekt bei der Spezifikation ist es, daß nicht festzulegen ist, wie vom projektierten Automatisierungssystem eine Aufgabe auszuführen ist, sondern was ausgeführt werden soll. Nur so ist eine entsprechend übersichtliche Spezifikation überhaupt möglich. Aus diesem Grunde liegt aber eine Verwendung logischer Programmiersprachen zur Spezifikation nahe [8], die z.B. im Zusammenhang mit Expertensystem-Komponenten von Automatisierungssystemen eine immer größere Rolle spielen. Dies gilt insbesondere dann, wenn die Automatisierungsfunktionen natürlicherweise in Form von Regeln formuliert werden können, oder z.B. aus Komplexitätsgründen eine Regel-basierte Formulierung die einzig sinnvolle ist.

Zwar bedeutet die Verwendung von logischen Programmiersprachen eine zusätzliche Formalisierung bzw. Abstraktion der Spezifikation, andererseits wird ihre syntaktische Korrektheit aber auch automatisch überprüfbar. Der Abstraktionsgrad kann außerdem dadurch gering gehalten werden, daß zunächst eine weitgehend natürlich-sprachliche Ausprägung von Produktions-Regeln [10] der Form

WENN Bedingung DANN Aktion

gewählt werden kann, die erst danach in eine formalisierte Form unter Verwendung einer logischen Programmiersprache wie OPS5, PROLOG oder PARLOG gebracht wird.

Logische Programmiersprachen unterstützen das Ziel der Spezifikation, d.h. festzuschreiben, was das Automatisierungssystem leisten soll, dadurch, daß im Vergleich zu herkömmlichen Programmiersprachen keine Funktionen sondern nur "Daten" in verallgemeinerter Form deklariert werden. Man spricht von "Wissens-Deklaration", wobei es sich um die Deklaration von Eigenschaften von Objekten und deren Beziehungen untereinander in Form von Fakten und Regeln handelt. Mit Hilfe des so formalisierten Wissens kann dann z.B. ermittelt werden, ob bestimmte Objekte eine bestimmte Eigenschaft haben oder ob bestimmte Relationen zwischen Objekten bestehen oder nicht, wobei die Aussagekraft der Antworten natürlich vom Umfang und der Korrektheit des deklarierten Wissen abhängt.

Von entscheidender Bedeutung ist, daß eine eindeutige prozedurale Interpretation des Wissens die Ermittlung der Antwort auf entsprechende Fragestellungen durch automatische Schlußfolgerung erlaubt, die bei PROLOG und PARLOG durch eine "mitgelieferte" Schlußfolgerungs-Komponente durchgeführt wird.

Die Syntax von PARLOG kann insofern als Verallgemeinerung derjenigen von PROLOG verstanden werden, als bei der prozeduralen Bedeutung der in Form von Horn-Klauseln [2] formulierten Fakten und Regeln in PARLOG die Möglichkeit der parallelen Schlußfolgerung vorgesehen ist.

Im Hinblick auf den Entwurf von Software für Realzeit-Systeme ermöglicht dies, bereits potentielle Parallelität in die Spezifikation ohne Mehraufwand einzubringen. Für die systematische Überführung in einen Software-Entwurf bietet sich die Umsetzung paralleler "PARLOG-Prozeduren" in PEARL-Tasks geradezu an. Kann auf Parallelität verzichtet werden, ist eine systematische Umsetzung in PEARL-Prozeduren bzw. -Funktionsprozeduren möglich.

Im Vergleich zu Concurrent-PROLOG [8] vereinfacht sich bei PARLOG die systematische Umsetzung in den Entwurf durch mode-Deklarationen für die Argumente der Klauseln.

2.2   WISSENS-DEKLARATION IN PARLOG.

Die Wissensdeklaration erfolgt in PARLOG syntaktisch wie in PROLOG in Fakten und Regeln (Klauseln). Fakten werden in Form von Prädikaten formuliert, Regeln dienen zur Formulierung von Folgerungen, wobei das Prädikat des Regel-Kopfes aus der UND-Verknüpfung der Prädikate des Regel-Körpers folgt.

Die Unifikationsversuche eines Ziel-Prädikats mit den Kopf-Prädikaten der verschiedenen Klauseln einer "Prozedur" können in PARLOG nun aber sowohl sequentiell als auch parallel (ODER-parallel) durchgeführt werden. Das übliche Ende-Symbol einer PROLOG-Klausel ("Punkt") bedeutet dabei in PARLOG, daß parallele Unifikationsversuche ausgeführt werden. Eine sequentielle Ausführung der Unifikationsversuche muß syntaktisch durch "Semikolon" anstatt "Punkt" am Klauselende erzwungen werden (Bild 2-4).

Die Prädikate des Körpers einer Regel werden als Ziel-Prädikte bei Verwendung der PROLOG-Syntax (Trennzeichen "Komma") parallel (UND-Parallelität) auf Gelingen untersucht, eine sequentielle Untersuchung der Ziel-Prädikate muß wiederum erzwungen werden ("&" statt "," als Trennzeichen, z.B. Bild 2-3).

Die zulässige Substitutions-Richtung für die Unifikation eines Ziel-Prädikats mit einem Klausel-Prädikat muß in PARLOG durch "mode"-Deklaration als Eingangs- oder Ausgangssubstitution festgelegt werden. Falls z.B. eine Eingangssubstitution nötig ist, muß eine Variable im entsprechenden Ziel instantiiert sein. Andernfalls wird die Zielsuche solange suspendiert, bis dies der Fall ist. Dadurch können UND-parallele Zielsuchen miteinander synchronisiert werden.

In PARLOG gibt es kein "Backtracking", allerdings kann die Suche nach der Lösung zusätzlich durch "guards", als syntaktische Erweiterung des Regelkörpers, gesteuert werden.

2.3   SPEZIFIKATION EINER NATÜRLICHEN HALLENBELÜFTUNGS-STEUERUNG

Für die Verhandlungen zwischen Autraggeber und Auftragnehmer eignen sich für den Teil der Spezifikation, der sich auf das Steuerungskonzept und die daraus abzuleitenden Regeln bezieht, am besten Produktionsregeln (Bild 2-1), wobei eine Prädikaten-orientierte Syntax für Bedingungen und Aktionen für die Verbesserung der Lesbarkeit eher förderlich ist.

Um konkrete Messungen spezifizieren zu können sowie um spezifizieren zu können, welche Messungen zyklisch ausgeführt und welche Gruppen von Fenstern unabhängig angesteuert werden sollen, ist ein Übergang zur Spezifikation in PARLOG sinnvoll. Die Produktionsregeln können dann im Sinne einer entsprechenden Umsetzung als Teil in die Gesamtspezifikation eingebracht werden (Bild 2-2). Die erste Klausel in Bild 2-2 spezifiziert z.B. die parallele Ausführung der Messungen der "Zustandsgrößen" und die Erfassung der aktuellen Fensterstellung sowie die Steuerung der einzelnen Fenstergruppen. In den letzten beiden Klauseln wird die zyklische Ausführung der Messungen spezifiziert, wobei die Prädikate mess1 und mess2 im Hinblick auf die besseren Ausdrucksmöglichkeiten im (PEARL-orientierten) Entwurf hier als "built-in-Prädikate" behandelt werden.

```
/* Regel 1 */

WENN
WindGeschwindigkeit (zu_hoch)
DANN
NeueFensterstellung(geschlossen).


/* Regel 2 */

WENN
Regen(zu_stark)
DANN
NeueFensterStellung(geschlossen).
        •
        •
        •
/* Regel i */

WENN
InnenTemperatur(viel_zu_niedrig)        UND
AussenTemperatur(höher_als_innen)

DANN
NeueFensterStellung(offen).
```

Bild 2-1: Weitgehend umgangssprachlich formulierte Produktionsregeln.

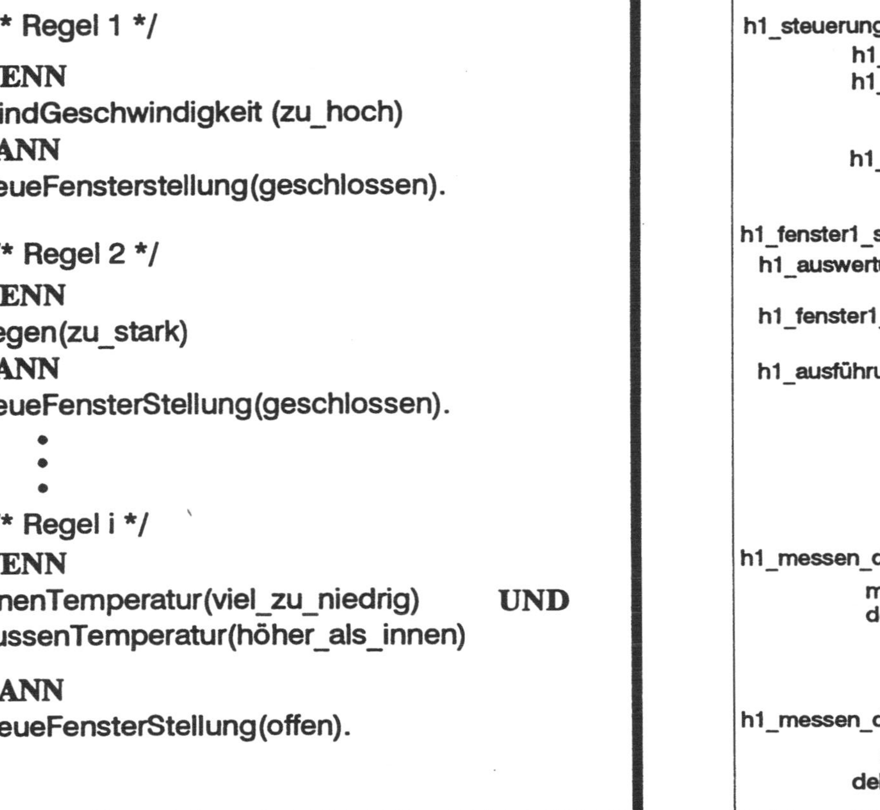

Bild 2-2: Spezifikation von parallelen, sequentiellen und zyklischen Ausführungen von Funktionen.

Die einzelnen Fenstersteuerungen werden ebenfalls zyklisch spezifiziert und auf sequentielle Unterziele zur Auswertung der Fensterstellung der entsprechenden Fenstergruppe, der Analyse der jeder Fenstergruppe zugeordneten Regeln und der Ausführung der Fenstersteuerung entsprechend der so ermittelten gewünschten Stellung zurückgeführt. Sowohl Auswertung als auch Ausführung werden hier als "built-in-Prädikate" betrachtet, da diese besser erst im (PEARL-orientierten) Entwurf festgelegt werden.

Zu den Klauseln zum Prädikat "h1_fenster1_regel_analyse", die gerade den nach PARLOG umgesetzten Produktionsregeln entsprechen, ist ein Ausschnitt in Bild 2-3 angegeben, wobei zusätzliche Prädikate "innen_temperatur", "aussen_temperatur" und "temperatur_kontrolle" verwendet werden, zu denen einige typische Klauseln in Bild 2-4 angegeben sind.

```
mode   h1_fenster1_regel_analyse (?, ↑).

/* PARLOG_Regel 1 */
h1_fenster1_regel_analyse (AktuelleFensterStellung, geschlossen)◄─
                wind_geschwindigkeit (zu_hoch);


/* PARLOG_Regel 2 */

h1_fenster1_regel_analyse (AktuelleFensterStellung, geschlossen)◄─
                regen (zu_stark);


/* PARLOG_Regel 3 */

h1_fenster1_regel_analyse (AktuelleFensterStellung, GewünschteFensterStellung)◄─
                innen_temperatur (X) &
                aussen_temperatur (Y) &
                temperatur_kontrolle (X,Y,GewünschteFensterStellung);


/* letzte Regel */

h1_fenster1_regel_analyse (AktuelleFensterStellung, GewünschteFensterStellung)◄─
                GewünschteFensterStellung is AktuelleFensterStellung.
```

Bild 2-3: Deklaration des Prädikats "h1_fenster1_regel_analyse" (Ausschnitt).

```
mode innen_temperatur (↑).

    innen_temperatur ( viel_zu_niedrig ) ◄—  ϑ_i < ϑ_i^soll - 5° ;

    innen_temperatur (mässig_zu_niedrig) ◄— ϑ_i^soll - 5° ≤ ϑ_i < ϑ_i^soll -1° ;

                 .
                 .
                 .

mode aussen_temperatur (↑).

    aussen_temperatur (niedriger_als_innen) ◄—  ϑ_a < ϑ_i ;

    aussen_temperatur (höher_als_innen) ◄— ϑ_a > ϑ_i ;



mode temperatur_kontrolle ( ?, ?, ↑).

    temperatur_kontrolle (viel_zu_niedrig, höher_als_innen, offen);
    temperatur_kontrolle (mässig_zu_niedrig, höher_als_innen, halb_offen);
                 .
                 .
                 .
    temperatur_kontrolle (viel_zu_niedrig, niedriger_als_innen, fast_geschlossen);
                 .
                 .
                 .
    temperatur_kontrolle (mässig_zu_hoch, höher_als_innen, halb_offen).
```

Bild 2-4: Typische Klauseln der Prädikate "innen_temperatur",
"aussen_temperatur" und "temperatur_kontrolle".

3. SOFTWARE-ENTWURF

3.1 ENTWURF IM GROSSEN

Der Entwurf im Großen dient der Strukturierung der Software auf Modul-Ebene [3].

Bild 3-1 veranschaulicht am Beispiel der vorliegenden Problemstellung den ersten Schritt dieser
Entwurfsphase: die Modul-Architektur als Import-Graph in Form eines Modul-Strukturbaums [3].
Den zweiten Schritt bildet die Zuordnung der zu exportierenden Funktionen oder Objekte zu den
einzelnen Moduln [3], die im folgenden beschrieben wird.

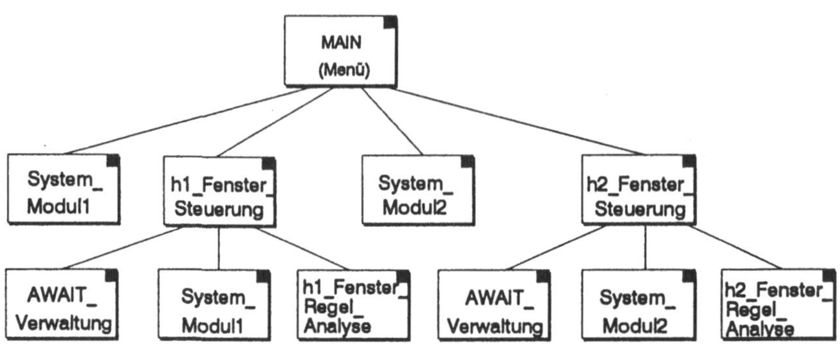

Bild 3-1: Modul-Strukturbaum der Steuerungssoftware.

Der Modul MAIN repräsentiert die Benutzeroberfläche der zentralen Leitwarte und die übrigen den beiden Gebäuden gemeinsamen Funktionen. Alle übrigen Moduln werden für jedes Gebäude getrennt vorgesehen, um die Wartbarkeit zu erhöhen. Da der Modul MAIN die oberste Hierarchie-Ebene darstellt, werden von ihm keine Funktionen exportiert, so daß die Zuordnung der ausschließlich Modul-lokalen Funktionen in die Phase des nachfolgenden Entwurfs im Kleinen fällt.

Die nächst niedrigere Hierarchie-Ebene umfaßt für die jeweiligen Gebäude einen Fenster-Steuerungs-Modul sowie einen System-Modul, der die Dation-Deklarationen, insbesondere die Prozeß-Dation-Deklarationen, als Schnittstelle zum zu automatisierenden Prozeß enthält. Da die Dation-Deklarationen im Rahmen von Verbindungsvereinbarungen als Abbild der tatsächlich vorhandenen physikalischen Verbindungen erfolgt, stellt der System-Modul ebenfalls ein geeignetes Darstellungs-Mittel für deren Spezifikation dar. Insofern wird hier der Entwurf im Kleinen vorweggenommen. Es ist aber auch über die Spezifikation der vorhandenen Hardware hinaus sinnvoll, sich bereits hier auf die im Entwurf im Kleinen zu verwendenden Dation-Namen zu verständigen und diese zu dokumentieren (Bild 3-2).

Dem jeweiligen Fenster-Steuerungs-Modul werden die eigentlichen Fenster-Steuerungs-Tasks, die Tasks zum Messen der Umweltgrößen und der aktuellen Fensterstellungen sowie die Task zum gemeinsamen Rücksetzen aller Fenster (zur Vermeidung des Driftens der Stellungen einzelner Fenster einer Fenstergruppe) zugeordnet. Hinzu kommen weitere Zugriffsprozeduren für das lokale Abbild des zentral erfaßten Zustands der Funktionstüchtigkeit der Motoren (SetzeMotorZustand) und für dessen manuellen Zugriff nach einer Reparatur (InitFensterStellung).

Der Modul "FensterRegelAnalyse" exportiert schließlich die Analyse-Prozeduren für das Regelwissen jeder Fenstergruppe und eine Zugriffsprozedur für das lokale Abbild der Umweltgrößen.

Die exportierten Zugriffprozeduren zu lokalen Daten dienen grundsätzlich der Vermeidung des Exports von Daten.

Der Modul "AWAIT_Verwaltung" kann entfallen, wenn man AWAIT zum Entwurfskonstrukt erhebt. Er wird dann lediglich realisierungsbedingt bei der Implementation eingeführt.

```
MODULE    SystemModul1
────────────────────────────────────────────────
EXPORT  h1_FensterOffenSensor, h1_FensterHalbOffenSensor,
        h1_FensterFastGeschlossenSensor,
        h1_FensterGeschlossenSensor,
        h1_$\vartheta_i$ Sensor, h1_FensterAktorik,
        h1_$\vartheta_i^{soll}$ Sensor, h1_$\vartheta_a$ Sensor, h1_v$_{Wind}$ Sensor,
        h1_V$_{Regen}$ Sensor;


        h1_FensterOffenSensor (1:10): →
        h1_FensterFastOffenSensor (1:10): →
        h1_FensterFastGeschlossenSensor (1:10): →
        h1_FensterGeschlossenSensor (1:10): →
        h1_FensterAktorik (1:10): →


        h1_$\vartheta_i$ Sensor : →
        h1_$\vartheta_i^{soll}$ Sensor : →
        h1_$\vartheta_a$ Sensor : →
        h1_v$_{Wind}$ Sensor : →
        h1_V$_{Regen}$ Sensor : →

                .
                .
                .
```

Bild 3-2: System-Modul als Spezifikationsergänzung (unvollständig).

3.2   ENTWURF IM KLEINEN

In der Projektphase "Entwurf im Kleinen" wird ein zu dem Modul-Strukturbaum korrespondierender Funktions-Strukturbaum, begleitend zum Entwurf der Algorithmen, entwickelt [3]. Hierbei werden auch die bisher noch nicht entworfenen Modul-lokalen Funktionen zugeordnet. In Bild 3-3 ist der für das vorliegende Problem entwickelte Funktions-Strukturbaum dargestellt, wobei auch dessen Korrespondenz zum Modul-Strukturbaum erkennbar ist. Die oberste Funktions-Hierarchieebene eines Moduls repräsentiert dabei die bereits beim Entwurf im Großen festgelegten zu exportierenden Funktionen. Im Modul MAIN sind Modul-lokal neben der START-Task eine Alarm-Task zum Erfassen der Motorzustände und eine Bedien-Task für Operateur-Eingriffe vorgesehen.

Von diesen Zusatz-Funktionen abgesehen, die der Sicherheit Rechnung tragen, veranschaulicht der Funktions-Strukturbaum die systematische Umsetzung der PARLOG-Spezifikation in den Entwurf im Kleinen. Ausgehend von Bild 2-2 können die Klauseln für das Messen der Umweltgrößen und der aktuellen Fenster-Stellungen sowie die Klauseln für die Steuerung der 10 Fenstergruppen direkt in vom MAIN-Modul aus entsprechend eingeplante PEARL-Tasks überführt und deren Zusammenhänge im Task-Kopplungsgraph veranschaulicht werden (Bild 3-4).

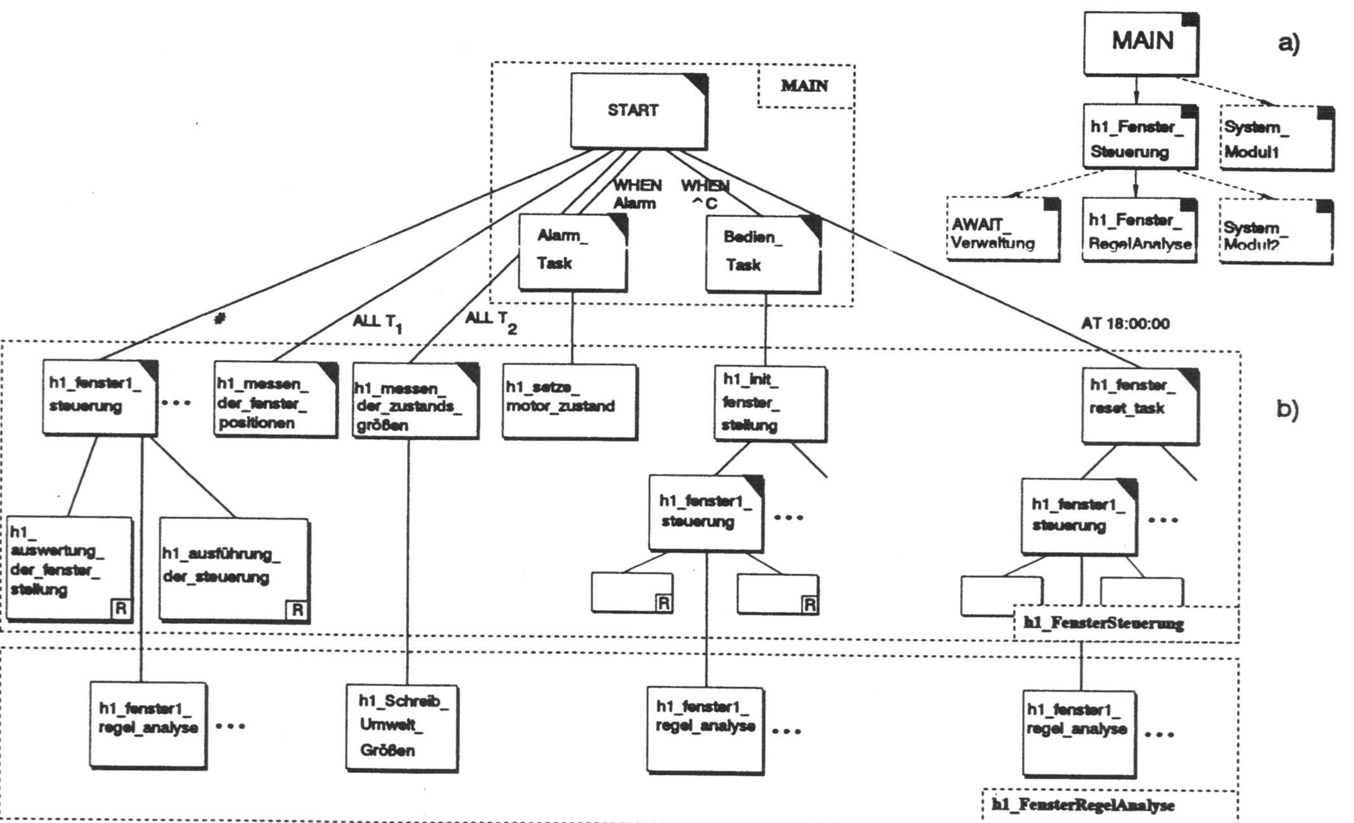

Bild 3-3: Zum Modul-Strukturbaum (a) korrespondierender Funktions-Strukturbaum (b).

Beispielhaft soll hier die Umsetzung einer Fenstersteuerungs-Klausel diskutiert werden, die in Bild 3-5 dargestellt ist.

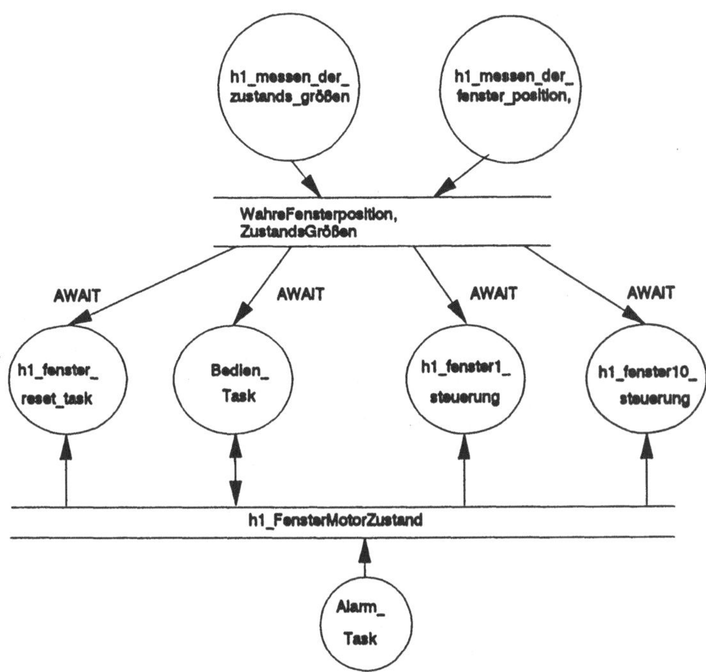

Bild 3-4: Task-Kopplungs-Graph

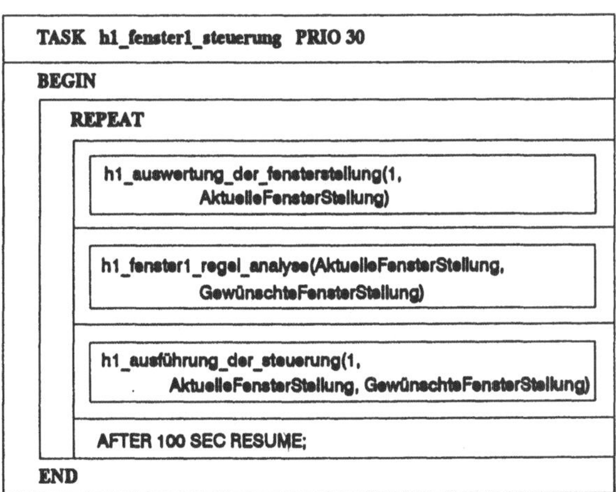

Bild 3-5: Systematische Umsetzung der Spezifaktion der Klausel "h1_fenster1_
steuerung" (Bild 2-2) in den PEARL-orientierten Entwurf einer direkt
einzuplanenden Task.

Die sequentiell spezifizierten Unterziele der "Auswertung" der aktuellen Fensterstellung, der "Regel-Analyse" und der "Ausführung" der Steuerung zum Erreichen der gewünschten neuen Fensterstellung können zunächst direkt in eine Folge entsprechender Prozedur-Aufrufe mit den den Klausel-Argumenten entsprechenden Parametern umgesetzt werden. Zum Entwurf der Prozedur "Ausführung" kann dabei auf geeignete Prozeß-E/A-Anweisungen von PEARL zurückgegriffen werden (Bild 3-6).

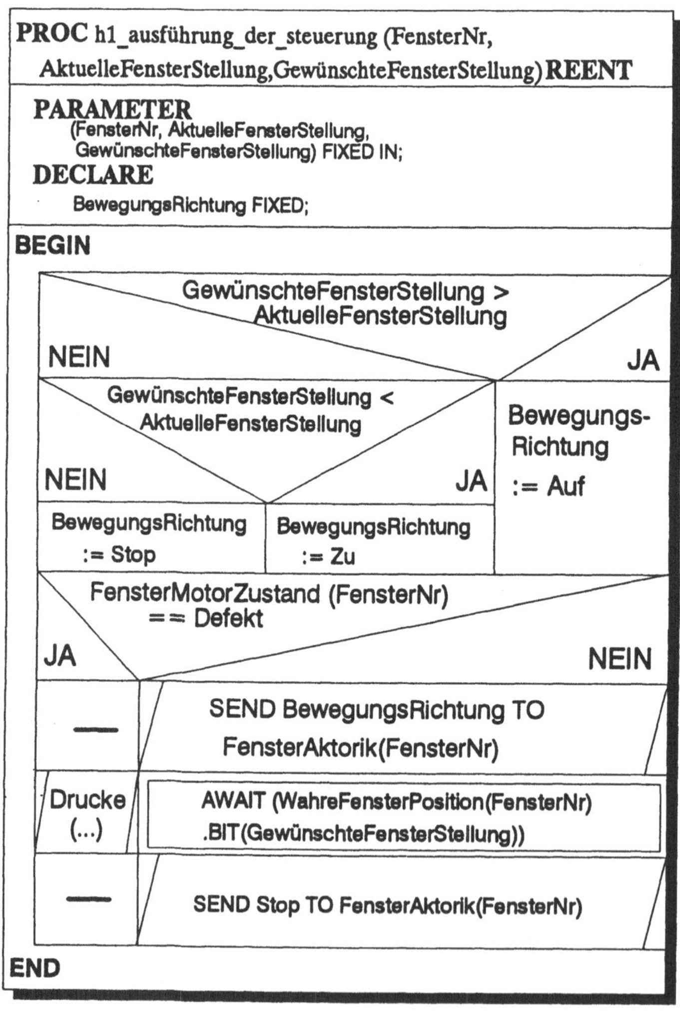

Bild 3-6: PEARL-orientierter Entwurf der Prozedur "h1_ausführung_der_steuerung" (Bild 3-5).

Die Prozedur "h1_fenster1_regel_analyse" stellt nun eine systematische Umsetzung der entsprechenden PARLOG-Klauseln aufgrund ihrer prozeduralen Semantik dar (Bild 3-7). Der zugehörige Teil-Funktions-Strukturbaum (Bild 3-8) veranschaulicht die Zusammenhänge der dafür einzuführenden Funktions-Prozeduren, von denen beispielhaft in Bild 3-9 die Funktion "aussen_temperatur" dargestellt ist. Diese Funktionen sind vom Typ Bit(1) deklariert. Hat keine Regel "gefeuert", ist ihr Wert "0" bei nicht erfüllbarem bzw. "1" bei erfüllbarem entsprechendem Unterziel einer Klausel.

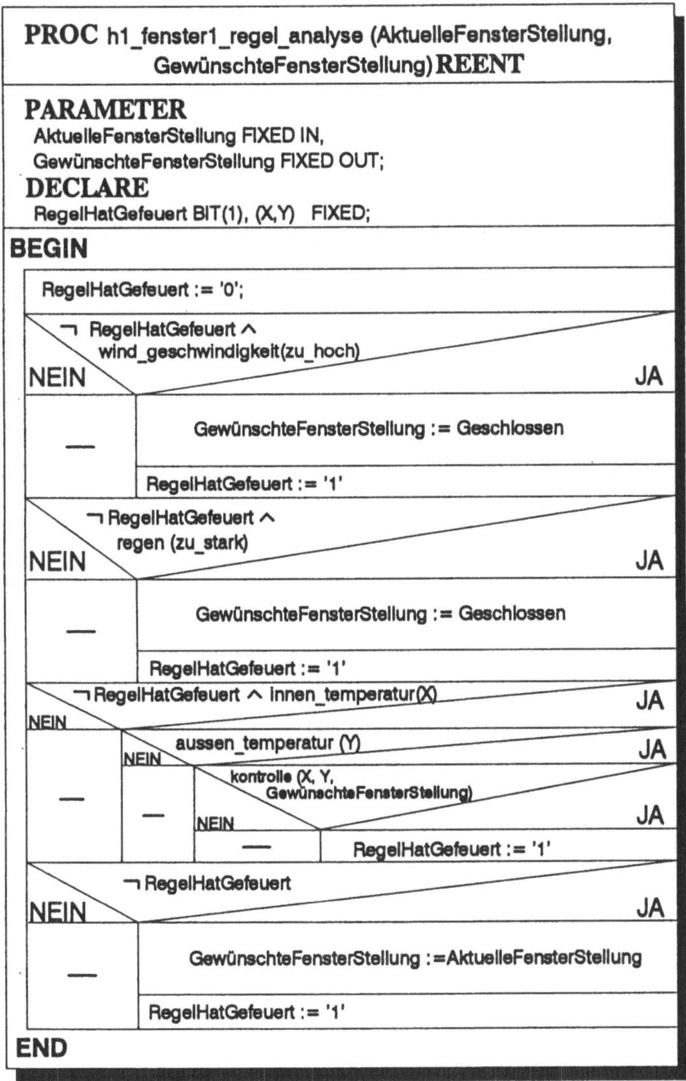

Bild 3-7: Systematische Umsetzung der PARLOG-Prozedur "h1_fenster_ regel_analyse" (Bild 2-3) in einen PEARL-orientierten Entwurf.

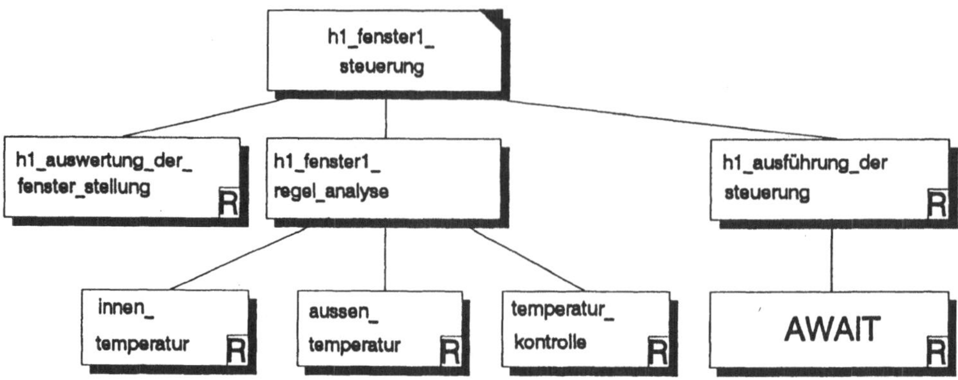

Bild 3-8: Funktions-Strukturbaum der Task "h1_fenster1_steuerung".

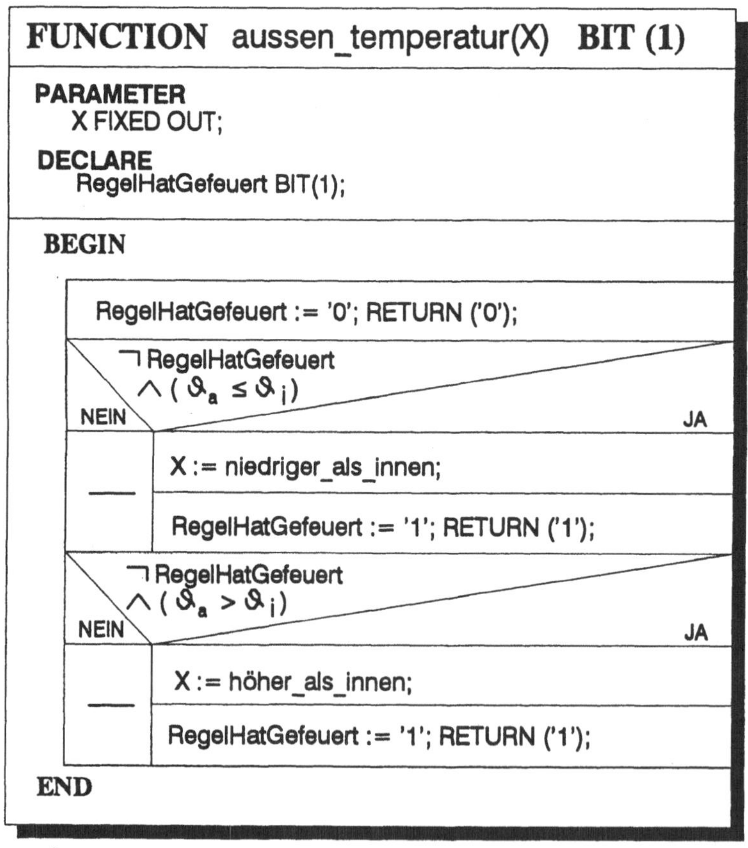

Bild 3-9: Systematische Umsetzung der PARLOG-Prozedur
aussen_temperatur (Bild 2-4) in den Entwurf einer
Funktions-Prozedur vom Typ BIT(1).

Bei der systematischen Umsetzung der sequentiell spezifizierten Klauseln eines bestimmten Prädikats, die man in ihrer Gesamtheit auch "PARLOG-Prozedur" nennt, kann für den Fall, daß ausschließlich OUT-Argumente vorhanden sind, wie folgt vorgegangen werden:

Für jede Regel werden die Unterziele in einer Alternative auf ihr Erfülltsein überprüft. Ist dies der Fall, so werden die den OUT-Argumenten des Klausel-Kopfes zugeordneten OUT-Parameter der Prozedur entsprechend instantiiert. Mittels Setzen einer Variablen "RegelHatGefeuert" wird verhindert, daß weitere Regeln überprüft werden.

Falls IN-Parameter entsprechend IN-Argumenten vorhanden wären, wie etwa bei den Klauseln zum Prädikat "temperatur-kontrolle" (Bild 2-4), müssen in den Abfrageteilen der Alternativen jeweils noch die entsprechenden "Unifizierungs-Versuche" der IN-Parameter mit den in der jeweiligen Regel enthaltenden Argument-Konstanten zusätzlich berücksichtigt werden.

4. SCHLUSSBEMERKUNGEN UND AUSBLICK

Der im vorliegenden Beitrag vorgestellte Realzeit-Software-Entwurf in PEARL-orientierter Form für eine Klima-Regelung basiert auf der systematischen Umsetzung einer in PARLOG formulierten Problem-Spezifikation. Eine derartige Vorgehensweise ermöglicht die direkte Spezifikation von Wissen in Form von Fakten und Regeln, die häufig die einzige Möglichkeit sind, ein komplexes Prozeß-Modell bei vertretbarem Aufwand zu beschreiben. Das Modul-Konzept von PEARL ermöglicht auf der anderen Seite eine Software-Strukturierung derart, daß eine hohe Wartbarkeit durch Austausch lediglich einzelner Moduln erzielt wird. Dies gilt vorrangig für Modifikation bzw. Austausch des Regelwissens aber auch für die Prozeß-Schnittstelle (System-Modul).

Implementiert werden zunächst gewisse heuristische Grundregeln für alle Fenster, die sich z.B. nur auf die Temperatur-Regelung beziehen [9]. Als erste Erweiterung sollen dann die Oberlichtfenster jeweils nur auf der windabgewandten Seite betätigt werden. Schließlich können unterschiedliche Fenstergruppen zur Beeinflussung verschiedener Regelgrößen, etwa Temperatur auf der einen und Luftqualität auf der anderen Seite, herangezogen werden.

Die scharfe Zuordnung von qualitativen Werten, etwa zu Temperaturintervallen, kann in einer weiteren Projektphase im Sinne von Zugehörigkeitsfunktionen in eine "unscharfe" Zuordnung im Sinne von "Fuzzy-Regeln" [14, 15] modifiziert werden, um die willkürliche Gültigkeit von Regeln im Bereich der Intervallgrenzen zu mildern. Schließlich kann Modellwissen in dem Maße, wie die Modellbildung an Hand von Messungen verbessert wird, in Form Modell-basierter Regeln mit übernommen werden bis hin zur Modell-basierten Zustands-Regelung [16].

5. LITERATUR

[1] B. Kreutzträger (1991).
Strömungsverhalten der Glashallen auf dem Gelände der Universität Bremen (NW1).
Leistungsschein,
Institut für Automatisierungstechnik / Universität Bremen

[2] T. Conlon (1989).
Programming in PARLOG.
Addison Wesley.

[3] G. Thiele (1991).
Software-Entwurf für Realzeit-Systeme in der Automatisierungstechnik in PEARL-orientierter Form.
Berichte Elektrotechnik, Nr. 4/91, Universität Bremen.

[4] Th. Beck, R. J. Lauber (1990).
Intergration of an Expert-System into a Real-Time Software System.
Prepr. IFAC World Congress, Tallinn 1990, vol. 1, pp. 158-161.

[5] W. Gerth (1989).
RTOS PEARL-Integriertes Echzeit-Multitasking-Programmiersystem.
Verlag Heinz Heise GmbH.

[6] K. Stieger (1989).
PEARL 90 - Die Weiterentwicklung von PEARL.
R. Henn, K. Stieger(Hrsg.): Proc. PEARL89-Workshop über Realzeitsysteme, IFB 231,Springer-Verlag, pp. 99-137.

[7] S. M. McMenamin, J. F. Palmer (1989).
Strukturierte Systemanalyse.
Hanser-Verlag / Prentice Hall.

[8] J. Brauer, J. Dorn, B. Otto (1987).
Logisches Spezifizieren und Programmieren in der Prozeßdatenverarbeitung.
atp 29, H.3, pp. 132-139.

[9] L. Wos, R. Overbeck, E. Lusk, J. Boyle (1984).
Automated Reasoning - Introduction and Applications.
Prentice Hall, pp. 292-302.

[10] L. Brownston, R. Farrell, E. Kant, N. Martin (1986).
Programming Expert Systems in OPS 5.
Addison Wesley.

[11] W. Werum, H. Windauer (1990).
Introduction to PEARL.
Vieweg Verlag, 4. Aufl.

[12]   G. Thiele (1987).
Strukturierter Entwurf von Realzeit-Algorithmen für Mikro-Rechner in der Prozeß-
Automatisierung.
Berichte Elektrotechnik, Nr. 4/87, Universität Bremen.

[13]   G. Thiele (1990).
Software-Entwurf für Automatisierungssysteme mit PEARL.
In W.Gerth, P.Baacke(Hrsg.): Proc. PEARL90-Workshop über Realzeitsysteme.
IFB 262,Springer-Verlag, pp. 22-33.

[14]   B. Bieker, G. Schmidt (1985).
Fuzzy-Regelungen und Liguistische Regelalgorithmen - eine kritische Bestandsaufnahme.
at 33, H. 2, pp. 45-52.

[15]   T. Wolf (1991).
Das Fuzzy-Mobil - Steuern mit Fuzzy.
mc 3/91, pp.50-57.

[16]   L. Hielscher (1988).
Modellierung und Simulation einer im Zustandsraum geregelten Gewächshausanlage.
Diss. Universität-GH Wuppertal.

Paketsortierung mit PADROS-PEARL

J. Papenfort

KABE-Datentechnik

Residenzstr. 19

4790 Paderborn 2

Zusammenfassung

In diesem Beitrag wird beschrieben, wie mit einem einfachen PC eine komplette Speicherprogrammierbare Steuerung mit graphischem Editor nachgebildet und eine einfache Mustererkennung und die Ansprache eines Roboters realisiert werden können. Möglich ist dies durch den Einsatz des echtzeitfähigen Multitasking-Betriebssystems PADROS-PEARL. Das in graphischer Form mit einem bedienungsfreundlichen Funktionsplan-Editor eingegebene Steuerungsprogramm wird zunächst in eine Zwischensprache, die sogenannte Anweisungsliste, übersetzt. Daraus wird dann in einem weiteren Umsetzschritt PEARL-Quellcode erzeugt. Der PEARL-Compiler übersetzt diesen Quellcode in Objektcode, der zum System geladen wird. Das Programm kann jetzt zyklisch ausgeführt werden. Parallel zum Steuerungsprogramm müssen gleichzeitig eine Mustererkennung und die Ansteuerung eines Roboters durchgeführt werden.

1 Problemstellung

Im Fachgebiet Prozeßautomatisierung der Universität-GH-Paderborn wird seit Jahren der Funktionsplan als einfach zu lernende genormte Programmiersprache für Ablaufsteuerungen gelehrt. Im Praktikum sollen die erworbenen Kenntnisse umgesetzt werden. Deshalb wurde im Jahre 1984 eine Paketsortierungsanlage mit optischer Mustererkennung angeschafft. Die Steuerung dieser Anlage sollte mit Hilfe einer industriellen Speicherprogrammierbaren Steuerung und einem dazugehörigem Programmiergerät durchgeführt werden.

Die Anlage ist in der Abbildung 1 schematisch dargestellt. Kubische Pakete mit aufgeprägten schwarz-weißen Mustern fallen zu Beginn aus den schräg gestellten Schächten auf das Förderband 1, indem die zu den Schächten gehörenden Schieber geöffnet werden. Die Schieber können auf- und zugefahren werden, wobei jeweils ein Endschalter das Ende des Schiebevorganges markiert.

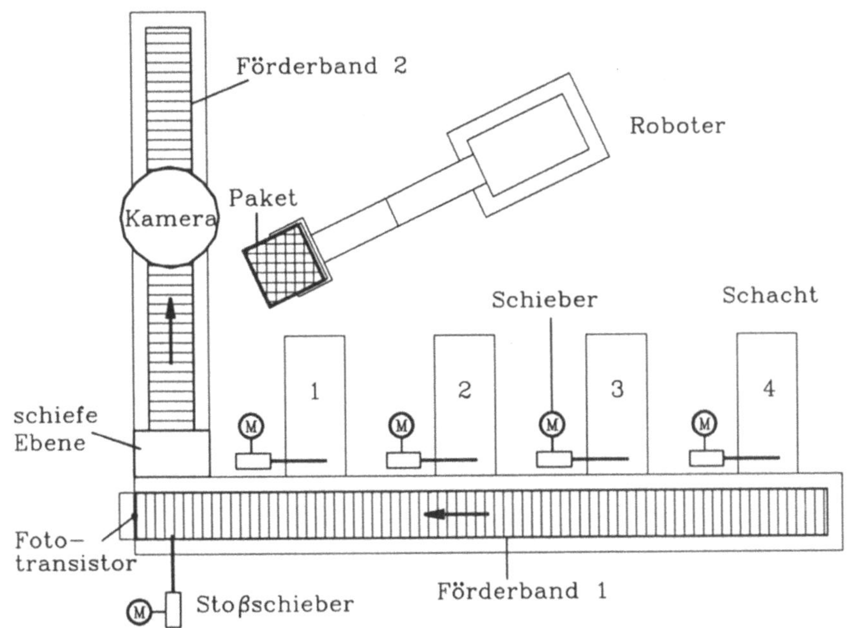

Abbildung 1: Anlagenkonfiguration

Mit dem Förderband 1 werden die Pakete vor einen Fototransistor gefördert. Wird der Fototransistor durch ein davorliegendes Teil verdunkelt, so muß das Förderband 1 abgeschaltet werden. Ein Stoßschieber sorgt dafür, daß jeweils ein Paket vom Förderband 1 über eine schiefe Ebene auf das Förderband 2 gestoßen wird. Mit diesem Förderband wird das Paket dann unter eine Kamera gefördert. Wird erkannt, daß ein Teil unter der Kamera liegt, so ist das Förderband anzuhalten. Jetzt kann die Auswertung erfolgen. Wird eine Paketoberfläche erkannt, d.h. es besteht eine Übereinstimmung mit bereits eingelernten Oberflächen, so wird ein entsprechendes Signal an die Steuerung weitergegeben. Wenn das Teil erkannt wurde, greift es der Roboter und befördert es in einen entsprechenden Schacht. Ist das Teil nicht erkannt worden, wird es mit Förderband 2 ausgeschieden. Dieser Steuerungsablauf muß von den Studenten als Funktionsplan entwickelt und mit Hilfe des Programmiergerätes eingegeben und ausgetestet werden.

Da der Umgang mit dem industriellen Programmiergerät sehr umständlich war und eine größere Einarbeitungszeit erforderte, wurde 1986 beschlossen, das Programmiergerät durch einen vorhandenen Personal-Computer zu ersetzen. Kommerzielle Software war damals für die vorhandene SPS nicht erhältlich, so daß ein eigener Funktionsplan-Editor entwickelt werden mußte.

Dieser sollte einfach zu bedienen und gut wart- und erweiterbar sein. Jede Funktion sollte über Hilfs-menues auf dem Bildschirm dargestellt werden, so daß praktisch keine Einarbeitungszeit benötigt wird. Die Eingabe sollte graphisch mit vom Anwender selbst zu wählenden einfachen alphanumeri-schen Bezeichnern durchgeführt werden [1].

Das mit dem Funktionsplan-Editor eingegebene Steuerungsprogramm soll zyklisch durchlaufen wer-den. In jedem Zyklus müssen die digitalen Eingaben (Endschalter usw.) eingelesen werden. Darauf-hin müssen die Verknüpfungen gemäß dem Steuerungsprogramm durchgeführt werden. Die Ergeb-nisse müssen dann an die digitalen Ausgaben (Motoren usw.) ausgegeben werden.

Um auch die Steuerung des Roboters und die optische Mustererkennung „quasigleichzeitig" erledigen zu können, muß das im Fachgebiet entwickelte Echtzeitbetriebssystem PADROS-PEARL eingesetzt werden.

Abbildung 2 zeigt den PC mit Standard- und Prozeßperipherie.

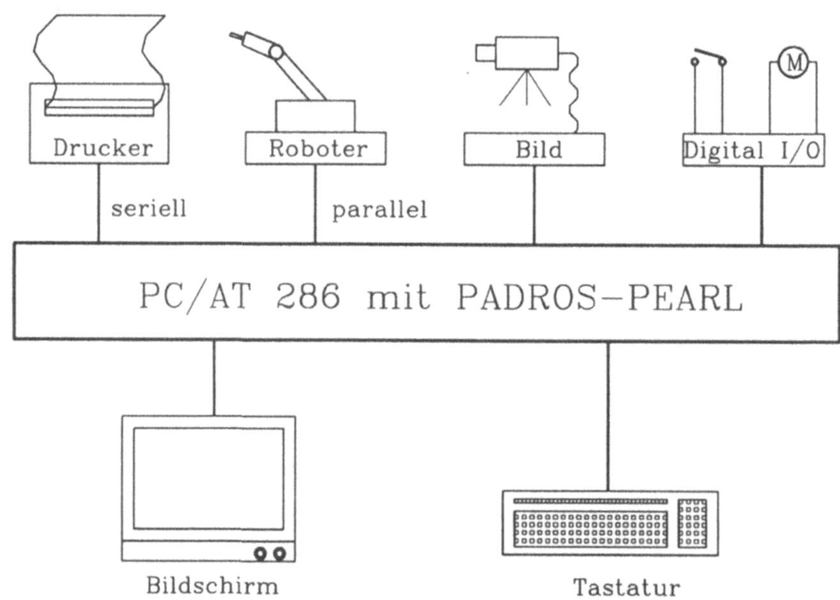

Abbildung 2: PC mit Standard- und Prozeßperipherie

2   Das Betriebssystem PADROS-PEARL

Dieses Betriebssystem, das auf der Basis des an der Universität Hannover entwickelten RTOS-UH-PEARLs für den PC entstand, benutzt nicht das DOS-Betriebssystem, da dieses nicht echtzeitfähig ist. Alle Betriebssystemfunktionen wurden deshalb echtzeitfähig in Assembler neu programmiert.

- PADROS-PEARL ist ein eigenständiges, echtzeitfähiges Multitasking-Betriebssystem mit integrierter Hochsprache PEARL.

- PADROS-PEARL läuft auf IBM-kompatiblen Rechnern. Coprozessoren werden unterstützt.

- PADROS-PEARL enthält grundlegende Grafikroutinen zur Ausgabe auf Bildschirm und Plotter (HPGL-kompatibel).

- PADROS-PEARL benutzt ein DOS-kompatibles Datenformat.

- PADROS-PEARL ermöglicht das Nachladen von Treibern, die auch vom Anwender leicht selbst erstellt werden können.

3   Programmiersprachen für SPS

Der Funktionsplan (FUP) (Abbildung 3) und der Koppelplan (KOP) sind graphische Programmiersprachen für SPS. Der FUP ist in der DIN-Norm 40719 genormt. Zu jedem Schritt gehören auf der linken Seite die Freigaben, die einzeln aufgeschaltet oder über UND- und ODER-Gatter verknüpft werden können. Auf der rechten Seite stehen die Befehle. Zu jedem Befehl gehört eine Befehlsart. Befehle können speichernd und nichtspeichernd, mit und ohne Verzögerungszeit gesetzt werden. Zur Programmstrukturierung sind Verzweigungen und Zusammenführungen - parallel oder alternativ - sowie Unterprogrammaufrufe möglich. Es können symbolische Bezeichner verwendet werden.

Ein Übersetzer setzt diesen FUP in die maschinennahe und herstellerabhängige Programmiersprache Anweisungsliste (AWL) um. Hier werden den symbolischen Bezeichnern wieder die absoluten Adressen zugeordnet. Jedes Wort der AWL besteht aus einem Operator (!, &, /, =) und einem Operanden (z.B. S 00,00 für den Schritt 00,00).

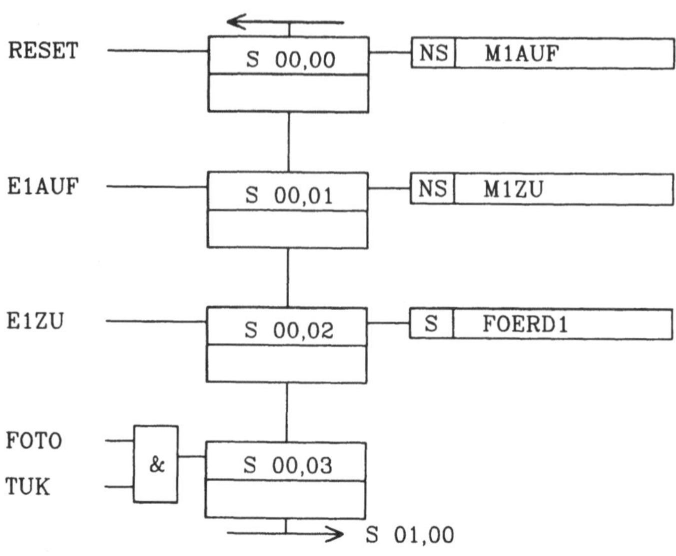

Abbildung 3: Funktionsplan

4 Umsetzung vom Funktionsplan in ein PEARL-Programm

Wie kann man nun ein SPS-Programm in einer PEARL-Umgebung laufen lassen? Bei SPS ist es
so, daß die AWL zyklisch durchlaufen wird, wobei jedes Wort der AWL zum Ausführungszeitpunkt
neu interpretiert wird. Durch hohen Einsatz von schneller Hardware können mit diesem Verfahren
Zykluszeiten unter 1ms/1000 Worte AWL erreicht werden.

Würde man das gleiche Verfahren in Software nachempfinden, so würde selbst bei schnellen Rechnern
eine ungleich höhere Zykluszeit entstehen. Deshalb wird hier eine andere Vorgehensweise vorgezogen.
Die AWL ist eigentlich nur eine Folge von IF···THEN···FIN - Konstrukten. Zum Beispiel können
die folgenden Worte der AWL, die dem Funktionsplan in Abbildung 3 entsprechen,

```
! E04,04                      =S S00,00 =S A00,00
! E00,00   & S00,00           =S S00,01 =R S00,00
                              =S A00,01 =R A00,00
! E00,01   & S00,01           =S S00,02 =R S00,01
                              =S A02,01 =R A00,01
! E02,00   & E04,00 & S00,02  =S S00,03 =R S00,02
```

auch als

```
IF E0404 THEN S0000 = '1'B; A0000 = '1'B; FIN;
IF E0000 AND S0000 THEN
S0001 = '1'B; S0000 = '0'B; A0001 = '1'B; A0000 = '0'B; FIN;
IF E0001 AND S0001 THEN
S0002 = '1'B; S0001 = '0'B; A0201 = '1'B; A0001 = '0'B; FIN;
IF E0200 AND E0400 AND S0002 THEN
S0003 = '1'B; S0002 = '0'B; FIN;
```

geschrieben werden. Die Variablen sind alle vom Typ BIT(1).

Eine komplette AWL kann also mit einem geeigneten Programm in eine ASCII-Datei mit einer Vielzahl von IF···THEN···FIN-Konstrukten umgewandelt werden. Wenn man noch die entsprechenden Kopf- und Fußzeilen ergänzt, so entsteht ein eigenständiges PEARL-Modul. In PADROS-PEARL ist es möglich, alle Betriebssystemfunktionen (Compiler, Editor, Lader usw.) als normale Unterprogrammaufrufe zu benutzen. Das aus dem Funktionsplan entstandene Modul kann jetzt mit dem PEARL-Compiler in PEARL-Objektcode gewandelt werden. Mit dem ebenfalls möglichen Aufruf des Laders kann das Teilmodul nun zum bereits geladenen Programm dazugeladen werden. Das Modul enthält eine Task, die zyklisch eingeplant wird. Sie holt zu Beginn jeden Zyklus die digitalen Eingaben über die Prozeßperipherie, führt dann die Verknüpfungen entsprechend dem Funktionsplan durch, und gibt die berechneten Ausgaben wieder über die Prozeßperipherie zurück an den Prozeß [2].

In Abbildung 4 ist links der konventionelle Weg vom Funktionsplan über die Zwischensprache Anweisungsliste direkt zur Hardware der SPS zu sehen. Auf der rechten Seite führt der neue Weg über den PEARL-Quellcode zum PC mit dem Betriebssystem PADROS-PEARL. Neben dem Funktionsplan können auch andere graphische oder textuelle Programmiersprachen [3] in dieses Konzept eingebunden werden.

Ein unerfahrener SPS-Programmierer wird zunächst mit der Programmentwicklung auf der Ebene des leicht erlernbaren graphischen Funktionsplans beginnen. Programmierer, denen Anweisungslisten nicht fremd sind, können auf der Stufe der AWL beginnen.

Zur Behebung von Fehlern werden die letzten Zustände gespeichert und können bei Bedarf über der Zeit aufgetragen auf Bildschirm und Drucker ausgegeben werden. Dies ist in Abbildung 5 dargestellt.

Als weiteres Hilfsmittel steht dem Anwender ein Simulator zur Verfügung, der sowohl den Prozeß wie auch den Funktionsplan simulieren kann. Durch schritt- oder zyklusweises Fortschalten kann in einer übersichtlichen Bildschirmmaske (Abbildung 6) die Veränderung aller Zustände verfolgt werden.

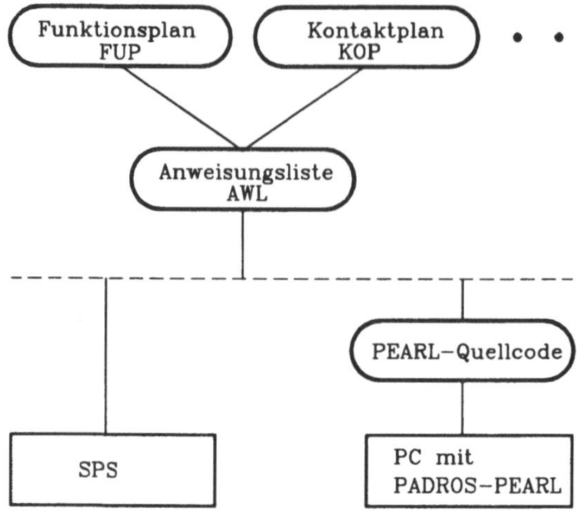

Abbildung 4: Umsetzung des Funktionsplans

5 Optische Mustererkennung

Um auch die optische Mustererkennung im PC durchzuführen, wurde eine digitale Bildverarbeitungskarte angeschafft. Mit ihr werden die von einer CCD-Kamera kommenden Videosignale digitalisiert und in einen Bildspeicher geschrieben. Gleichzeitig wird das Bild gefiltert und analog gewandelt. Es kann nun einem SW-Monitor oder in Falschfarbendarstellung einem Farbmonitor zugeführt werden.

Die Auswertung des Bildes soll in möglichst kurzer Zeit, aber mit hoher Sicherheit für relativ einfache Muster durchgeführt werden. Dazu ist es erforderlich, einzelne hardwarenahe Funktionen in Assembler zu programmieren. Diese Routinen können dann zum Laufzeitsystem geladen und von der Hochsprache als Prozeduren aufgerufen werden.

Um feststellen zu können, ob überhaupt ein Teil unter der Kamera liegt, wird eine bestimmte Spalte ständig dahingehend überprüft, ob die Anzahl der weißen Punkte in dieser Spalte sich signifikant ändert. Ist dies der Fall, so ist ein Teil unter der Kamera, und ein entsprechendes Eingangssignal für die Steuerung ist zu setzen.

Bei der Bildauswertung werden charakteristische Maße ermittelt und mit den gespeicherten verglichen. Besteht eine Übereinstimmung im Rahmen der Toleranzbreite, so wird ein Signal „Teil erkannt" an die Steuerung abgegeben, andernfalls wird „Teil nicht erkannt" an die Steuerung übergeben.

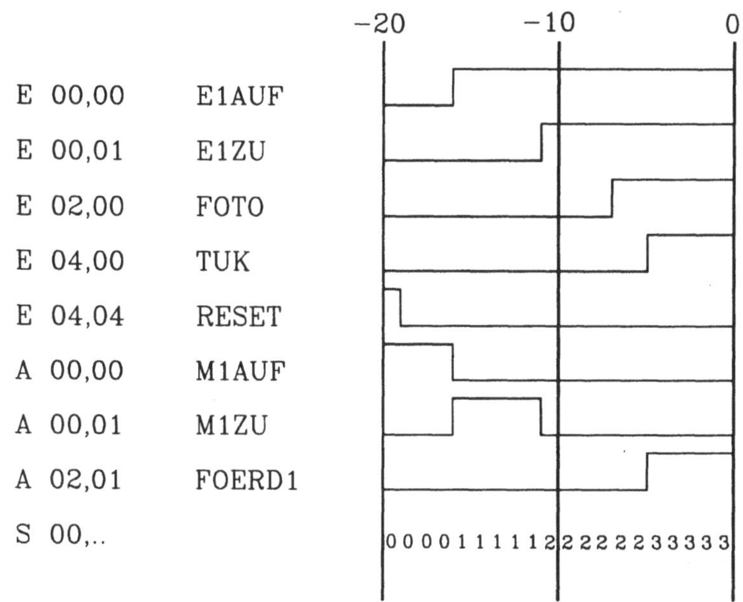

Abbildung 5: Darstellung der Zustände über der Zeit

M1A = 1	M2A = 1	M3A = 1	M4A = 1	MSV = 0	F1:AN
M1Z = 0	M2Z = 0	M3Z = 0	M4Z = 0	MSZ = 0	F2:AUS
ROB1= 0	ROB2= 0	ROB3= 0	ROB4= 0	Quit= 1	
E1A = 0	E2A = 0	E3A = 0	E4A = 0	ESV = 1	FOTO= 1
E1Z = 1	E2Z = 1	E3Z = 1	E4Z = 1	ESZ = 0	TUK = 0
T1 = 0	T2 = 0	T3 = 0	T4 = 0	TNK = 0	BUSY= 0

Zyklus 1
Satznr 12

Schritte

0 1 2 3 4 5 6 7 8 9

```
  0 1 2 3 4 5 6 7 8 9
0 [* * *            ]
1 [                 ]
2 [                 ]
3 [                 ]
4 [                 ]
5 [                 ]
6 [                 ]
7 [                 ]
8 [                 ]
9 [                 ]
```

Merker

MERK1 = 0
MERK2 = 1
MERK3 = 0

Abbildung 6: Bildschirmmaske des Simulators

6 Ansteuerung des Roboters

Der Roboter wird über eine modifizierte parallele Druckerschnittstelle mit Daten versorgt. Dazu müssen bei jeder Bewegung die Anzahl der Schritte für jeden Schrittmotor übergeben werden. Dies geschieht mit einem einfachen PUT-Befehl. Wenn der Roboter die Bewegung ausgeführt hat, so wird ein BUSY-Signal low. Ein geeigneter nachladbarer Treiber mußte zu diesem Zweck erstellt werden.

Literatur

[1] *Papenfort, J.*:

Entwicklung einer auf dem IBM-PC lauffähigen Programmierhilfe für Steuerungsprobleme nach Funktionsplänen

Diplomarbeit, Fachgebiet Prozeßautomatisierung,

Universität-GH-Paderborn 1986

[2] *Nacke, U.*:

Implementierung einer Speicherprogrammierbaren Steuerung auf einem IBM-PC in PEARL

Studienarbeit, Fachgebiet Prozeßautomatisierung,

Universität-GH-Paderborn 1988

[3] *Halang, W. A.*:

Erweiterung und Anwendung von PEARL zur Programmierung speicherprogrammierbarer Steuerungen

In: Gerth, W., Baacke, P. (Hrsg.), PEARL 90 – Workshop über Realzeitsysteme, Boppard 1990

Informatik-Fachberichte 262

Berlin, Heidelberg: Springer-Verlag, 1990

Automatisierung eines Kontrollpultes für Hochspannungsversuche

B. Lieske
Universität Kaiserslautern
Lehrstuhl für Hochspannungstechnik

1 Einleitung

In der Hochspannungstechnik, insbesondere in der Grundlagenforschung, ergeben sich lange Versuchsserien mit gleichen Abläufen, um statistisch gesicherte Aussagen zu gewinnen. Der Gedanke liegt daher nahe, solche Versuchsserien vollautomatisch durchzuführen. Durch automatisierte Meßwertaufnahme und -auswertung läßt sich außerdem - wie z. B. in /1, 2/ gezeigt wird - eine höhere Genauigkeit und z. T. ein beschleunigter Versuchsablauf erreichen.

Da an unserem Institut schon Erfahrungen mit automatisierten Meßverfahren gesammelt wurden, /3,6/ lag es nahe, vorhandene Hochspannungsversuchsanlagen des Instituts preisgünstig nachzurüsten.

Die konkrete Aufgabenstellung ist die Untersuchung der Schwankungen der Durchschlagswahrscheinlichkeiten bei Blitzstoßspannungen für vorgegebene Elektrodenanordnungen über längere Zeiträume hinweg. Ebensoll soll untersucht werden, wie die Durchschlagswahrscheinlichkeit von der Versuchsfolgedauer abhängt. Hierbei sind geeignete Sicherheitskonzepte und Entstörungsmaßnahmen von großer Bedeutung.

2 Pflichtenheft

Aufgrund gesammelter Erfahrungen wurde folgender Forderungskakalog für das Automatisierungssystem aufgestellt:

1. Es soll leicht bedienbar sein.
2. Es muß leicht programmierbar sein, d. h. es sollte eine aussagekräftige Hochsprache verwendet werden mit einer klaren Anbindung an das vorhandene System (also ohne Peek und Poke und Assembler-Unterprogramme, die je nach Anwendungsfall abgeändert werden müssen).

3. Es sollte die vorhandene Hardware verwendet werden einschließlich der Kontroll- und Meßeinrichtungen (das Bedien- und Steuerpult), wobei darauf zu achten war, daß die ursprüngliche Betriebsweise, d. h. ohne Automatisierungsgerät, weiterhin möglich ist.

4. Flexibilität

Das System muß auf einfache Weise für andere Versuchsaufbauten und -abläufe adaptierbar sein. Daraus ergibt sich ebenfalls die Forderung nach Punkt 2.

5. Das System muß erweiterbar sein.

6. Das Aufbaukonzept des Gerätes soll auch bei anderen Steuereinrichtungen von Hochspannungsanlagen verwendbar sein. (Es gibt noch weitere Hochspannungsanlagen am Institut, die mit einer Automatisierungseinrichtung ausgestattet werden sollen.)

3 Sicherheitsaspekte

Durch die Stoßversuche werden bekanntlich starke elektromagnetische Störungen verursacht. EMC-Gesichtspunkte müssen daher mit großer Sorgfalt bedacht werden, um ein sicheres Funktionieren des Rechnersystems zu garantieren.

Hochspannungsprüfanlagen werden während der Versuche durch die Benutzer laufend kontrolliert, um bei Fehlfunktionen, die die vorhandenen Kontrolleinrichtungen nicht erfassen können, eine Schadensbegrenzung zu erreichen. Im vollautomatischen Betrieb (über lange Zeiträume) müssen diese Kontrollen durch das Automatisierungssystem parallel zur Versuchsdurchführung wahrgenommen werden.

Andererseits muß das ordnungsgemäße Funktionieren des Rechners laufend kontrolliert werden. Im Fehlerfall sind geeignete Maßnahmen (z. B. alles abschalten) zu ergreifen.

4 Aufbauprinzip

Bei nahezu allen Hochspannungspulten werden alle Funktionen durch elektrische Schalter oder Taster angewählt und die Ergebnisse dem Benutzer durch Kontrollinstrumente angezeigt.

Das Prinzip der durchgeführten Automatisierung beruht darauf, daß ein Rechnersystem über Relais die einzelnen Schalter und Taster bedient. Die Meßwerte werden über geeignete Anpaßverstärker und A/D-Wandler ausgewertet. Wichtige Signale und Spannungen, die Auskunft über den Schaltzustand des Pultes bzw. der Hochspannungsanlage geben, werden durch Anpaßschaltungen ermittelt. Dies ist notwendig, damit das Rechnersystem den Erfolg der durchgeführten Schaltoperationen verifizieren kann.

Alle Relais und Signalerkennungsschaltungen sind im Automatisierungsgerät untergebracht, ebenso alle Anpaßschaltungen. Im Kontrollpult wurden alle Bedienelemente zu neu installierten Mehrfachsteckern verdrahtet. Hierdurch kann das Automatisierungsgerät einfach über 5 Mehrfachstecker und 3 Koaxialkabel installiert werden. Alle Meßsignale wurden über geschirmte Leitungen geführt. Die Änderungen im Kontrollpult sind minimal. Alle schon vorhandenen Sicherheitseinrichtungen des Pultes können durch das Automatisierungssystem weiterbenutzt werden.

Bei entfernten bzw. bei abgeschalteten Systemen kann das Pult wie vorher benutzt werden. Die Anpaßschaltungen wurden so entworfen, daß sie auch im spannungslosen Zustand die Messungen nicht beeinflussen.

Da einige Verbindungskabel notwendig sind, sollte das Gerät direkt am Pult eingesetzt werden. Dies bedeutet, daß das System Vor-Ort-Bedingungen erfüllen muß. Daraus ergibt sich direkt die Frage nach der EMV-Festigkeit.

5 EMV-Aspekte

Die rechnergesteuerte Automatisierung eines Hochspannungspultes verbindet zwei Extreme aus dem Gebiet der Elektrotechnik. Bei Stoßspannungsversuchen werden kurzfristig hohe Leistungen mit Stromimpulsen über 1 000 A bei Durchschlägen umgesetzt.

Das andere Extrem bildet die Digitaltechnik und hierbei im besonderen der Computer. Diese Technik zeichnet sich durch Spannungen von höchstens 15 V und Ströme im µABereich aus. Geringe Energiemengen können zu Zerstörungen führen. Die auftretenden Probleme werden unter dem Begriff EMV (elektromagnetische Verträglichkeit) zusammengefaßt. Geeignete Abschirmungsmaßnahmen sind notwendig /1,2,8/.

Die bestmögliche Abschirmung wird durch ein vollständig geschlossenes Gehäuse ohne Lüftungsschlitze mit durchgängig leitend miteinander verbundenen Flächen erreicht. Meßkabinen sind z. B. nach diesem Prinzip gebaut. Der oben genannte Aufbau erfüllt durch die Zuleitungen bei weitem nicht die obige ideale Konfiguration.

Folgende Mechanismen bewirken Störungen auf den Signal- und Steuerleitungen:

5.1 Induzierte und influenzierte Spannungen

Schnell veränderliche Vorgänge (Stromkreise, in denen hohe transiente Ströme fließen) verursachen magnetische und elektrische Felder, die in Erdschleifen und anderen geschlosssenen Stromkreisen Quellenspannungen induzieren, die ebenfalls Kabelmantel- und Gehäuseströme verursachen. Diese Erdschleifen können auch über die Gehäusekapazitäten von Geräten geschlossen werden, so daß auch ein sternförmiges Erdungssystem nicht immer den gewünschten Erfolg zeigt.

5.2 Potentialanhebungen im Stoßentladekreis

Potentialanhebungen des Stoßgenerators sind ebenfalls eine wesentliche Ursache für das Entstehen von Störspannungen. Von den auf Hochspannungspotential befindlichen Teilen der Anlage gehen elektrische Feldlinien zu der auf Erdpotential liegenden benachbarten Umgebung aus. Diesen Feldlinien lassen sich Streukapazitäten zuordnen, die bei Stoßvorgängen in kurzer Zeit auf- oder entladen werden. Wegen der großen Änderungsgeschwindigkeit der Spannungen können die Ladeströme sehr hohe Werte annehmen. Die Ladeströme fließen über die Erdimpedanz zum Anschlußpunkt des Generators zurück und können beträchtliche Potentialanhebungen bewirken, die Ausgleichströme innerhalb des gesamten Erdnetzes zur Folge haben.

5.3 Spannungsabfälle längs des Schutzleiters

Aus Gründen der Betriebssicherheit sind die Gehäuse elektrische Geräte mit dem Schutzleiter des Mehrphasensystems verbunden. Im Zusammenhang mit angeschlossenen Koaxialkabeln und Schirmleitungen entstehen dadurch Erdschleifen.
Die Energiezuführung zum Gerät geschieht im allgemeinen durch Phase und Nulleiter. Durch die oben beschriebenen Mechanismen entstehen zwischen Nulleiter und Schutzleiter induzierte Spannungen, die über die Koppelimpedanz des Netztransformators zu Ausgleichsströmen führen. Aus den obigen Ausführungen folgt natürlich, daß zwischen ver-

schiedenen Steckdosen und Erdklemmen beachtliche Spannungsunterschiede während eines Stoßspannungsversuches herrschen können. Diese Zusammenhänge werden ausführlich in /8,9/ dargestellt. Jeder Vorschlag einer Automatisierung muß sich mit diesem Thema auseinandersetzen, z. B. /1,2/ .

Es ist offensichtlich, daß durch das oben geschilderte einfache Konzept der Automatisierung viele Induktionsschleifen entstehen können.

Entstörungsmaßnahmen:

Die gängigen und erfolgreichen Gegenmaßnahmen sind vollständige zusätzliche Schirmungen der Meß- und Steuersysteme einschließlich der Zuleitungen (doppelt geschirmte Kabel) oder galvanischer Trennungen durch Relais, Optokoppler und Lichtwellenleitersysteme. Eine weitere Möglichkeit sind Filterschaltungen.

Für dieses System wurden galvanische Trennungen verwendet. Die Alternative der vollständigen Abschirmung stellt einen großen Aufwand dar. Alle Leitungen zwischen Pult und Automatisierungsgerät müßten abgeschirmt werden, z. T. mit doppelt geschirmten Kabeln. Entsprechende Abschirmungsmaßnahmen im Steuerpult wären notwendig. Die Steuer- und Meßleitungen vom Steuerpult zum Versuchsstand müßten ebenfalls zusätzlich geschirmt und dementsprechend die Verschaltung geändert werden.

Vorversuche ergaben jedoch, daß eine galvanische Trennung durch Relais allein nicht genügte. In die Verdrahtung der Taster und Schalter im Pult werden Störsignale induziert, die über die neu installierten Leitungen in das Schirmgehäuse des Automatisierungsgerätes gelangen und dort z. B. über die angeschlossene gedruckte Schaltung für die Relais Störfelder abstrahlen, die auf anderen Leitungen wiederum Störsignale induzieren können. Es wurden auf dem Ein-Ausgabe-Unterbussystem Amplituden bis zu 10 V bei gesteckten Relaiskarten gemessen.

6 Beschreibung des Systems

Folgender Aufbau ergab die gewünschte Störfestigkeit:

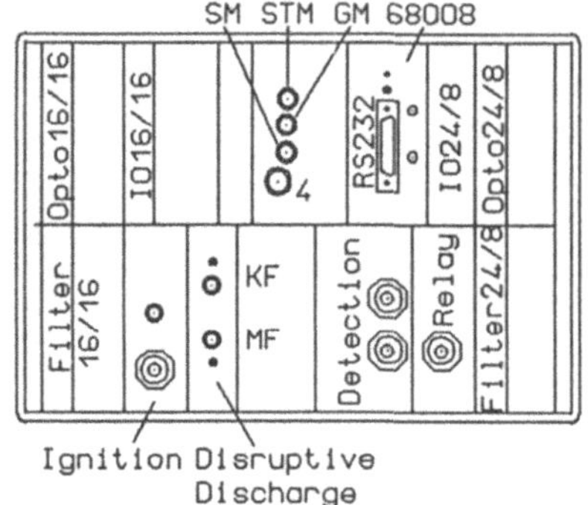

KF: Kugelfunkenstrecke
- Erkennung, ob die Stoßspannungsanlage geschaltet hat
MF: Meßfunkenstrecken
- Erkennung, ob ein Durchschlag an Meß- funkenstrecken stattgefunden hat

Bild 1: Frontansicht des Automatisierungssystems

6.1 Mechanischer Aufbau und Abschirmungsmaßnahmen:

Es wurde ein 19" 6 HE-Einschubgehäuse verwendet, um einen übersichtlichen systemati- schen Aufbau zu ermöglichen. Das Gerät ist in zwei Ebenen unterteilt, die voneinander vollständig geschirmt sind. Im unteren Teil sind die Ein- und Ausgabekarten enthalten (Re- laisschaltungen und Spannungserkennungsschaltungen), die aus robuster Elektronik aufge- baut sind und den noch vorhandenen Störungen standhalten können. Die Ein- und Ausgabe- karten wurden so gestaltet, daß Einkopplungen möglichst gering werden. Der Datenau- stausch zwischen beiden Ebenen geschieht durch Optokoppler- und Filterschaltungen. Alle Gehäuseteile, einschließlich der Frontplatten, sind flächig leitend miteinander verbunden. Dies wurde durch Entfernen der Eloxierschicht an allen Kontaktflächen erreicht. Inzwischen werden Gehäusesysteme mit bromatierten - d. h. leitfähigen - Kontaktflächen unter dem Schlagwort "EMV-fest" angeboten. Auf diese Weise konnte das o. g. Gehäusesystem ver- wendet werden, das durch seine Standardisierung und Übersichtlichkeit große Vorteile bie- tet.

Die Schaltungen in beiden Ebenen werden durch getrennte Spannungsversorgungen ge- speist.

Das Massesystem der Schaltung ist nur an einem zentralen Punkt mit dem Gehäuse und dem Schutzleiter verbunden. Auf diese Weise werden Ausgleichsströme über das Erdsy- stem der Platinen und die dadurch bewirkten Störungen vermieden.

Die Meßsignale, die über Koaxialleitungen zu den Anpaßschaltungen im oberen Teil des Gehäuses gelangen, werden direkt am Stecker gefiltert.

Die Lüftungsschlitze im Gehäuse sind mit einem feinmaschigen Metallgitter abgedeckt, das mit dem Gehäuse natürlich flächig leitend verbunden ist. Durch diese Maßnahmen sind die empfindlichen Digitalschaltungen einschließlich des Rechnersystems, die in der oberen Ebene untergebracht sind, sehr gut abgeschirmt. Störspannungen sind auf dem Bussystem der oberen Ebene nicht mehr festzustellen. Als Rechnersystem wurde - wie auf dem Bild zu erkennen ist - ein Einplatinenrechner verwendet. Aufgrund der geringen Abmessungen eines solchen Systems läßt es sich einfach abschirmen, wie im Aufbaubild erkennbar ist. Die Anzahl der Datenleitungen, die elektromagnetische Störungen in das System verschleppen können, ist wesentlich geringer. In der gegenwärtigen Konfiguration ist der Einplatinencomputer nur über eine serielle Schnittstelle mit der "Außenwelt" verbunden.

Der Einplatinenrechner kann die Schnittstelle im Bedarfsfall durch Relais abkoppeln, um Störungen während der Stoßspannungsversuche zu vermeiden. Als Alternative steht ein Lichtwellenleitersystem zur Verfügung.

6.2 Das Rechnersystem und die entwickelte Hardware

Der Einplatinenrechner beruht auf dem Mikroprozessor MC 68008, der codekompatibel mit dem verbreiteten MC 68000 ist und einen reduzierten Datenbus besitzt. Mit einem 68681 (DUART) und zwei nachgeschalteten Spannungswandler-ICs werden zwei serielle Schnittstellen verwirklicht. Über ein Parallel-Interface mit Timer 68230 und dem Betriebssystem RTOS (siehe nächstes Kapitel) wird ein Unterbus verwirklicht. Ebenso sind 4 externe Interrupts möglich /5,7/.

Es sind 3 Steckplätze für ein 64 K-EPROM und für ein 32 K-RAM vorgesehen. Ein Steckplatz kann entweder für RAM oder EPROM verwendet werden. Das gesamte System belegt eine halbe Karte im Europa-Format. Auf dem Rest ist ein Wrap-Feld für eigene Erweiterungen vorgesehen. Hier wurden ein Watch-dog-Schaltkreis und die Relais untergebracht, die eine Trennung der seriellen Schnittstelle ermöglichen.

Für dieses System wurden für den Unterbus digitale Ein- und Ausgabekarten und A/D-Wandlerkarten entwickelt. In der jetzigen Konfiguration stehen 40 Bit-Ausgabe und 32 Bit-Eingabe über zwei Ein- und Ausgabekarten und 5 analoge Eingänge durch eine A/D-Wandlerkarte zur Verfügung /7,8/. Durch Einsetzen weiterer Ein- und Ausgabekarten kann das System nahezu beliebig erweitert werden (bis auf den Platzbedarf). Es steht ein Adreßraum von 8 Bit-Adressen und 8 Bit-Daten zur Verfügung.

Über die schon erwähnten Filter und Optokopplerkarten sind die Ein- und Ausgabedaten mit den Relais- und Signalerkennungsschaltungen verbunden. Die beiden Ein-/Ausgabekarten bilden das Interface zwischen dem Daten- und Adreßbus des EPAC sowie den Erkennungs- bzw. Steuerbits für die Spannungserkennungsschaltungen und die Relaisansteuerungen.

Die Karte "Zünd" belegt Ein- und Ausgänge zum Ansteuern eines Zündimpulsverstärkers. Hierdurch kann das Automatisierungssystem den Stoßgenerator triggern. Die Platine "Durchschlag" enthält Anpaßschaltungen und Speicherzellen, mit denen das Automatisierungssystem das erfolgreiche Zünden des Stoßgenerators und Durchschläge am Prüfling testen kann. Über einen Meßshunt wird dabei der zur Erde fließende Strom überprüft.

Über die Anpaßschaltungen und die A/D-Wandler werden Pultausgangsspannung und -strom, die Transformatorausgangsspannung, die hohe Gleichspannung bzw. Ladespannung und über das Stoßspannungsvoltmeter die maximale Stoßspannung gemessen. Der Pultausgangsstrom wird durch einen Meßshunt und mit Hilfe eines Effektivwertbildners AD637 ermittelt. Die Werte der Hochspannungen werden über den entsprechenden Meßgeräten des Pultes abgegriffen.

6.3 Die Software

In einem 64 K-EPROM ist das Betriebssystem RTOS-UH gespeichert. Es handelt sich dabei um ein real time multitasking operating system, das an der Universität Hannover für die Programmiersprache PEARL (Process and Experiment Real Time Language) entwickelt wurde. Es handelt sich dabei um das gleiche System, das in /3/ beschrieben wurde. Die verwendete Anpassung auf den Einplatinenrechner wird ebenfalls in /5/ vorgestellt. PEARL wurde in den 70er Jahren mit Unterstützung des Bundesministeriums für Forschung speziell für Prozeßrechnersysteme entwickelt. Aufgrund der Struktur der Sprache und des Betriebssystems lassen sich die vorgenannten Anforderungen und Sicherheitsaspekte leicht erfüllen bzw. einfach und aussagekräftig programmieren.

Der Umstieg auf die Hochsprache PEARL fällt Programmiern, die z. B. PASCAL kennen, leicht. Sie bietet die gleichen flexiblen Definitionen von Strukturen und Operatoren an. Ebenso sind alle gängigen mathematischen Funktionen vorhanden, so daß auch umfangreiche Auswertungen mit dieser Sprache möglich sind. Zusätzlich sind alle Konstrukte für Echtzeitprogrammierung vorhanden.

Die Unterteilung der Programmodule in Systemteil, Spezifikationsanteil und Problemteil (enthält die eigentlichen Programme) ermöglicht eine enge Anbindung der Programmiersprache an die Hardwareumgebung und gewährleistet dennoch Portabilität. Die Programme müssen nur auf dem anderen System compaliert werden und sind anschließend dort lauffhähig. Ist die Hardwareumgebung (z. B. Ein- und Ausgabe) eine andere, so müssen nur die Deklarationen im Systemteil geändert werden. Aus diesem Grund ließ sich das vorgestellte Konzept mit dem Einplatinenrechner verwirklichen. Die Programme werden auf einem ATARI PC, der ebenfalls mit dem Betriebssystem RTOS ausgerüstet ist, entwickelt und dann auf dem EPAC über die serielle Schnittstelle geladen. Da die RTOS-Konfiguration auf dem EPAC ebenfalls den Bedieninterpreter enthält, kann im Bedarfsfall der Ablauf der Programme kontrolliert werden. (Für schwierige Fälle können Debugging-tools nachgeladen werden.)

6.4 Tasks

Ein wichtiger Bestandteil des vorgestellten Softwarekonzeptes zur Realzeit-Prozeßautomatisierung stellt die Task dar /4/. Es handelt sich dabei um einen unabhängigen Programmteil, der vom Betriebssystem in den Speicher geladen wird und unter vorgegebenen Bedingungen mit einer Priorität gestartet, gestoppt, unterbrochen, weiterbearbeitet, eingeplant oder zyklisch eingeplant wird. Die Bedingungen - direkte Start- und Stoppbefehle, Einplanungen usw. - werden vom Benutzer (über das Bedienerinterface) von anderen Programmen (Tasks) oder auch von der Task selber vorgegeben. Der Dispatcher des Betriebssystems regelt nach all diesen Vorgaben prioritätengesteuert den Ablauf der einzelnen Programme.

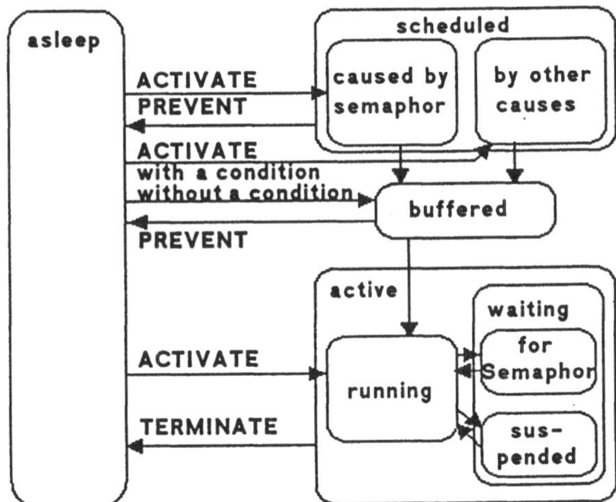

Bild 2: Taskzustände

Der Zustand "gepuffert" ist notwendig, da nicht mehrere Tasks gleichzeitig bearbeitet werden können. (Nur eine CPU steht zur Verfügung.) Während der Abarbeitung einer Task entstehen Pausen durch Ein- und Ausgaben oder prozeßbedingt. In diesen Pausen werden andere Tasks abgearbeitet. Der Benutzer hat auf diese Weise den Eindruck eines Multitasking-Prozesses und braucht sich daher um die Reihenfolge, in der unabhängige Aufgaben erledigt werden müssen, nicht zu kümmern.

7 Das Sicherheitskonzept

Eine Prüftask wird mit höchster Priorität eingeplant und führt - unabhängig vom Versuchsablauf - Sicherheitschecks durch. Momentan werden über die Signalerkennungsschaltungen der vorgegebene Schaltzustand des Pultes überprüft, das Übersetzungsverhältnis des Transformators und das Verhältnis von Wechsel- zu Gleichspannung werden getestet. Ebenso wird der Primärstrom des Transformators überprüft. Die notwendigen Vergleichswerte und Toleranzen werden dem Prüfprogramm vorher, je nach geschaltetem Meßbereich der Instrumente, durch den Benutzer oder durch ein Meßprogramm mitgeteilt.

Da sich der Maximalwert des Stromes und die Maximalspannungen während eines Versuchs ändern können, werden dem Prüfprogramm die aktuellen Grenzwerte durch das Versuchsprogramm mitgeteilt, wenn sich durch Belastungen andere Werte ergeben. Lösen hingegen aufgrund von Kurzschlüssen die Sicherungen des Kontrollpultes aus, so stellt dies die Prüftask beim Auslesen der Spannungserkennungsschaltungen fest. In all diesen Fällen werden die letzten Meßwerte gesichert und die Versuchsdurchführung sofort beendet.

Andererseits muß die Funktionstüchtigkeit des Rechners überprüft werden. Dies geschieht durch den oben erwähnten "Watch-dog"-Schaltkreis.

Er besteht aus einem retriggerbaren Monoflop, das durch den Rechner laufend adressiert werden muß. Dies erledigt eine unabhängige Task mit niedriger Priorität. Wird der Watch-dog nicht mehr getriggert, so werden alle Ausgabekarten gesperrt, alle Relais und damit die Hochspannungsanlage schalten aus. Gleichzeitig löst der Watch-dog einen Interrupt aus. Auf diese Weise wird auch die Software überprüft. Wenn das System überlastet ist und nicht mehr alle Tasks abgearbeitet werden bzw. das vorgegebene Timing eingehalten werden kann, so wird ebenfalls der Watch-dog ausgelöst. Eine Task mit hoher Priorität, die auf den Interrupt des Monoflops eingeplant ist, kann dann wieder einen definierten Zustand herstellen.

8 Beispiel einer Versuchsdurchführung

Bild 4 zeigt die Versuchsanlage. Über eine Gleichrichteranlage wird eine Stoßkapazität aufgeladen. Eine Kugelfunkenstrecke dient als Schalter. Schlägt diese durch, so wird die Belastungskapazität aufgeladen und beide Kapazitäten werden entladen. Es entsteht ein Spannungsimpuls ähnlich wie bei Blitzeinschlag oder Schaltüberspannungen in Versorgungsnetzen. Bei geeignetem Abstand der Schaltfunkenstrecke (Tg) läßt sich die Stoßspannungsanlage über einen Zündverstärker und eine Zündkerze in der Schaltfunkenstrecke zu definierten Zeitpunkten schalten (getriggerter Betrieb).

Bestimmung der Verteilung der Durchschlagswahrscheinlichkeit einer Kugelfunkenstrecke in Abhängigkeit von der Versuchsfolgedauer und der Stoßspannungshöhe. - Das Programm und die zugehörige Kontrolldatei werden auf den EPAC geladen.

In der Kontrolldatei sind folgende Versuchsparameter angegeben, die alternativ im Dialog eingegeben werden können.

<u>Wahrscheinlichkeitswerte</u>: Sind diese Werte erreicht, wird die Versuchsreihe beendet.

ΔU: Spannungsdifferenz der Stoßspannung von einer Versuchsfolge zur nächsten.

<u>Zeitwerte</u>: Eine Folge von Zeitspannen, die angeben, in welchem Zeitabstand die Versuche einer Versuchsreihe durchgeführt werden.

Das Programm beginnt nach einer Spannungsüberprüfung (Hauptschalter ein!) mit den Voreinstellungen. Für einen vom Benutzer vorgegebenen Kugelfunkenstreckenabstand werden Schaltfunkenstreckenabstand und die Ladegleichspannung bestimmt. Da bei dieser einfachen Anordnung der Rechner keine Möglichkeit zum Messen des Schaltfunkenstreckenabstandes hat, wird dieser durch "Probieren" mit einer geeigneten Suchstrategie ermittelt.

Vor Beginn der Meßreihen wird die Prüftask gestartet, die unabhängig während der Versuche die oben beschriebene Kontrollen durchführt.

Es wird mit den Meßreihen begonnen. Zu der eingestellten Ladespannung werden mit vorgegebener Versuchsanzahl und vorgegebener Versuchsfolgedauer die Durchschlagswahrscheinlichkeit und die maximale Stoßspannung ermittelt. Die Ladespannung wird um den in der Kontrolldatei angegebenen Wert geändert, die nächste Versuchsreihe beginnt, bis die Wahrscheinlichkeitsgrenzwerte erreicht werden. Diese Meßreihen werden für jede vorgegebene Versuchsfolgedauer wiederholt. Bei jeder neu eingestellten Ladespannung wird der Triggermechanismus getestet und ggf. die Schaltfunkenstrecke nachgestellt. Die Ergebnisse werden in den Versuchspausen über die serielle Schnittstelle dem ATARI übermittelt, dort gespeichert und ausgewertet.

Das Petrinetz zeigt den Zugriff der Tasks auf die Analog-Digitalwandler. Da diese nur einmal zur Verfügung stehen können die Prüftask und die Task zur Versuchsdurchführung nicht gleichzeitig Meßwerte auslesen. Deshalb wird der Zugriff auf die Analog-Digitalwandler mit Hilfe des Semafores **S** synchronisiert, um Konflikte zu vermeiden.

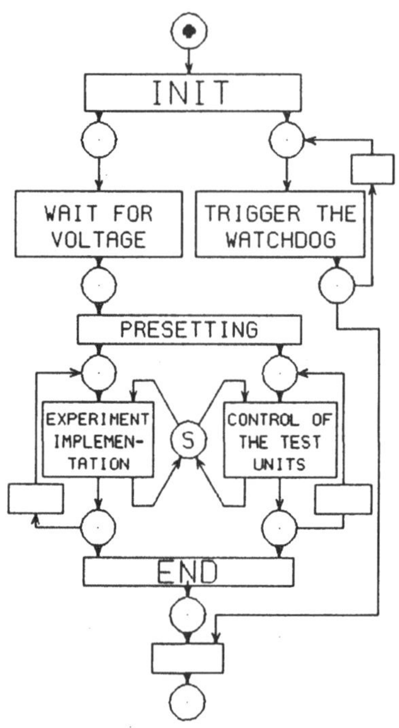

Bild 3: Petrinetz des Programms

SM 76: Wechsel- bzw.
       Scheitelspan-
       nungsmeßgerät

GM 78: Gleichspannungs-
       meßgerät

STM76: Stoßspannungs-
       meßgerät

Tg: Schaltfunkenstrecke
    mit Zündkerze
    (in Bild 1 KF)

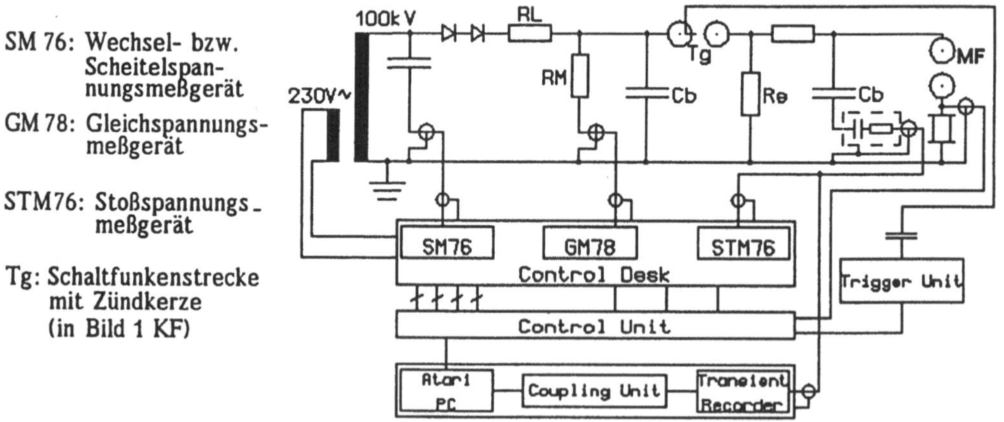

Bild 4: Schaltbild der Versuchsanlage mit dem Automatisierungssystem

Die hier programmierte Triggermethode unterscheidet sich von der sonst üblichen. Es wird vom Einplatinenrechner die Ladespannung einreguliert, der aus den Zeitabständen vorgegebene Versuchszeitpunkt abgewartet und dann gezündet. Die andere Methode ist ebenfalls möglich. Die Ladespannung wird kontinuierlich gesteigert (Ladestromregelung) und bei Erreichen der gewünschten Ladespannung wird getriggert. Der Rechner kann hierzu die A/D-Wandler schnell genug auslesen, so daß der Triggerzeitpunkt ausreichend exakt ist.

9 Weitere Möglichkeiten

Aus der Gesamtübersicht ist zu erkennen, daß in das System auch ein Transientenrecorder integriert werden kann. Der ATARI PC bzw. der Benutzer stellt hierbei den Transienterecorder ein (X-Y-Verstärkung, Zeitbasis, Preview). Der EPAC teilt dem PC über die serielle Schnittstelle den baldigen Versuchsbeginn mit. Der ATARI setzt den Transientenrecorder in Triggerbereitschaft. In der Versuchspause wertet der Rechner den aufgenommenen Spannungsversuch aus und speichert die gewonnenen Daten: Anstiegszeit, Durchschlagszeit etc. und - wenn gewünscht - auch den gesamten Spannungszeitverlauf.
Durch die flexible Struktur des Betriebssystems wird es dem Benutzer ermöglicht, eigene Programme oder Teilprogramme ebenfalls im Betriebssystem-EPROM zu speichern, die dann nicht mehr vor Versuchsbeginn geladen werden müssen. Diese Programme können auch automatisch gestartet werden, so daß das Automatisierungsgerät auch im stand allone-Betrieb arbeiten kann. Die Wetterstation aus /3/ arbeitet nach diesem Prinzip.

10 Zusammenfassung

Es wurde ein preisgünstiges Automatisierungssystem entwickelt, das auf einem Einplatinencomputer mit einem Real-time-multitasting-system basiert. Durch ein einfaches Konzept können auch vorhandene Anlagen nachgerüstet werden. Durch die Verwendung von PEARL ist das System einfach zu programmieren und dennoch leicht anpaßbar. Das vorgestellte System eignet sich aufgrund des Betriebssystems sowohl für die Zusammenarbeit mit einem Host-Computer als auch für den Stand-alone-Betrieb. Die getroffenen Entstörungsmaßnahmen ermöglichen auch den Betrieb mit Stoßspannungsanlagen. Das Sicherheitskonzept realisiert einen Schutz der Anlagen auch bei unbeaufsichtigten Langzeitversuchen.

Literaturhinweise:

/1/ Hauschild, W.; Speck, J.;
Bachmann, H.; Baronick, M.: Hard- und Software für rechnergestützte Hochspannungsprüfungen mit Wechsel- und Gleichspannung.
Elektrie, Berlin 42 (1988) 4, S. 133-136

/2/ Sarmina, I.; Gonz' lez, D.; Rodriguez, G.:
A Computerized High-Power Testing Laboratory.
IEEE Computer Applications in Power Engineering, April 1988, pp. 9-13

/3/ Seubert, T.; Weiß, P.:
Measurement of dynamic forces caused by surge currents and acting between busbars; measurement of temperature at the surface and in the neighbourhood of busbars.
ISH '89 New Orleans USA 42.19.

/4/ Fels, G.:
PEARL für technische und kommerzielle Anwendungen.
Siemens AG (Abt. Verl.), 1984

/5/ Der EPAC 68008.
Part 1 - 7 published in c't 1987 (Magazin für Computer und Technik)

/6/ Gutheil, B.; Bier, S.: Weiß, P.:
Measurement system for determination of surface charge distribution on dielectrics.
ISH '91, Dresden

/7/ Wache, M.:
Automatisierung eines Hochspannungs-Versuchsfeldes.
Diplomarbeit, Universität Kaiserslautern, 1989

/8/ Pohl, K.-D.:
Umbau und Erweiterung einer Automatisierungsanlage zur Durchführung von Stoßversuchen.
Diplomarbeit, Universität Kaiserslautern, 1990

/9/ Schwab, A.J.:
Hochspannungsmeßtechnik

REALISIERUNG EINES REALZEITSYSTEMS

BESTEHEND AUS ARBEITSPLATZ-RECHNERN,

DIE ÜBER LAN VERNETZT SIND

Dipl. Ing.(FH) Markus Willbold
TELEFUNKEN SYSTEMTECHNIK
VR2E322
Sedanstraße 10, 7900 Ulm

Zusammenfassung

Hier wird ein Funkdatenempfangssystem vorgestellt, welches über Sensoren erfaßte Daten komprimiert und an eine Zentrale weiterleitet.

Das System basiert auf einem über Ethernet vernetzten Rechnerverbund unter Benutzung des Transportprotokolls ISO/OSI.

Die Systemleistungen dieses Realzeitsystems wurden mit Hilfe des CASE-Tools ProMod designed und in PEARL realisiert.

## 1.	Charakterisierung des Systems und Darstellung des Verkehrsaufkommens

Bei dem genannten System handelt es sich um ein Datenerfassungssystem zur Erfassung von Funkdaten. Das System besteht aus 34 fernladbaren Arbeitsplatzrechnern ohne peripheres Speichermedium und 2 Servern mit Festplatten-, Wechselplatten- sowie Magnetbandspeicher, die gleichzeitig als Gateway-Rechner zu einem bestehenden Rechnernetz verwendet werden. Die Server sind im System gleichwertig, müssen aber bei Ausfall des anderen Servers das gesamte Datenaufkommen bewältigen können. Jeder Arbeitsplatzrechner unterstützt bis zu zwei Bedienplätze. Das System ist über Ethernet vernetzt (siehe Bild 1).

Der logische Aufbau des Systems ist hierarchisch angeordnet. Es gibt einen Systemleiter-, gefolgt von 8 Gruppenleiter- und 25 Erfasserarbeitsplatzrechner. Systemleiter und Gruppenleiter erstellen Aufträge, die sie an die Erfasserarbeitsplätze schicken. Dort werden die Funkdaten aufgenommen und anschließend an die Server geschickt, wo sie bis zu ihrer Weiterverarbeitung zwischengespeichert werden (siehe Bild 2).

Innerhalb der gleichen Hierarchiestufe ist keine Kommunikation erlaubt. Das Datenaufkommen innerhalb der Arbeitsplatzrechner beträgt einige KBytes pro Stunde und ist somit vernachlässigbar. Das Datenaufkommen von den Arbeitsplätzen zu den Servern wurde mit 0.2 Kbyte/sec je Arbeitsplatz angegeben. Daraus ergibt sich für einen Server eine Normalbelastung von 6.8 KByte/sec. Diese Arbeit wird im Normalfall gleichmäßig auf beide Server verteilt.	Da die Arbeitsplatzrechner bei Ausfall beider Server ihre Daten 40 Minuten lang zwischenspeichern können, ergibt sich eine Datenmenge von ca. 16 MByte, die ein Server beim Hochfahren in möglichst kurzer Zeit bewältigen muß. Dabei ergab sich das Problem nicht durch die Datenmenge, sondern durch das gleichzeitige Bedienen von 34 Verbindungen.

2. Protokollauswahl für die Rechnervernetzung

Durch das genannte Datenaufkommen wurde Ethernet als Übertragungsmedium gewählt (theoretische Übertragungsrate von 10 MBit/sec). Dazu standen vom Hersteller zwei verschiedene Protokolle zur Verfügung:

- TCP/IP   (Transmission Control Protocol / Internet-Protokoll)
- ISO/OSI Klasse 4 (TP4)   (International Organisation for Standardisation / Open System
                            Intercommunication)
                            (siehe Bild 3)

Das zur Verfügung stehende TP4 richtet sich nach dem OSI 7-Schichtenmodell und beinhaltet folgende Normen:

Transportprotokoll:	ISO 8073 CL 4
Vermittlungsprotokoll:	ISO 8473 NULL
Sicherungsprotokoll:	ISO 8802/2 CL 1
Bitübertragungsprotokoll:	ISO 8802/3 CSMA/CD (Carrier Sense Multiple Access / Collission Detection)

Das TCP/IP ist nicht in der OSI-Garnitur enthalten, besitzt also keine Normung, hat aber seine Bedeutung durch den Einsatz bei Berkeley UNIX erhalten (weit verbreiteter Industrie-Standard).

Ein entscheidender Vorteil des OSI TP4 ist die Verwendung von 9 verschiedenen TPDU-Typen (Transport Protocol Data Unit), im Gegensatz zu einem TPDU-Typ bei TCP, wodurch sich der Nachrichtenkopf um ca. 15 Bytes pro Nachricht verkleinert. Ein weiterer Vorteil ist die Möglichkeit, bei einem Connect-Request-Aufruf (Verbindungsaufbau) bereits Benutzerdaten mitzuschicken, wodurch die angerufene Station z.B. die Möglichkeit hat, anhand der übertragenen Information zu entscheiden, ob sie die Verbindung zuläßt oder nicht. Ein wichtiger Vorteil ist es auch, daß wichtige Daten bevorzugt transportiert werden können.

Ein Nachteil des TP4 ist es allerdings, daß ein Verbindungsabbau immer abrupt von statten geht, was einen Datenverlust zur Folge haben kann. Dieser Nachteil läßt sich aber leicht durch ein entsprechendes Protokoll in der darüberliegenden Sitzungsschicht beheben.

Aufgrund der obengenannten Gründe und der steigenden Verwendung der OSI-Normungen innerhalb öffentlicher Netze haben wir uns für den Einsatz von TP4 entschieden.

3. Rechnervernetzung mit Task-zu-Task-Kommunikation

3.1. Voraussetzungen

Ziel der Vernetzung war es, daß jede beliebige Task einer anderen Task (innerhalb oder außerhalb des selben Rechners) eine Nachricht schicken kann. Dazu müssen die Tasks eine Mailbox, eine in diesem Rechner eindeutige Funktionsnummer und eine eindeutige Nachrichtenkennung besitzen. Ferner muß der logische Name des Zielarbeitsplatzes bekannt sein. Da es sich um verschiedene Endsysteme handelt, deren Tasks verschiedene Funktionskenner besitzen, basiert die Adressierung der Zieltask im Zielarbeitsplatz auf der Nachrichtenkennung. Das bedeutet, daß in jedem Arbeitsplatz eine Tabelle liegt, die eine eindeutige Zuordnung von Nachrichtenkennern zu Funktionsnummern trifft. Um eine definierte Datenübergabe zu gewährleisten, wurde eine halbdynamische Speicherverwaltung geschaffen, die es erlaubt 1 KByte große Datenblöcke anzufordern, miteinander zu verketten und auch wieder freizugeben.

Die Transportschicht stellt nachfolgende TSAPs (Transport Service Access Point / Dienstelemente der Transportschicht) zur Verfügung:

-	T-CONNECT-request	(Anforderung einer Verbindung)
-	T-CONNECT-indication	(Anforderung einer Verbindung ankommend)
-	T-CONNECT-response	(Verbindungsbestätigung)
-	T-CONNECT-confirm	(Verbindungsbestätigung ankommend)
-	T-DISCONNECT-request	(Abbau einer Verbindung)
-	T-DISCONNECT-indication	(Anzeige eines Verbindungsabbaus)
-	T-DATA-request	(Daten abschicken)
-	T-DATA-indication	(ankommende Daten)
-	T-UNITDATA-request	(Daten abschicken, quittungsfrei)
-	T-UNITDATA-indication	(ankommende Daten, quittungsfrei)

'Request' und 'response' sind Betriebssystemaufrufe der Firmware TP4. Bei 'indication' und 'confirm' werden Botschaften[1] von der Firmware an die dafür festgelegten Prozesse gesendet.

3.2. Allgemeiner Ablauf

Für die Kommunikation wurde auf der Transportschicht (TP4) eine Sitzungsschicht implementiert, die den einzelnen Tasks folgende SSAPs (Session Service Access Points / Sitzungsdienst-Zugangspunkte) zur Verfügung stellt:

-	Versenden von Broadcast-Telegrammen	(an alle Netzteilnehmer)
-	Versenden von Multicast-Telegrammen	(an eine Gruppe im Netz)
-	Versenden von Einzeltelegrammen	(an Einzelarbeitsplätze)
o	mit Quittung	
o	ohne Quittung	

[1] Botschaften sind Taskoperationen (CONTINUE) bei denen Daten mitgegeben werden können.

Um Daten zu verschicken, muß eine Task ihre Daten in mindestens einen Frame mit einer Größe von 1KByte schreiben und mit Zielarbeitsplatz und Nachrichtenkenner versehen an den Kommunikationsabwickler (Sitzungsschicht) übergeben. Handelt es sich um genau einen Arbeitsplatz kann eine Quittung verlangt werden. Die Übergabe geschieht durch das Eintragen eines PKB (Prozeß Kommunikations Blocks) in die Mailbox des Kommunikationsabwicklers. Handelt es sich um ein Broadcast-Telegramm, wird es direkt als T-UNITDATA-request an die Transportschicht übergeben.

Handelt es sich allerdings um ein Multicast-Telegramm werden daraus Einzeltelegramme ohne Quittung an die zur Zeit am Netz befindlichen Arbeitsplätze der betreffenden Gruppe generiert und als solche weiterverarbeitet. Dazu ist in jedem Rechner eine Netzverwaltung vorhanden, die alle am Netz befindlichen Arbeitsplätze registriert und sich zyklisch als Netzteilnehmer bei den anderen Arbeitsplätzen meldet.

Bei Einzeltelegrammen mit Quittung wird überprüft, ob sich der betreffende Rechner am Netz befindet. Ist dies nicht der Fall, wird dem Aufrufer sofort eine negative (NAK) Quittung zurückgegeben. Befindet sich der Zielarbeitsplatz am Netz, werden die Daten zu diesem Arbeitsplatz übertragen und dort an die durch ihren Nachrichtenkenner definierte Funktion übergeben. Nach einer fehlerfreien Übertragung wird der aufrufenden Task eine positive Quittung (ACK) übergeben. Konnten nach mehrmaligem Versuch die Daten nicht fehlerfrei übertragen werden, wird der aufrufenden Task eine negative Quittung zurückgegeben.

Einzeltelegramme ohne Quittung, bei denen sich der Zielarbeitsplatz nicht am Netz befindet, werden im Kommunikationsabwickler so lange zwischengespeichert, bis sich dieser Arbeitsplatz am Netz anmeldet, bzw. bis sie fehlerfrei zu diesem übertragen werden konnten.

3.3.   Funktion der Sitzungsschicht

Die Sitzungsschicht arbeitet verbindungsorientiert in einem Halbduplexbetrieb. Die implementierte Sitzungsschicht besitzt nachfolgend aufgezählte und beschriebene Dienstelemente. Jedes Dienstelement hat eine eigene SPDU (Session Protocol Data Unit / Dateneinheit des Sitzungsprotokolls), die bei Benutzung des Protokolls gesendet wird. Für Dienstelemente mit Antworten gibt es auch eine SPDU, die durch die Antwort erzeugt wird.

Sitzungsdienstelement	SPDU Anforderung	SPDU Antwort
- S-CONNECT	connect	accept, refuse
- S-RELEASE	finish	
- S-DATA	data transfere	
- S-CAPABILITY-DATA	capability data	capability data ACK, NAK
- S-TOKEN-GIVE	give tokens	
- S-UNITDATA		

Trifft von einer Task eine Sendeanforderung ein, generiert die Sitzungsschicht, falls zu dem Zielrechner noch keine Verbindung besteht, ein S-CONNECT-request, und baut die Verbindung auf. Dadurch besitzt er automatisch den dazugehörenden Sende-Token. Besteht zu dem gewünschten Zielrechner bereits eine Verbindung, wird geprüft, ob die Quelle den Sende-Token besitzt. Ist dies nicht der Fall, wird der Sendeauftrag zurückgestellt.

Ist nun eine Verbindung aufgebaut und besitzt der Quellrechner den Sende-Token, so schickt er dem Zielrechner 'capability-data' (Leistungsdaten zur Steuerung des Protokolls), in denen er den zu sendenden Datenblock charakterisiert (Nachrichtenkenner, Länge usw.). Der Zielrechner prüft, ob er diesen Datenblock verarbeiten kann, insbesondere ob er genügend Betriebsmittel zur Verfügung hat und bestätigt dem rufenden Rechner den Sendewunsch mit ACK oder NAK.

Erhält der Senderechner die positive Quittung, generiert er das S-DATA SPDU und verschickt die Daten. Anschließend wird ein S-CAPABILITY-DATA generiert, um damit die Dateiendekennung zu übertragen.

Die Sitzungsschicht des Zielrechners empfängt die Daten, sammelt sie und verkettet sie wieder in 1 KByte lange Frames. Erhält der Zielrechner nun die Dateiendekennung, so wird der entsprechende Datenblock an die Zielfunktion übergeben, und die Endekennung mit ACK dem Senderechner bestätigt. Darauf überprüft die Sitzungsschicht im Senderechner, ob noch weitere Telegramme für diesen Arbeitsplatz vorhanden sind, und verschickt gegebenenfalls eine neue Anforderung.

Sind keine weiteren Daten zum Verschicken vorhanden, so generiert das Protokoll ein S-TOKEN-GIVE und sendet es an den Zielrechner. Wenn dieser das Sende-Token erhält, überprüft er, ob er für den Gegen-Arbeitsplatz bestimmte Telegramme besitzt. Ist dies der Fall, wird eine Sendeanforderung generiert und abgeschickt. Sind alle Telegramme versendet, wird das Sende-Token wieder an den anderen Arbeitsplatz vergeben.

Erhält ein Arbeitsplatz ein Sende-Token und hat er keine Telegramme für den entsprechenden Arbeitsplatz, so generiert er ein S-RELEASE und baut damit diese Verbindung ab.

Schema einer Kommunikation

```
AP 1   -------------- CONNECT ---------------->   AP 2
AP 1   <------------- ACCEPT ----------------     AP 2
AP 1   -------- Sendewunsch Datei x --------->    AP 2
AP 1   <-------- Quittung ACK Datei x --------    AP 2
AP 1   ---------- DATA TRANSFERE ------------>    AP 2
AP 1   ------------ Dateiende --------------->    AP 2
AP 1   <-------- Quittung ACK Datei x --------    AP 2
AP 1   -------- Sendewunsch Datei y --------->    AP 2
AP 1   <-------- Quittung ACK Datei y --------    AP 2
AP 1   ---------- DATA TRANSFERE ------------>    AP 2
AP 1   ------------ Dateiende --------------->    AP 2
AP 1   <-------- Quittung ACK Datei y --------    AP 2
AP 1   ------------ GIVE TOKEN -------------->    AP 2
AP 1   <-------- Sendewunsch Datei z ---------    AP 2
AP 1   -------- Quittung ACK Datei z -------->    AP 2
AP 1   <---------- DATA TRANSFERE -----------     AP 2
AP 1   <----------- Dateiende --------------     AP 2
AP 1   -------- Quittung ACK Datei z -------->    AP 2
AP 1   <----------- GIVE TOKEN -------------     AP 2
AP 1   -------------- FINISH ---------------->    AP 2
```

3.4.   Aufbau der Sitzungsschicht

Die Sitzungsschicht besteht aus vier Tasks. Eine Task verwaltet die Mailbox und bereitet die einzelnen Telegramme so auf, daß sie verschickt werden können. Eine weitere Task ist für den Verbindungsaufbau und -abbau zuständig. Sie empfängt außerdem spontane Meldungen (Botschaften) von der Firmware. Eine dritte Task verwaltet den gesamten Datenaustausch (Anwender- und Protokolldaten). Zur Synchronisation der einzelnen Tasks mit den Betriebssystemaufrufen wurde eine weitere Task benötigt. Die Synchronisation der vier Tasks untereinander wird durch Sema-Variablen gesteuert.

4. Fernladen mit ISO/OSI Ebene 4

Da unsere Arbeitsplatzrechner keine Peripheriespeicher haben, müssen sie von den Servern über Ethernet ferngeladen werden. Dazu ist in den Boot-Clients (Arbeitsplatzrechnern) ein Minimal-Kontaktsystem in einem EPROM-Speicher vorhanden, welches in zyklischen Abständen Boot-Anforderungen an die Boot-Server schickt.

In den Boot-Servern ist ein Fernladeprozeß enthalten. Trifft nun eine Boot-Anforderung (Broadcast-Telegramm) ein, so wird diese zunächst an die unter 3. beschriebene Sitzungsschicht weitergeleitet; dort wird anhand der TSAPID (Transport Service Access Point Identifier) der Fernladewunsch erkannt und an den Fernladeprozeß weitergeleitet. Dieser baut nun zu dem Boot-Client eine Verbindung auf und schickt ihm die für diesen Rechner vorgesehene Systemkonserve über ein einfaches Sitzungsprotokoll. Dieses Sitzungsprotokoll besitzt keinerlei Flußregulierung, weil davon ausgegangen werden kann, daß die Boot-Clients die ankommenden Daten schneller verarbeiten können als sie vom Server geschickt werden. Ist die Systemkonserve vollständig übertragen, wird vom Boot-Server die Verbindung wieder abgebaut und anschließend im Boot-Client das System gestartet.

Treten während der Übertragung Fehler auf (z.B. Systemkonserve nicht lesbar), wird der Fernladevorgang abgebrochen und die Verbindung abgebaut. Ein erneuter Fernladeversuch wird erst gestartet, nachdem der Boot-Client ein neues Boot-Anforderungstelegramm gesendet hat.

5. Entwicklungsumgebung / CASE-Tools

Zur Steigerung der Produktivität im Software-Bereich werden strukturierte Methoden eingesetzt.

Das oben beschriebene System ist unter Verwendung von ProMod auf einer VAX/VMS entwickelt worden.

Dieses Software-Entwicklungswerkzeug unterstützt folgende Phasen:

-   Strukturanalyse
-   Moduldefinition
-   Funktionsdefinition
-   Pseudocode

Die Codierung in PEARL wurde anschließend auf der Zielmaschine, einer ATM MC80, vorgenommen.

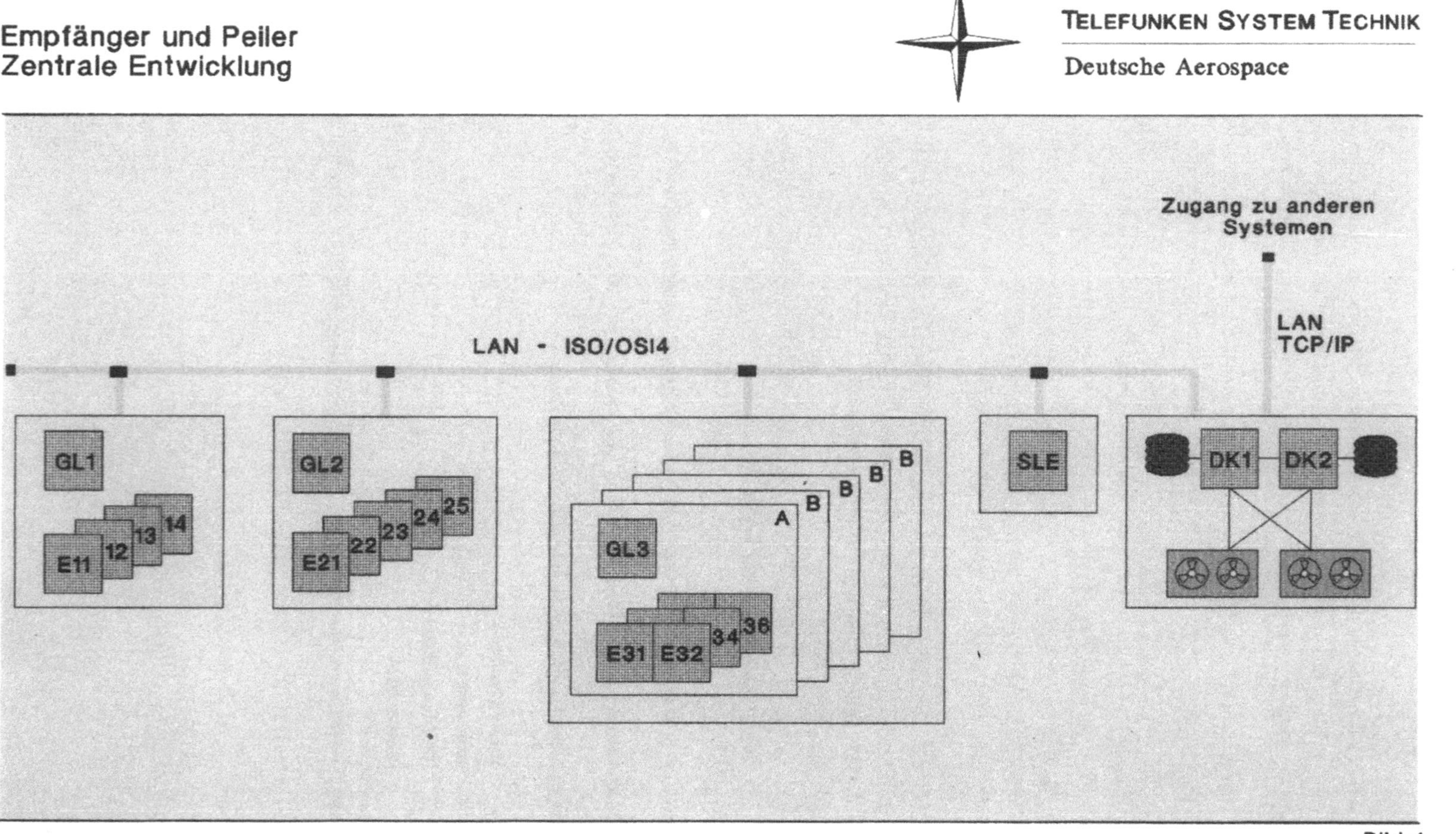

Systemkonfiguration

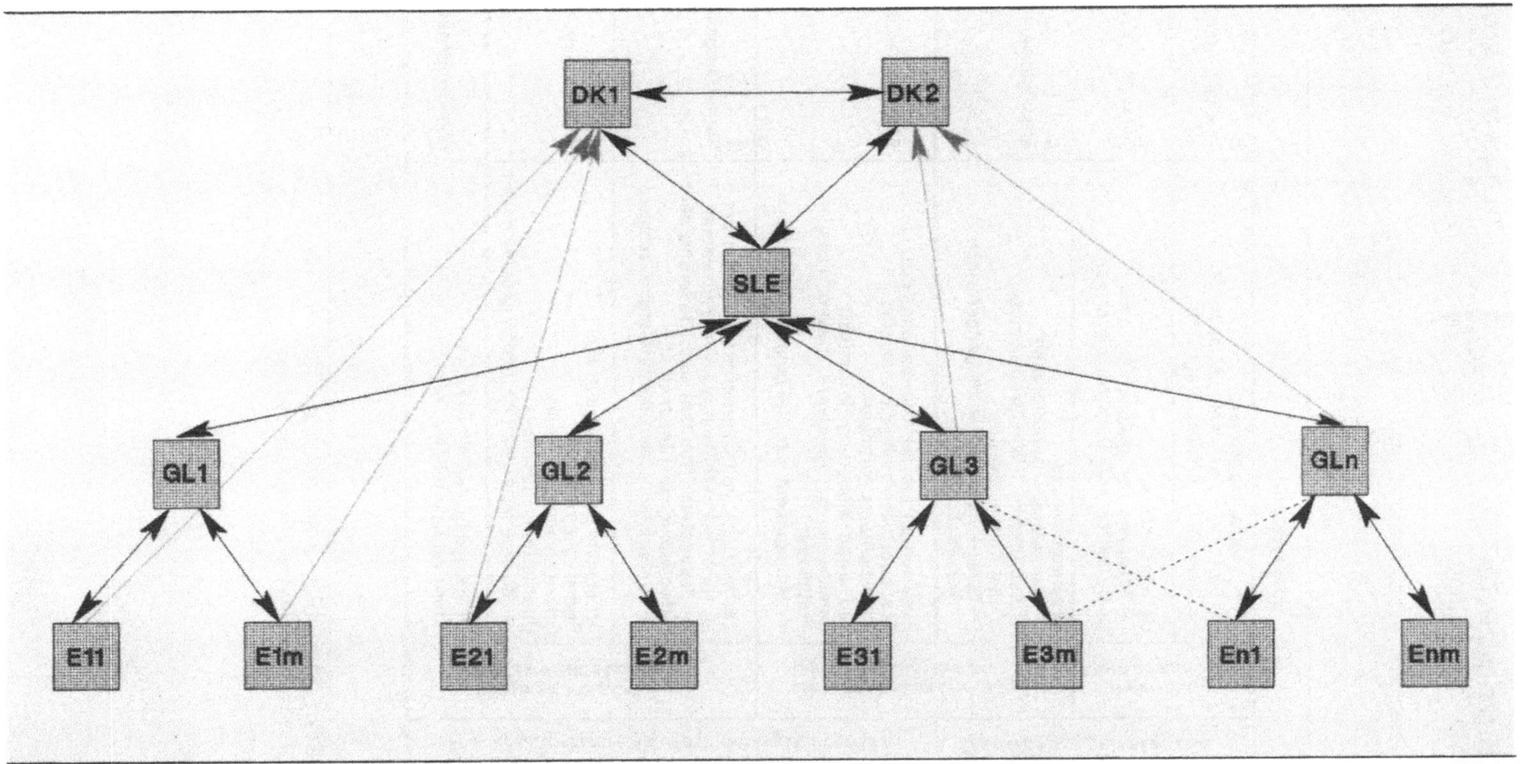

Bild-2

Systemhierarchie

Empfänger und Peiler
Zentrale Entwicklung

		Endbenutzer		
Anwendungsorientierte Verarbeitungsinstanzen	Anwendungs-Instanzen	-> Systemmanagement -> Definition von Manipulationen -> Denken in gleichen Begriffen	7 Anwendungsschicht	
		Datenstrukturen -> Sprechen der gleichen Sprache -> Definition von Darstellungsformen	6 Darstellungsschicht	
	Datenaustausch- und Datenflußinstanzen	Synchronisierung (Aufnahme / Durchführung / Beendigung / Wiederaufnahme) der Kommunikation -> Einhaltung formaler Umgangsformen Gesprächsdisziplin	5 Sitzungsschicht	
Informations-Transport-Management Transportorientierte Verbindungsinstanzen		Erweiterung der Netzverbindungen zu Transportverbindungen zwischen Verarbeitungsinstanzen und deren Sicherung (Integrität) (Isolierung vom Netzwerk, Flußkontrolle, Multiplexen) -> Management der Netzwerkverbindungen	4 Transportschicht	
	(Datentransport-) Netzwerkinstanzen	Verknüpfung von Übermittlungsabschnitten zu Netzwerkverbindungen von Endsystem zu Endsystem (Routing) und Steuerung der Datenflußmenge (Segmenting) -> Management der Übermittlungsabschnitte	3 Vermittlungsschicht	
		Erkennung und Behebung von Übertragungsfehlern Übertragungsteilstrecke, Übermittlungsabschnitt -> Management der Übertragungsteilstrecken	2 Sicherungsschicht	
		Übertragung von Bitströmen (Übertragungsteilstrecke)	1 Übertragungsschicht	

Das ISO/OSI Sieben-Schichten-Modell
im Verständnis seiner Hauptaufgaben

Bild-3

Produktionsleitsystem für eine Aluminium-Gießerei

Jürgen Geidies

Werum Datenverarbeitungssysteme GmbH
Erbstorfer Landstr.14
2120 Lüneburg
Tel. 04131/8900-0

Zusammenfassung

In der Gießerei der Hamburger Aluminium-Werke GmbH wird Flüssigmetall aus der eigenen Elektrolyse und Aluminium-Schrott zu Walzbarren verarbeitet.

In einer mehr als zweijährigen Laufzeit wurde in Stufen ein Produktionsleitsystem realisiert und eingeführt.

Dieses Produktionsleitsystem überwacht und steuert die einzelnen Prozeßschritte, koordiniert den Materialfluß – und in übergeordneter Funktion – den gesamten Produktionsablauf.
Einzelanlagen werden mit SIMATIC S5-Steuerungen autonom gesteuert und überwacht.
Zentraler Leitrechner ist ein SICOMP M-System der Firma Siemens in Verbindung mit PC-Bedienstationen. Dabei werden ca. 1000 digitale und ca. 500 analoge Signale erfaßt und verarbeitet.

Das Anwendungssystem basiert auf Softwareprodukten von Werum und wurde fast vollständig in PEARL realisiert.

Die schwierigsten Punkte innerhalb des Projektablaufs waren zum einen die Integration der vielen Schnittstellen, da diese von unterschiedlichen Anbietern geliefert wurden sowie zum anderen die Unterstützung des Endanwenders, sich mit einer neuen Technologie auseinanderzusetzen.

In diesem Vortrag werden zuerst die Anforderungen beschrieben, die an dieses Produktionsleitsystem gestellt wurden. Anschließend wird ausgeführt, mit welchen Mitteln der Hardware und Software diese Anforderungen umgesetzt wurden.

1. Einleitung

Die Gießerei besteht aus folgenden Anlagen:

o   acht Hochleistungs-Schmelz-/Wannehalteöfen

o   vier Gießanlagen

o   ein Homogenisierungsofen

o   eine Chlorieranlage

o   eine Abgasreinigungsanlage

Die Einsatzstoffe liegen sowohl in Form von Festmetall als auch in Form von Flüssigmetall vor. Festmetalle sind vor allem Schrotte aus voriger sowie fremder Produktion. Flüssigmetall wird aus der angegliederten Elektrolyse geliefert.

Der prozeßtechnische Ablauf im Schmelzofen gliedert sich in einzelne Prozeßschritte wie z.B. Schmelzen, Warmhalten oder Raffinieren bis für eine Charge, d.h. eine Schmelzofenfüllung, die Soll-Legierung und -Qualität erreicht ist.

Das geschmolzene Aluminium wird dann in Barren verschiedener Größe gegossen. Die Barren werden in einem nachgeschalteten Ofen homogenisiert.

Der Ablauf innerhalb der Gießerei ist ausschließlich chargenorientiert. Jedem Ofen ist jeweils eine Charge zugeordnet.

Die Anlagenteile werden autonom über zugeordnete SPS-Systeme gesteuert und geregelt. Übergeordnete Steuer- und Regelfunktionen koordinieren den verfahrenstechnischen Ablauf der gesamten Gießerei.

Wesentliche Kriterien für diese übergeordneten Steuer- und Regelvorgänge sind:

o   Vorgabe von Sollwerten für eine Charge

o   Einhaltung einer maximalen Abgasmenge und -temperatur in Verbindung mit der momentanen Leistungsfähigkeit der Filteranlage

o   Prozeßtechnische Einschränkungen
       (z.B. Zuordnung von 2 Öfen zu einer Gießanlage)

Der gesamte Gießerei soll von einem Leitstand - der zentralen Meßwarte - gefahren werden. Neben der normalen Bedienung vor Ort an den Anlagenteilen sollen von diesem Leitstand aus die Bediener in den Ablauf der Gießerei eingreifen können.

Ziel bei der Einführung eines Produktionsleitsystems war es zum einen, den gesamten Produktionsablauf - vom Rohmaterial bis zum Fertigbarren - zu überwachen und Abweichungen zur Sollqualität aufzunehmen. Zum anderen sollte aber auch der gesamte Materialfluß von der Anlieferung bis zum Versand erfaßt werden, die sogenannte Metallwirtschaft.

2.   Aufgaben des Systemes

Für die Überwachung und Steuerung der Gießerei und für die Koordination des Materialflusses
sollte ein Automatisierungskonzept entwickelt werden, das in mehreren Stufen realisiert wurde.
Die Funktionen veranlassen neben den Standardfunktionen eines Prozeßleitsystems, dem aktuellen Bedienen und Beobachten, die chargenorientierte Produktionsverfolgung, Produktionsauswer-
tung und die übergeordnete Koordination des Produktionsablaufs.
Im folgenden sind stichwortartig die wichtigsten Anforderungen beschrieben, die an das Produktionsleitsystem gestellt wurden:

Bedienen und Beobachten

- Beobachtungsfunktionen (aktuell)
  - Anlagenbilder
  - Trend- und Kurvendarstellungen
  - Stör- und Betriebsprotokoll

- Bedienfunktionen
  - Prozeßschrittbedienung (vor Ort/zentral)
  - Verstellungen, Ein-/Ausschaltungen
  - Soilwertvorgaben
  - Anfahrkurven

- Übergeordnete Koordination
  - Abgasmengenprüfungen
  - Koordination von Prozeßschritten

Produktionsdatenauswertung

- Chargenorientierte Archivierung von Prozeßdaten
- Chargenprotokoll
- Umweltprotokoll

<table>
<tr><td>Konfigurierung/Parametrierung</td></tr>
</table>

- Parametrierung von Signalstammdaten
- Erstellung von Anlagenbildern

<table>
<tr><td>Metallwirtschaft</td></tr>
</table>

- Lagerverwaltung

  - Vorlegierungslager
  - Schrottlager
  - Gutbarrenlager

- Führen von Versandlisten

- Führen von Fertigungsberichten (Basisdaten + Produktionsdaten für eine Charge)

- Verwaltung von Fertigungsvorschriften

- Verwaltung von Labordaten

3. Systemstruktur

3.1 Hardwarestruktur

Insgesamt 15 speicherprogrammierbare Steuerungen vom Typ SIMATIC S5 (115U/135U/150U) steuern und überwachen die zugeordneten Anlagen autonom vor Ort. Alle Steuerungen sind über serielle Verbindungen an einen zentralen Leitrechner vom Typ SICOMP M70 angeschlossen.

Die Bedienung des Prozesses erfolgt in der Leitwarte über ein Schaltpult, damit auch angelerntes Bedienpersonal ohne jede Rechnerkenntnis die Betreuung durchführen kann. Beobachtet werden kann der Prozeß über zwei "Intelligente Terminals". Hierbei handelt es sich um jeweils einen PC mit einer hochauflösenden Grafikkarte, der die gesamten Prozeßbilder lokal hält. Nur noch die aktuellen Nutzdaten werden vom zentralen Leitrechner aktiv zur Verfügung gestellt. Somit sind akzeptable Responsezeiten zum einen und eine verteilte Rechnerlast zum anderen gewährleistet.

Alle für die Metallwirtschaft nötigen Daten (Wägesystem, Telegramme, Prozeßschrittinformationen, Prozeßdaten etc.) werden dem Metallwirtschafts-PC (SICOMP PC32-20 mit OS/2) zur Verfügung gestellt. Hierbei handelt es sich um ein im wesentlichen dialogorientiertes Anwendungsystem, das durch zwei zusätzliche "Intelligente Terminals" (IT) an diesem PC aus Andwendersicht einen Multiuser-Betrieb erlaubt.

In Bild 1 ist die eingesetzte Hardware noch einmal dargestellt.

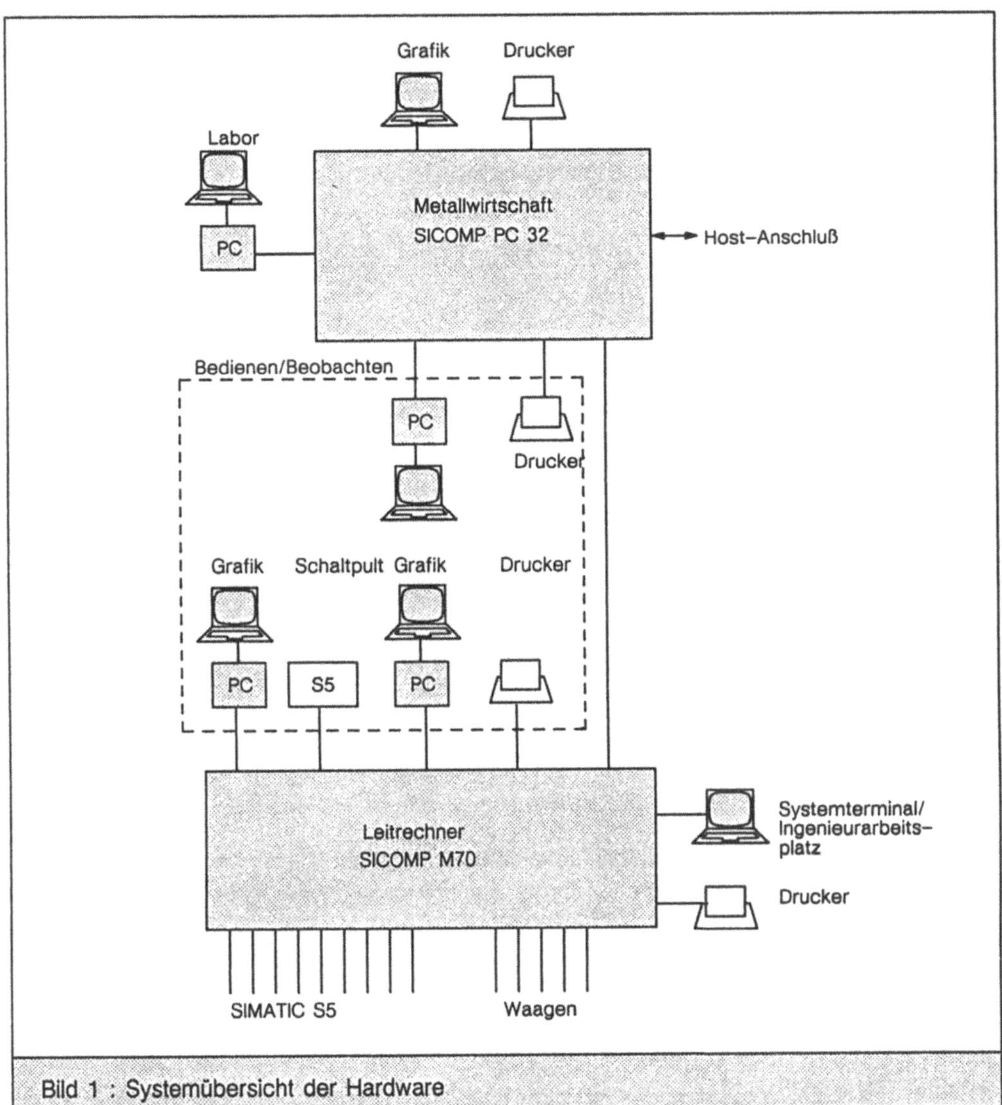

Bild 1 : Systemübersicht der Hardware

Funktionseinheit	Hardware-Typ	Betriebssystem
Leitrechner	SICOMP M70 3 MB HSP 64 MB Platte 30 "Endgeräte"	ORG-M
Metallwirtschaft	SICOMP PC32-20 8 MB HSP 155 MB Platte VGA-Grafik DB10-Schnittstelle	OS/2
Grafik-Terminals	SICOMP PC-32-20 4 MB HSP 40 MB Platte 8514 Grafik DF40-Schnittstellenmultiplexer	OS/2

Liste der eingesetzten Hardware/Systemsoftware

3.2 Softwarestruktur

Computergesteuerte Automatisierungsysteme können für verschiedene Anwendungsbereiche dann kostengünstig eingesetzt werden, wenn gemeinsame Problemstellungsen durch ein konfigurierbares und parametrierbares Softwaresystem gelöst werden.

Das Process-Monitoring- und Controll-System PAS-PLS ist konzipiert zum Überwachen und Steuern von Produktionsprozessen auf Basis von Mikro-Rechnern und industriefähigen Arbeitsplatzcomputern.

PAS-PLS verbindet die Standardfunktionen von Prozeßleit- oder Visualisierungssystemen – das aktuelle Bedienen und Beobachten – mit übergeordneten Archivierungs-, Verarbeitungs- und Auswertungsfunktionen.

PAS-PLS bietet die Möglichkeit, Prozeßdaten direkt für Aufgaben der Instandhaltung, der Inprozeß-Qualitätssicherung und der Produktionsfeinplanung zu nutzen.

Dabei erfüllt PAS-PLS allgemeine Anforderungen:

o   Ablauffähigkeit auf verschiedenen Hardware-Systemen unterschiedlicher Leistungsfähigkeit

o   Einsatz in Verbindung mit verschiedenen Steuer- und Regelsystemen

o   Kommunikationsfähigkeit mit anderen Rechnersystemen

o   Leichte Anpassung an kundenspezifische Aufgaben

o   Erweiterbarkeit

o   Einfach und sichere Bedienung auch direkt vor Ort.

Wesentliches Merkmal von PAS-PLS ist seine "Offenheit". Das bedeutet, daß auf Basis von PAS-PLS für die jeweilige Anwendung maßgeschneiderte Lösungen realisiert werden können.

Die Standardkonfiguration von PAS-PLS umfaßt folgende Funktionen:

Funktionsumfang
• Signalerfassung über lokale Automatisierungssysteme • Signalverarbeitung • Prozeßvisualisierung • Prozeßführung • Störungsbearbeitung und -auswertung • Archivierung • Standard-Bedienfunktionen • Druckausgaben und Standardprotokolle • Online-Erstellung von Anlagenbildern • Online-Parametrierung • Kommunikation mit anderen Systemen • Schnittstellen für projektspezifische Sonderfunktionen

Aus Basis dieser Software-Funktionen wurde nun ein Produktionsleitsystem konfiguriert und um projektspezifische Funktionen erweitert.

Dabei wurde folgende Funktionsverteilung vorgenommen:

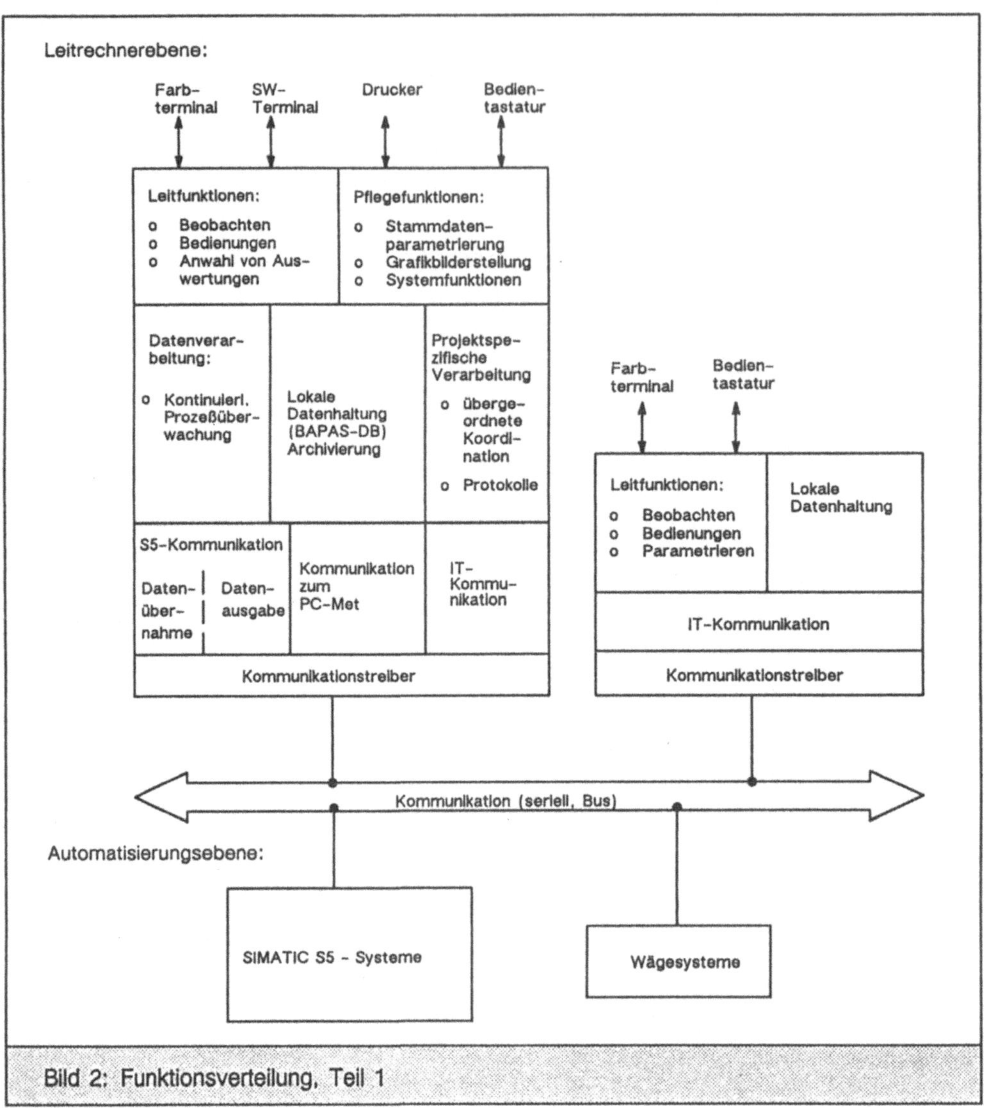

Bild 2: Funktionsverteilung, Teil 1

SPS-Systeme:

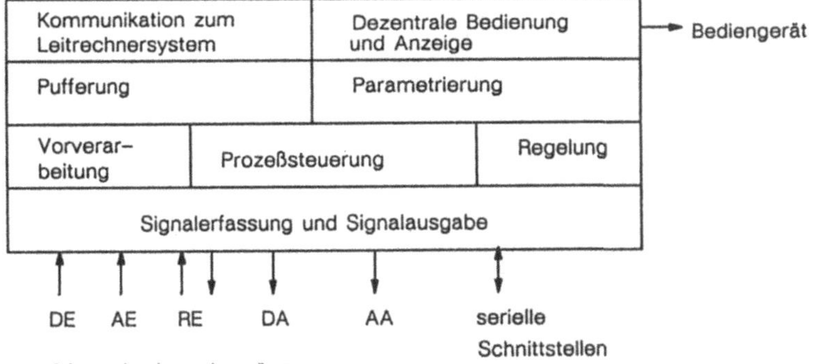

AA: Analoge Ausgänge

AE: Analoge Eingänge

DA: Digitale Ausgänge

DE: Digitale Eingänge

RE: Regler

PC-Metall:

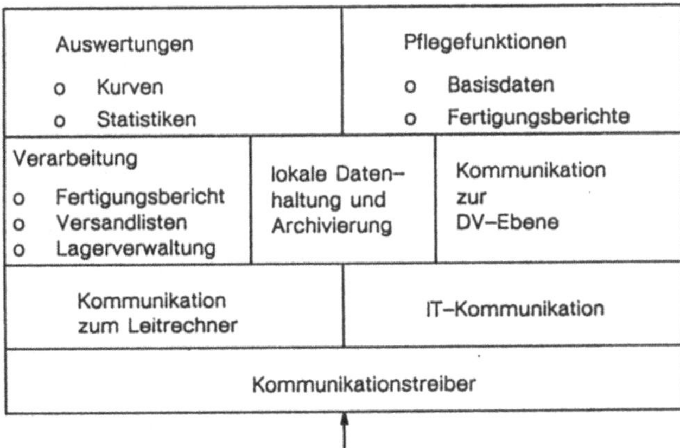

Bild 3:   Funktionsverteilung, Teil 2

Neben den eigentlichen Standardfunktionen für das aktuelle Bedienen und Beobachten sind folgende projektspezifische Funktionen von Interesse:

Chargenorientierte Produktionsverfolgung

Es werden die Prozeß- und Labordaten einer Charge von der Beschickung eines Schmelzofens bis zum Fertig-Barren automatisch ermittelt, geprüft und in einem Chargenprotokoll dokumentiert.

Übergeordnete Prozeßablaufkoordination

Wesentliche Funktion des Leitsystems ist die übergeordnete Koordination des Produktionsablaufs. Abhängig von der Abgas-Reinigungsanlage koordiniert das Leitsystem die möglichen Prozeßschritte der einzelnen Schmelzöfen. Einzelne Prozeßschritte wie Raffination mit Chlor sind nur bei zugelassenen Anlagenzuständen unter Kontrolle des Leitsystems möglich.

Metallwirtschaft

Unter dem Begriff Metallwirtschaft sind alle Aufgaben zusammengefaßt, die den Informationsfluß für die Produktionssteuerung innerhalb der Gießerei und zu anderen Betriebsteilen betreffen. Es waren folgende Anforderungen zu berücksichtigen und umzusetzen:

o   Übernahme und Verwaltung der Standardpraxis

o   Bearbeitung und Verwaltung von Basisdaten (Fertigungsaufträgen) und Fertigungsdaten

o   Metallanlieferungen und Lagerverwaltung

o   Anschluß des Labors

o   Ablieferung von Fertigprodukten

o   Archivierung und Auswertung von Qualitätsdaten

Realzeitzugriff auf ausgedehnte geometrische Objekte mit parallelen topologischen B^*-Bäumen

Frank Klingspor, Thomas Rottke
FernUniversität
Postfach 940
5800 Hagen 1

Nicht-Standard-Datenbanken für ausgedehnte geometrische Objekte werden in der graphischen Datenverarbeitung, für Computer-Aided-Design, bei der Bildverarbeitung oder bei Prozeßanimationen, verwendet. Viele Anwendungen in diesen Bereichen erfordern eine Indexstruktur, die geometrische Anfragen, wie z.B. Point-Query, Line-Query, Polygon-Query, Volume-Query, Closest-Pair oder Neighbour-Queries nach diesen Objekten in Realzeit unterstützt. Die Selektion geometrischer Objekte ist aber aus zwei Gründen sehr aufwendig:

- Da die Beschreibungen der komplexen geometrischen Objekte (z.B. Polygone oder Polyeder) sehr umfangreich sind, wird der Zugriff auf den Hintergrundspeicher zum Engpaß.

- Es müssen komplexe "floating-point"-Berechnungen (z.B. Polygonschnitte oder Polyederschnitte) durchgeführt werden, um zu entscheiden, ob ein einzelnes Objekt tatsächlich zu selektieren ist. Dadurch wird der Prozessor zum Engpaß.

Realzeitzugriff auf geometrische Objekte kann nur durch den Einsatz von parallelen Ressourcen (Prozessor und Speicher) gewährleistet werden.

Als Indexdatenstruktur für externe Daten mit skalaren Schlüsseln haben sich B^*-Bäume [1] in Datenbankanwendungen bewährt. B^*-Bäume sind robust in dem Sinne, daß sie ihre gleichmäßige Gestalt (ausbalanciert; lineare Anordnung; alle Knoten, bis auf die Wurzel, sind mindestens zur Hälfte gefüllt) unabhängig von der Datenverteilung oder Einfügereihenfolge behalten. Wir haben den B^*-Baum zu einem *topologischen B^*-Baum* [3] erweitert mit dem Ziel, zum einen möglichst viele Eigenschaften des klassischen B^*-Baums für einen geometrischen Index zu erhalten und zum anderen eine Datenstruktur zu entwickeln, die sich gut parallelisieren läßt [2]. Die Schlüssel im topologischen B^*-Baum entsprechen achsenparallelen Teilräumen des Universums. Die Änderungen bzw. Erweiterungen beim topologischen B^*-Baum ergeben sich dann aus dem neuen geometrischen Schlüsseltyp (achsenparallele Rechtecke):

Während beim normalen B^*-Baum ein Knoten des Baumes immer nach dem Medianschlüssel gesplittet wird, muß für topologische B^*-Bäume eine entsprechende Splitstrategie für geometrische Objekte entwickelt werden. Das Hauptproblem bei der Trennung von geometrischen Objekten besteht darin, daß es bei bestimmten Anordnungen der Objekte innerhalb eines Schlüssels keine einfache disjunkte Zerlegung gibt.

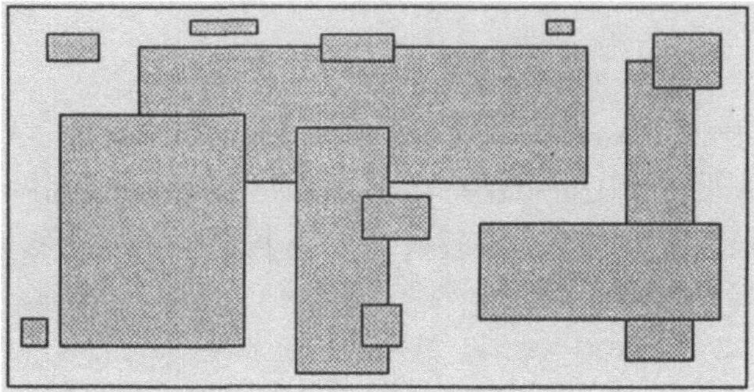

Abbildung 1: Objekte in einer Region

So zeigt beispielsweise die Abbildung 1 eine Anordnung von 13 geometrischen Objekten, bei der die Objekte nicht durch einen achsenparallelen Schnitt auf zwei disjunkte Bereiche verteilt werden können. Läßt man zur Lösung dieses Problems sich überlappende Teilräume zu, dann ist die Eindeutigkeit der Zuordnung von Objekten zu Teilräumen nicht mehr gewährleistet. Damit geht aber die Unabhängigkeit gegenüber der Einfügereihenfolge verloren. Eine mögliche Alternative ist, die Objekte nach einem anderen, nicht geometrischen Kriterium zu trennen, um so für den Fall, daß ein geometrischer Split nicht möglich ist, die Eindeutigkeit der Zuordnung zu gewährleisten. Dieses Kriterium sollte global sein, d.h. in jedem Fall angewendet werden können. Wir haben für den topologischen B^*-Baum einen erweiterten Schlüsseltyp definiert, mit dem sich genau diese Probleme beim reinen geometrischen Split leicht beheben lassen. Ein Schlüssel dieses neuen Typs besteht aus zwei Teilen:

- Domain (in diesem achsenparallelen Bereich dürfen Objekte liegen) und
- Range (in diesem achsenparallelen Bereich liegen tatsächlich Objekte)

Domain und Range bestehen jeweils aus einem achsenparallelen Teilraum des Universums und einem Volumenintervall: alle Objekte, die einem Schlüssel zugeordnet sind, müssen im zugehörigen Teilraum des Schlüssels und außerdem mit ihrem tatsächlichen Volumen im zugehörigen Volumenintervall liegen (siehe Abbildung 2). Dieser um das Volumenintervall erweiterte Schlüssel hat folgende Vorteile: Objekte, die sich nicht der Lage nach trennen lassen, können nun nach ihrem Volumen getrennt werden. Die Objekte können außerdem nach ihrem Volumen linear im topologischen B*-Baum angeordnet werden. Die Eigenschaften der klassischen B*-Baum Variante vererben sich dadurch weitestgehend auf den topologischen B*-Baum.

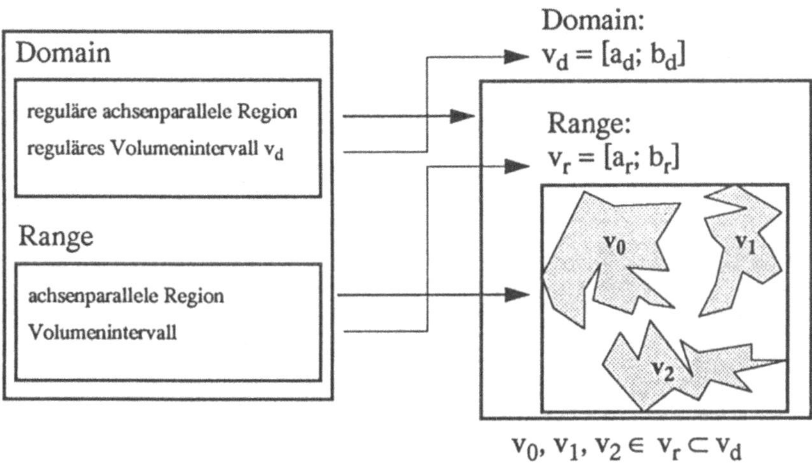

Abbildung 2: schematische Darstellung eines Schlüssels

Während beliebige achsenparallele Rechtecke als Range zugelassen sind, reicht es aus, als Domain nur reguläre Rechtecke zu verwenden, d.h. Rechtecke, die durch fortgesetztes Halbieren des Universums entstehen. Die Range ist in jedem Fall eine Teilmenge der Domain.

Der Split eines Eintrags und der dabei entstehenden Teile verläuft nach einem festen Schema: Zunächst werden die Objekte des Eintrags getrennt zwischen Objekten, die einerseits auf der Mittellinie der Domain oder andererseits daneben liegen (*Normal-Split*; siehe Abbildung 3).

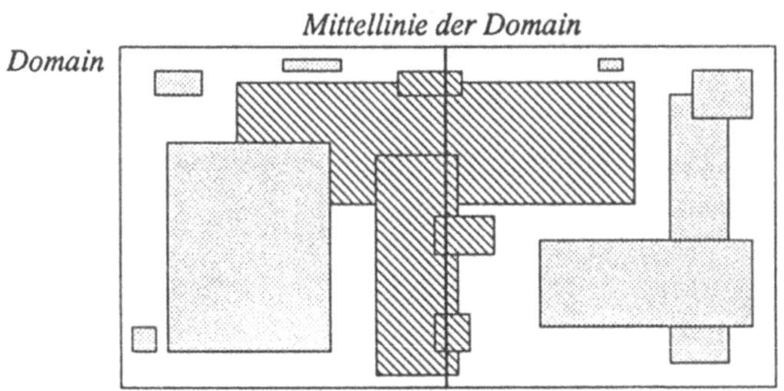

Abbildung 3: Objekte in einer Region

Der Eintrag mit den Objekten, die nicht auf der Mittellinie liegen, kann nun, wenn später ein weiterer Split erforderlich ist, durch diese Linie getrennt werden (*Area-Split*; siehe Abbildung 4).

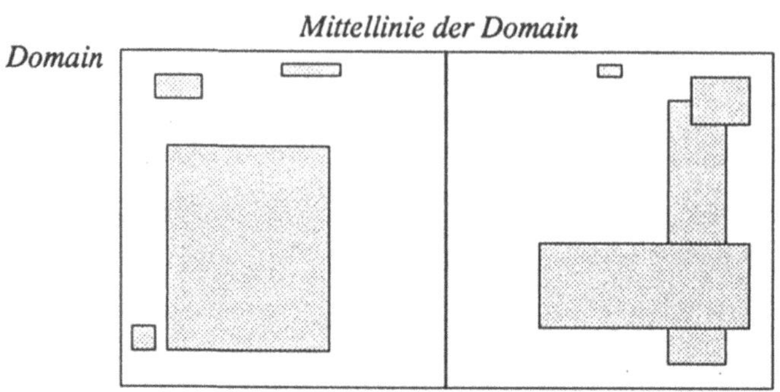

Abbildung 4: 1. Teil - Region nach einem Normal - Split

Objekte, die auf der Mittellinie liegen, können bei weiteren Splits nicht mehr geometrisch getrennt werden. In diesem Fall ist aber eine Zerlegung des Volumenintervalls (*Volumen-Split*; siehe Abbildungen 5, 6 und 7) und damit eine Trennung der Objekte möglich.

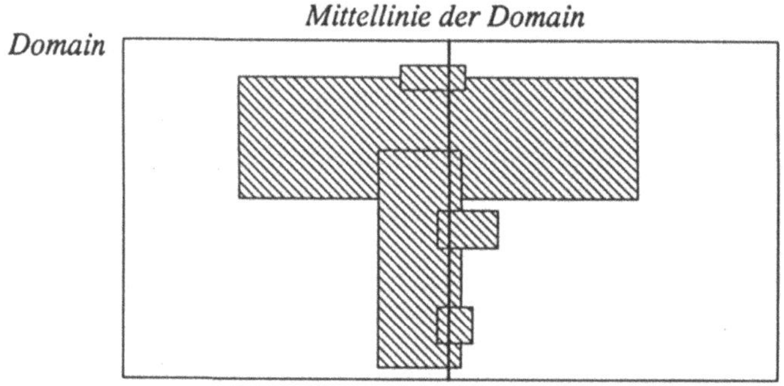

Abbildung 5: Volumen - Region nach einem Normal - Split

Die beiden folgenden Abbildungen zeigen die zwei neuen Teilregionen, die durch einen Volumen-Split der Teilregionen aus Abbildung 5 entstehen.

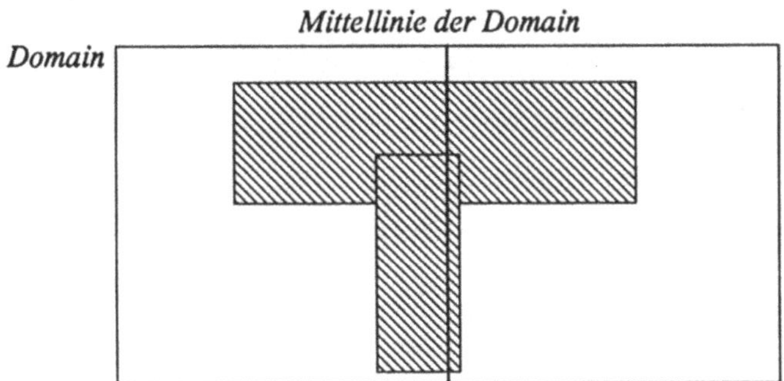

Abbildung 6: 1. neue Teil - Region nach einem Volumen - Split

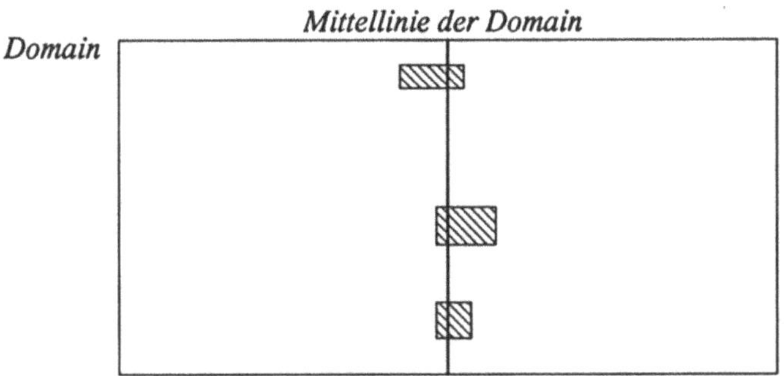

Abbildung 7: 2. neue Teil - Region nach einem Volumen - Split

Geometrische Objekte werden nach ihrer Bounding-Box (kleinstes umschliessendes achsenparalleles Rechteck) und dem tatsächlichen Volumen in den topologischen B*-Baum eingefügt.

Die Abarbeitung einer Suchanfrage verläuft zweistufig: ein Suchprozeß selektiert also zunächst alle Objekte, deren Bounding-Box den Suchbereich (Punkte, Gerade, Rechteck, Polygon u.ä.) schneidet. t.

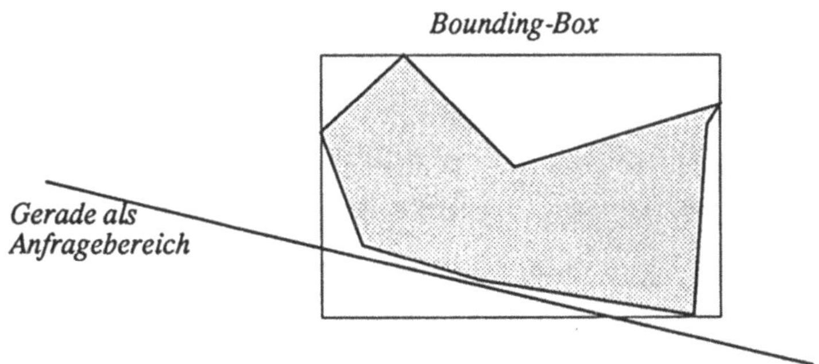

Abbildung 8: Line-Query schneidet die Bounding-Box eines Objekts, das Objekt selbst aber nicht

Diese Objekte werden dann in einem zweiten Schritt daraufhin überprüft, ob sie tatsächlich im Suchbereich liegen, denn aus dem Schnitt eines Anfragebereichs mit einer Bounding-Box folgt nicht automatisch auch der Schnitt des Objekts mit dem Anfragebereich. In der Abbildung 8 ist dieser Fall ist für eine Line-Query dargestellt.

Bestehen die Objekte selbst wieder aus vielen atomaren Teilobjekten (z.B. Polygone aus Dreiecken, Polyeder aus Tetraedern), dann können diese Objekte jeweils wieder durch einen topologischen B^*-Baum strukturiert dargestellt werden, d.h. man fügt die Teile eines komplexen Objektes in einen topologischen B^*-Baum ein (siehe Abbildung 9).

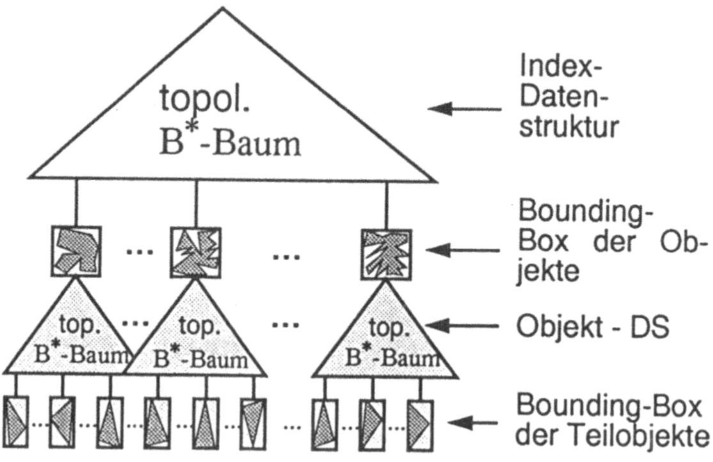

Abbildung 9: topologischer B-Baum mit komplexen Objekten*

Für die Parallelisierung von topologischen B^*-Bäumen gibt es zwei Möglichkeiten:

- Die Datenmenge (n geometrische Objekte) wird in gleichgroße, disjunkte Teilmengen (Partitionen) zerlegt und für jede Teilmenge wird ein eigener topologischer B^*-Baum aufgebaut (*Array - Parallelität*, siehe Abbildung 10). Solange gewährleistet werden kann, daß alle Teilmengen denselben zu erwartenden Bearbeitungsaufwand haben, ist der Speed-Up durch Partitionierung linear. Der Grad der Zerlegung sollte also linear von der zu erwartenden Größe der Antwortmengen abhängen, d.h. vereinfacht gesprochen, pro zu erwartendem Element der Antwortmenge wird ein Baum erzeugt. Wenn die Daten sehr gleichmäßig verteilt sind (die Daten in allen Partitionen gehorchen derselben Verteilungsdichte), dann findet jeder Baum O(1) Objekte pro Anfrage. Unter diesen Voraussetzungen werden alle O(m) Elemente einer Anfrage von O(m) parallelen topologischen B^*-Bäumen in O(log(n)) Zeit gefunden.

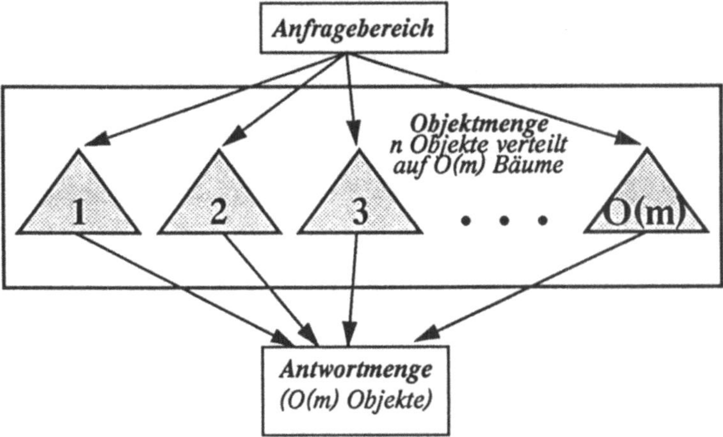

Abbildung 10: Array-paralleler topologischer B-Baum*

Dem gegenüber benötigt eine sequentielle Variante des topologischen B^*-Baumes $O(\log(n))$ Zeit pro Element der Suchanfrage, d.h. $O(m \log(n))$ für alle $O(m)$ Elemente. Die Parallelisierung durch die Partitionierung ist also optimal unter der Voraussetzung der Homogenität der Verteilungsdichte in den einzelnen Partitionen.

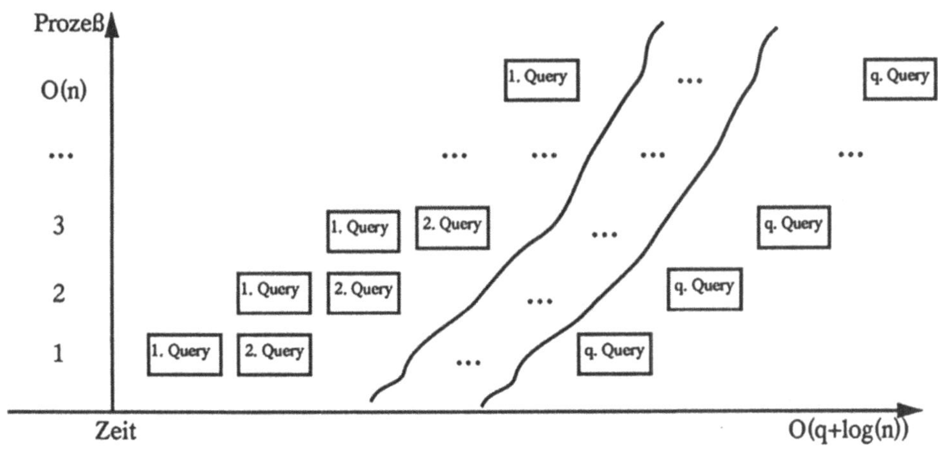

Abbildung 11: Pipeline-paralleler topologischer B-Baum*

- Der topologische B*-Baum wird *Pipeline*-artig parallelisiert (siehe Abbildung 11). Diese Art der Parallelisierung lohnt sich nur, wenn kontinuierlich Suchanfragen abgearbeitet werden müssen. Den Knoten des topologischen B*-Baumes werden Prozesse zugeordnet, d.h. die Prozesse sind in der gleichen Weise hierarchisiert wie die Knoten des Baumes. Während eines Zeittaktes durchsucht jeder Prozeß alle Einträge seines Knotens auf maximal eine Anfrage hin und reicht für die relevanten Einträge die Anfrage an die Sohnprozesse weiter. q Anfragen können in O(q+log (n)) Zeit bearbeitet werden. Wird q groß gegenüber n, dann wird im Schnitt für jede Anfrage O(1) Zeit verbraucht.

Der gleichmäßigen Verteilung von geometrischen Daten auf verschiedene parallele Bäume oder parallele Platten kommt eine Schlüsselrolle zu. Grundsätzlich gibt es hierbei folgende Möglichkeiten:

- geometrisches Clustern
- Hashverfahren
- zufällige Zuordnung der Daten zu einer Partition

Wir haben bei unseren Untersuchungen festgestellt, daß im wesentlichen zwei Faktoren zu beachten sind:

- Die Datenverteilung der verschiedenen Partitionen sollte möglichst homogen sein.
- Die Partitionen sollten gleich groß sein, denn schon geringe Abweichungen bei der Größe können zu erheblichen Differenzen beim Zugriff auf die verschiedenen Partitionen führen.

In der nachfolgenden Tabelle sind die wichtigsten Messungen beispielhaft für die Query-Typen *Partial-Match*, *Range-Query* und *Volume-Query* zusammengefaßt. Die Werte, die jeweils zwischen kleinen und großen Objektgrößen und zwischen kleinen und großen Querygrößen liegen, hängen monoton von der Objektgröße bzw. von der Querygröße ab. Sie sind daher zugunsten einer besseren Übersichtlichkeit weggelassen worden.

Bei unseren Messungen sind die Objekte auf 16 parallele Platten verteilt worden. Für jeden Query-Typen sind jeweils 1024 Anfragen an die verschiedenen Objektmengen (Partitionen) gestellt und dabei die Anzahl der Zugriffe auf jede Platte gezählt worden. Die Tabelle zeigt die mittlere Differenz (oberer Wert) und die mittlere Standardabweichung (unterer, kursiver, fettgedruckter Wert) bei den Zugriffen auf jede Platte pro Anfrage. Die Objektmengen enthalten jeweils 8192 Polygone, die wiederum durchschnittlich aus 384 Eckpunkten bestehen.

	Partial-Match				Range-Query				Volume-Query			
Objekt Größe	groß		klein		groß		klein		groß		klein	
Query Größe	groß	klein	groß	klein	groß	klein	groß	klein	groß	klein	groß	klein
lokale Verteilung	1478 *369*	1339 *331*	1702 *426*	1512 *375*	441 *119*	291 *79*	192 *51*	27,7 *7,4*	581 *142*	19,8 *5*	2967 *736*	2904 *720*
zufällige Verteilung	67 *15,1*	62,1 *13,8*	52 *14,3*	42 *11,5*	34,8 *9,4*	29,7 *8,1*	18,7 *5,3*	7,1 *2,1*	33,3 *9*	5,5 *1,6*	78 *21*	77,3 *21*
einfache Hashverteilung	47,3 *13,4*	41,4 *12*	361 *169*	318 *150*	35,7 *9,1*	29,2 *7,9*	50 *19,4*	10,3 *3,3*	34,1 *9,8*	5,2 *1,5*	621 *295*	610 *289*
erweiterte Hashverteilung	19,2 *5,2*	15 *4*	12,5 *3,4*	3,5 *0,9*	33,7 *9*	28,8 *7,7*	18,1 *5*	6,9 *2*	33,2 *8,9*	5,2 *1,4*	2 *0,4*	4,7 *1,2*
optimale Verteilung	17,2 *4,8*	13,5 *3,6*	11,4 *3,2*	2,5 *0,7*	31,4 *8,7*	27,5 *7,5*	18,1 *5*	7 *2*	25,3 *6,9*	5,2 *1,4*	0,04 *0,1*	2,4 *0,7*

Abbildung 12: Meßergebnisse zur Datenverteilung auf parallele Platten.

Bei den Objektmengen mit großen Objekten kann das Volumen der Bounding-Box eines Polygons bis zu 1/4 des Volumens des Universums ausmachen - die kleinen Objekte enthalten Polygone, deren Bounding-Box höchstens 1/512 des Universums überdecken. Große Anfragebereiche überdeckten bis zu 1/8 des Universums - kleine maximal 1/128 der Universumsfläche.

Es zeigt sich, daß geometrisches Clustern zur Partitionierung völlig ungeeignet ist. Die Datenpartitionen sind weder gleich groß, noch ist ihre Verteilung homogen. Bei Suchanfragen ist unter Umständen nur ein Baum aktiv. Zufälliges Partitionieren der Daten führt zwar zu halbwegs homogenen Verteilungen weist aber dennoch Differerenzen bei der Größe der Partitionen auf. Schon dies kann zu erheblichen Differenzen beim Bearbeitungsaufwand führen. Ähnliches gilt für einfache Hashverfahren. Wir haben zur Verteilung von geometrischen Daten ein erweitertes Hashverfahren (Hashing über die Bounding-Box und das Volumen der Objekte) mit einem Regelmechanismus versehen, der dafür sorgt, daß die Differenz der Partitionen einen bestimmten Schwellenwert nicht übersteigt. Dieses Verfahren arbeitet nahezu optimal (siehe Abbildung 12).

Mit Hilfe von parallelen topologischen B^*-Bäumen, wie sie hier vorgeschlagen worden sind, kann die Zugriffszeit auf komplexe geometrische Objekte entscheidend verbessert werden:

- Der topologische B*-Baum läßt sich gut parallelisieren, d.h. die parallelen Ressourcen werden gleichmäßig genutzt.

- Index- und Objektdatenstruktur sind homogen, d.h. der algorithmische Aufwand reduziert sich erheblich.

- Die strukturierte Darstellung der komplexen Objekte spart Rechenzeit, z.B. bei den Schnittberechnungen.

- Die Schnittberechnungen können jeweils parallel ausgeführt werden.

- Der Zugriff auf externe Daten kann parallel erfolgen (parallele Platten).

- Durch einen großen, verteilten Intern-Speicher kann eine Vielzahl von Objekten intern gepuffert werden.

- Durch Veränderung der Knotengröße des topologischen B*-Baums und des Grads der Partitionierung kann der parallele Index an gegebene Datenmengen und Anfrageprofile angepaßt werden.

Literatur

[1] R. Bayer and E. McCreight, *Organization and maintenance of large ordered indexes*, Acta Informatica, 1 (1972), pp. 173 - 189.

[2] F. Klingspor and T. Rottke, *Realzeitzugriff auf ausgedehnte geometrische Objekte in einem Transputernetz*, Proc. of the TAT '91, Informatik-Fachberichte, Springer-Verlag, (1991).

[3] T. Rottke, *Parallele Suchprozesse in der geometrischen Datenverarbeitung*, Technischer Bericht, Fachbereich Informatik, Fernuniversität Hagen, in Vorbereitung.

Performance Metrics for Real-Time Systems

J.A. Heide and W.A.Halang
Department of Computing Science
University of Groningen
P.O.B. 800
9700 AV Groningen
The Netherlands

1.   Introduction

With our increasing dependence on control computer systems, our concern about the performance and safety of these systems grows. One would like to measure the performance and safety of these systems and also compare these systems to each other. What meaning should be given to the performance of a computer system? Is the CPU speed important? Is the I/O speed sufficient? Would more memory improve information processing? As can be seen, it is no simple matter to measure the performance of a computer system, let alone if the omputer system is operating in the so-called real-time mode, whose most important characteristic is, that specific processes must be initiated and completed in given time.

During the past decade various test programs have been developed to measure in one way or another the performance of computer systems. These test programs are called benchmarks. Benchmarks can also be used when beginning to design a real-time computer system. Then they serve as extra quality control instruments, where their purpose is to identify and illustrate improvements that can be made to the design.

2.   Real-time systems

2.1   Definition

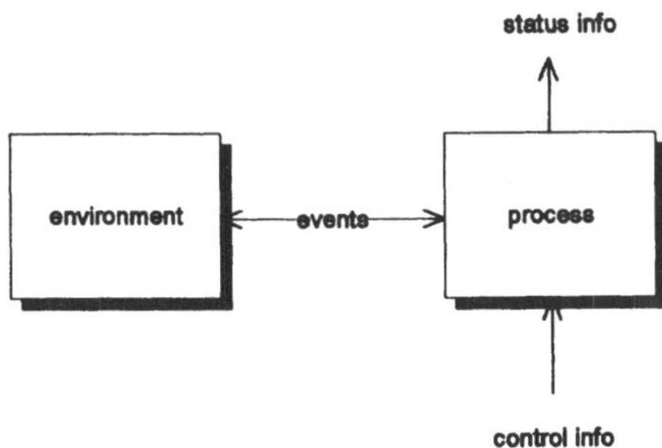

A real-time system is defined as a special purpose concurrent computer system that responds in a time-bounded way to defined external circumstances. The environment of the real-time computer system produces events that cause these circumstances. The response usually results in sending events to the environment. The time restrictions are interpreted here as within and throughout specified time limits ([Jose89], [Kar89], [Stan89]).

2.2   Real-time operating systems

The most fundamental requirement of real-time applications is the ability of the system to respond to external events with very short, and deterministic delays. These real-time applications usually run with critical deadlines. Therefore a real-time operating system must have, among other things, the following characteristics: a fully pre-emptive kernel, feasible scheduling algorithms, and graceful degradation in response to malfunctions.

2.3   Real-time programming languages

In general the needs for a real-time language are: means to communicate with the environment and with other tasks, possibly in a distributed computing system; access to a notion of time; and redundancy to provide reliability.

3   Real-time test methods and benchmarks

3.1   Benchmarks

A benchmark is a program or a set of programs that is selected or designed for the purpose of testing and/or measuring the performance of a computing system. Benchmarks, however, are infamous for being both controversial and subjective. Benchmarks should do the following well: assist in the designing or purchasing decision, and assist in the testing or accepting stage of this process.
Useful tips for evaluating benchmark data are:
1. Understand *what* the benchmark measures.
2. *Which* system characteristics influence the benchmark.
3. Know *where* the benchmark comes from.
4. Use the *same version* of a particular benchmark when comparing different systems.
5. Use benchmark with no or minor portability problems.
6. Disable all optimizing compiler and system options.
7. Suspect data from *tuned* or *adjusted* benchmarks.
8. Suspect single number benchmark data, because a mean figure may hide possible significant details of the system under test.
9. Seek for a balanced benchmark, i.e. one that measures for example CPU, memory subsystem performance, I/O, and real-world application handling; an evaluation of the system performance by a benchmark, depends on how closely this benchmark resembles the system configuration.

3.2   Existing methods and benchmarks

The German Standardisation Institute's DIN 19242 standard ([Uhle89], [Brod89], [ATP90]) defines measurable parameters of control computers. It further states a test method and gives

14 programming examples in C, FORTRAN, PASCAL and PEARL for measuring the defined parameters. The programming examples are not (yet!) formally part of the standard. The following programs are part of the test suite: description of test procedures, multiplication, conditional branch, sine calculation, matrix inversion, bit pattern detection, interrupt handling with program start, I/O operation on peripheral storage, digital I/O, dialogue response at the terminal, message oriented synchronisation between two tasks, record oriented reading from and writing to a (random access) file, data transmission with an error-free transmission circuit, and generation of an executable code and program start. Because the performance of control computers is determined by their time behaviour, the set of parameter values provided by the standard gives a fair indication of the general performance of the control computer. The major advantage of this standard is that it defines a testing method. Its major drawback is that the examples are not a part of the formal standard. Testers can modify or create test programs arbitrarily, which is certainly an undesirable situation. The DIN 19243 standard defines measurement and control; basic functions of process-computer automation; analogue and binary quantities; acquisition, processing and output. The DIN 66273 standard defines the information processing, the measurement and rating of data processing performance, as well as the measuring and rating method. It concentrates on visible or measurable performance quantities, e.g. response-time.

The Rhealstone benchmark ([Kar89], [Kar90], [Kast90]) is a set of six C-programs, with which important characteristics of a real-time operating system can be measured. The Rhealstone benchmark programs measure the following characteristics: average task-switch time, average pre-emption time, average interrupt latency, semaphore-shuffle time, deadlock-break time, and inter-task message latency. The major drawbacks of the Rhealstone benchmark are: first, it measures average times instead of the more important worst-case values; and second, the Rhealstone benchmark states that these acquired times should be combined into a single figure by the weighted summation of the measured values. No details are given as to determine the weight factors. More criticism is uttered in ([Kast90]).

The Hartstone benchmark ([ADA90]) is a set of operational requirements for a synthetic application used to test hard real-time systems. It was written in ADA at the Carnegie Mellon University. The Hartstone benchmark requirements define several test series. Each test in a series either meets its deadline, or misses one or more deadlines, thus fails. As a synthetic load the Whetstone (benchmark) is chosen. There are 5 test series: periodic tasks, harmonic frequencies; periodic tasks, non-harmonic frequencies; periodic tasks, harmonic frequencies with aperiodic processing; periodic tasks, harmonic frequencies with synchronisation; and periodic tasks, harmonic frequencies with aperiodic processing and synchronisation. There is still much work to be done before the Hartstone benchmark can serve as a general-purpose benchmark, independent of hardware or compiler dependencies.

3.3 Performance monitoring

Some reasons for gathering information on the performance on a real-time system are: determining workload characteristics, verifying correctness, determining reliability, etc. A statement about performance can be made by analysing the quantitative and qualitative measurements of a real-time system. Performance monitoring consists of gathering data on a system during its operation and concentrating them into a form suitable for interpretation. Monitoring tools fall into one of the four categories: hardware monitor, software monitor, firmware monitor, and hybrid monitor ([Leun88]).

4.   Qualitative measures

The quality of a real-time system lies in the extent to which the real-time system fulfills the user's expectations. Traditionally, quantitative measures form the most popular aspect of performance analysis. Qualitative measures, although usually much more difficult to compare to, can also give insight into performance. How can quality be assessed or measured? Performance is defined here as meeting the following real-time constraints: timeliness, predictability, correctness, robustness, permanent readiness, reliability, fault-tolerance, flexibility, simplicity, portability, efficiency, modularisation, availability, and graceful degradation upon errors. The quality of a real-time system can be determined by an integrated examination of the entire system encompassing architecture, operating system, scheduling strategy, and programming language.

An exhaustive inventory has been made of the qualitative measures of a real-time system, e.g. timeliness --- the ability to meet the deadlines for all processes, (pseudo) simultaneousness, total predictability (even in error situations), correctness --- meeting timing and functional specifications, robustness, permanent readiness --- no down times are accepted under any circumstances, graceful degradation in case of errors or overload conditions, cold standby redundancy and active redundancy.

The qualitative measures resulted in a questionaire and a decision tree. This flow chart leads to either the acceptance or rejection of a system for a given application. Examples of typical questions and answers are given in the sequel. Is the system (fully) predictable, i.e. is the system's behaviour known in all situations? If the answer is yes, then this contributes to the quality, if the answer is no, other aspects have to be examined. Is the real-time system fault-tolerant? If the answer is positive, then how is this fault-tolerance achieved or implemented? In case of a negative answer, the question remains does the system endanger the environment when it breaks down? If the answer to this is affirmative, then obviously the quality of the system is insufficient and it should not be used.

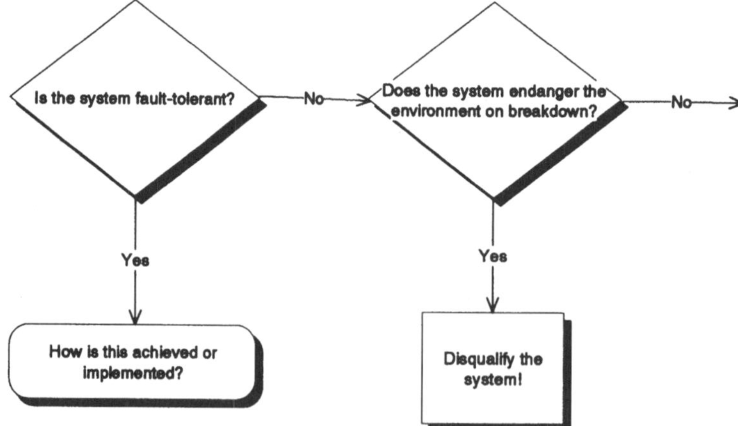

Other questions that follow from the above strategy are: does the system shut down in a safe and controlled way? Can the system be reconfigured or updated during operation? If the answer is no, and the system may never shut down after start-up, e.g. in a space station, then the system is clearly not usable for continuous operation. Do one or more situations exist in which one or more deadlines are missed? If so, are the deadlines hard or soft? A hard real-time system may never miss deadlines, so if an affirmative answer is given, the system must be disqualified.

Other possible questions, are: is the worst-case performance of the system known? Is it accounted for? Does the system perform correctly, i.e. does it conform to functional specifications? Are there one or more accurate, high resolution time references? Can the residual and entire execution time of a task be calculated, predicted or measured?

Do synchronisation operations have time-out mechanisms? For a given problem, are there feasible scheduling algorithms? Does the programming language have explicit constructs to express --- with unambiguous semantics --- the time-related behaviour of modules? Is the software re-enterable? Can it be started, stopped, interrupted and continued at any time? How do the different processors communicate in a distributed real-time system? How efficient is the communication? What is the worst-case time for a message to travel between processors?

5.   Quantitative measures

5.1   General

If times are measured for quantitative performance characteristics, then a series of measurements must be taken, from which the minimum time, maximum time, mean time and variance are calculated.

The figures MTBF, MTDF, MTTF, and MTTR can be used as quantitative measures. However, care must be taken when these figures are used, because a mean-time-between-failure of 100,000 hours does not exclude a breakdown during that time. Some other important figures defined for quantitative analysis are: signal-to-noise-ratio and noise suppression, e.g. in data acquisition; chance of the system not to meet its deadlines; rate of simultaneousness; chance of failure; response time to external failure or errors; detection time of (data) errors; response time to (data) errors; time to correct (data) errors; number of errors to cause total breakdown of the system; spare time available after a task or a set of tasks has completed; data transmission time between I/O devices. Also some synthetic figures can be constructed, such as reliability, defined as the ratio of faults found in 1,000 hours of operation and the number of devices.

5.2   Benchmark programs

A set of C-programs has been developed to measure some real-time characteristics. A subset of these programs has been derived from the DIN, Hartstone and Rhealstone efforts. The design of these programs has been complicated by the absence of standardised real-time operating system calls. One of the conclusions of this paper is that a standard for a real-time operating system is desirable. The Posix P1003.4 committee is currently working on real-time extensions to UNIX. Unfortunately, their work will take much more time before it is completed. If no standard system calls are available for a desired action or function, then elaborate comments will replace these calls. The tester can then insert the appropriate operating system specific calls. The developed programs measure a series of times. On these data some numerical analyses are performed, resulting in minima, maxima and mean times. The measured items are: CPU power --- a typical mix of instructions, floating point calculations, accuracy of mathematical functions, process dispatch latency, kernel pre-emption time, interrupt latency, interrupt service time, semaphore-shuffle time, deadlock-break time, priority inversion, inter-task message passing, task-switch time or context switch time, and the efficiency of the file system.

5.3   Timing measurements

The most accurate method to time operating system calls is to monitor with an oscilloscope or a logic analyser. Before and after a system call is executed, the operating system's kernel toggles a bit on some I/O device, e.g. a memory-mapped I/O port. The exact times can then be read from the instruments.

6.   Test forms

For the purpose of comparison, a full description of the entire hardware and software test set-up must be given. The benchmark and the characteristics it measures must also be reported. To this end, forms have been designed to compile the various system components and characteristics.

CPU clock frequency	
Cache type/size	
Memory type/size	
Memory wait states	
Hardware clock resolution	

Benchmark name and version	
Manufacturer	
Language/compiler	
Compiler version	
Compiler switches	
Run-time library	
Comments	
Results etc.	

Subject	Minimum time	Average time	Maximum time
Interrupt latency			
Interrupt service time			
Priority inversion			

7. References

[ADA90] Ada letters: Ada performance issues. vol 10, nr 3, Winter 1990. SIGAda. ACM press.

[ATP90] atp-Gespräch: Leistungstest für Prozessrechner nach DIN 19242. Automatisierungstechnische Praxis atp 31 (1990), Heft 6. R. Oldenbourg Verlag.

[Brod89] D.Brodarac: Was leistet ein low-cost-Personal-Computer im Vergleich zu einer microVAX II. Automatisierungs- technische Praxis atp 31 (1989), Heft 5. R. Oldenbourg Verlag.

[DIN19242] Deutsche Elektrotechnische Kommission im DIN und VDE (DKE): Leistungstest von Prozessrechensystemen: Zeitmessungen, DIN 19 242 Teil 1 bis Teil 14. Januar 1987. (Performance tests on process computer systems, time measurement, parts 1 to 14)

[DIN19243] Deutsche Elektrotechnische Kommission im DIN und VDE (DKE): Grundfunktionen der Prozessrechner gestützen Automatisierung, DIN 19 243 Teil 1 bis Teil 4. Januar 1987. (Measurement and control, parts 1 to 4)

[DIN66273] Deutsche Elektrotechnische Kommission im DIN und VDE (DKE): Messung und Bewertung der Leistung von DV-systemen, DIN 66 273 Teil 1. March 1990. (Information processing, part 1)

[Kar89] R.P.Kar and K.Porter: Rhealstone, a real-time benchmarking proposal; an independently verifiable metric for complex multitaskers. Dr. Dobb's Journal, February 1989.

[Kar90] R.P.Kar: implementing the Rhealstone real-time benchmark, where a proposal's rubber meets the real-time road. Dr. Dobb's Journal, April 1990.

[Kast90] G.Kasten, D.Howard, B.Walsh: Rhealstone recommendations. Dr. Dobb's Journal, September 1990.

[Leun88] C.H.C.Leung: Quantitative analysis of computer systems. 1988.

[Pric89] W.J.Price: a benchmark tutorial. IEEE Micro, nr 5 1989 page 28 - 43. IEEE.

[Sout90] Alan Southerton: the performance measurement contest. Unix World. March 1990.

[Uhle89] M.Uhle: Leistungstest für Prozessrechner nach DIN 19242. Automatisierungstechnische Praxis atp 31 (1989), Heft 5. R.Oldenbourg Verlag.

[VDI3552] VDI/VDE-Gesellschaft Mess- und Regelungstechnik: Leistungskriterien von Prozessrechensystemen, VDI/VDE 3552-3553. (Performance criteria of industrial process computer systems)

[Vose89] G.M.Vose and D.Weil: A benchmark apologia, credible benchmarks are often the exception rather than the rule. Dr. Dobb's Journal, February 1989.

Mechanismen zur Ausnahmebehandlung in Realzeitprogrammiersprachen

C. Feder-Andres
IBM Europäisches Zentrum
für Netzwerkforschung
Tiergartenstr. 8
W–6900 Heidelberg

feder@dhdibm1.bitnet

R. Schorr
Lehrstuhl für Programmiersprachen
Universität Erlangen–Nürnberg
Martensstr. 3
W–8520 Erlangen

schorr@immd2.uni-erlangen.de

Zusammenfassung

Bei der Programmierung von Echtzeitsystemen haben schon immer Ereignisse eine große Rolle gespielt, die zwar zur Laufzeit eines Programms erwartet werden, denen aber im sequentiellen Programmablauf keine feste Stelle zugeordnet werden kann. Die Ausnahmebehandlung ist das programmiersprachliche Konzept, um auf das Eintreten solcher Ereignisse mit einer individuell auf das jeweilige Ereignis zugeschnittenen Bearbeitung zu reagieren. Der Beitrag eines Ausnahmekonzepts zur Strukturierung und Erhöhung der Zuverlässigkeit von Programmen wird in hohem Maße von den charakteristischen Eigenschaften der Ausnahmebehandlung, wie den Möglichkeiten der Fortsetzung, dem Aufrufen von Bearbeitern, dem Einplanen von Ausnahmen, usw. bestimmt. Für ein Ausnahmekonzept, das von einer Realzeitprogrammiersprache angeboten wird, ist darüber hinaus entscheidend, daß die Implementierung der Ausnahmebehandlung die für Realzeitsysteme wesentlichen Eigenschaften der Korrektheit und Effizienz erfüllt. Wir geben in dem vorliegenden Artikel einen Überblick über geeignete Sprachmittel zur Ausnahmebehandlung und ihre Einsatzmöglichkeiten. Außerdem zeigen wir auf, welche Probleme sich aus den Korrektheits- und Effizienzanforderungen von Echtzeitsystemen für die Realisierung der Ausnahmebehandlung ergeben und schlagen Lösungsmöglichkeiten vor.

1 Einleitung

Echtzeitbetrieb ist gemäß der DIN Definition 44300 [DIN85] folgendermaßen festgelegt:

"Echtzeitbetrieb ist ein Betrieb eines Rechensystems, bei dem Programme zur Verarbeitung anfallender Daten ständig betriebsbereit sind derart, daß die Verarbeitungsergebnisse innerhalb einer vorgegebenen Zeitspanne verfügbar sind."

Ergänzt wird die Begriffsfestlegung noch um den Zusatz:

"Die Daten können je nach Anwendungsfall nach einer zufälligen zeitlichen Verteilung oder zu vorbestimmten Zeitpunkten auftreten."

Ein Charakteristikum für den Echtzeitbetrieb ist demnach, daß Daten, die zufällig anfallen können, verarbeitet werden müssen. Man hat es also mit Ereignissen zu tun, die zur Laufzeit eines Programms erwartet werden, denen aber im sequentiellen Programmablauf keine feste Stelle zugeordnet werden kann. Derartige Ereignisse wurden zunächst als Fehler [Par72], später als Ausnahmen [Goo75], [CD82], [Cri84], [YB87] bezeichnet. Bei der Automatisierung von Echtzeitsystemen mit Hilfe von Software müssen diese besonderen Ereignisse geeignet in den sequentiellen Programmablauf integriert werden. Da Programme für Echtzeitsysteme zunächst mit Standardprogrammiersprachen entwickelt wurden, ist auf das Eintreten der Ausnahmeereignisse in diesen Sprachen auch mit Standardanweisungen reagiert worden. Verwendung fanden dabei Anweisungen wie zum Beispiel Abfragen, Marken, bedingte und unbedingte Sprungbefehle oder Prozeduraufrufe. Mit der Entwicklung von Realzeitprogrammiersprachen ([Pea82], [Sti89], [Ada80]), hielten spezielle Sprachkonstrukte zur Ausnahmebehandlung Einzug. Als Beispiele hierzu seien die Möglichkeiten zur Deklaration von Ausnahmen, die Angabe von Bedingungen unter denen die Ausnahmen eintreten können und die Definition besonderer Anweisungsfolgen zur Ausnahmebearbeitung genannt.

Durch die Einführung der speziellen programmiersprachlichen Mittel zur Ausnahmebehandlung mit wohldefinierter Semantik wurde ein großer Beitrag zur Strukturierung der Programme geleistet: Die Reaktion auf Ausnahmeereignisse wird damit deutlich von dem "Standard"-Kontrollfluß des Programms abgehoben. Diese klare Programmstruktur unterstützt die Wartbarkeit der Softwareprodukte. Gut strukturierte Programme sind außerdem leicht verständlich, was wiederum die Zuverlässigkeit der Programme erhöht. Außerdem nimmt ein wohldurchdachtes Ausnahmekonzept den Programmierer(inne)n "Routinearbeit" ab und überträgt sie dem Laufzeitsystem. Auch dies ist ein Beitrag zur Erhöhung der Zuverlässigkeit (siehe Abbildung 1). Neben diesen eher methodischen Aspekten der Ausnahmebehandlung spielt für Realzeitsysteme die Effizienz und Korrektheit der Implementierung von Ausnahmemechanismen eine wohl ebenso große Rolle (siehe Abbildung 1). In dem vorliegenden Artikel werden sowohl die methodischen Gesichtspunkte erläutert, als auch die Realzeitanforderungen an die Implementierung diskutiert.

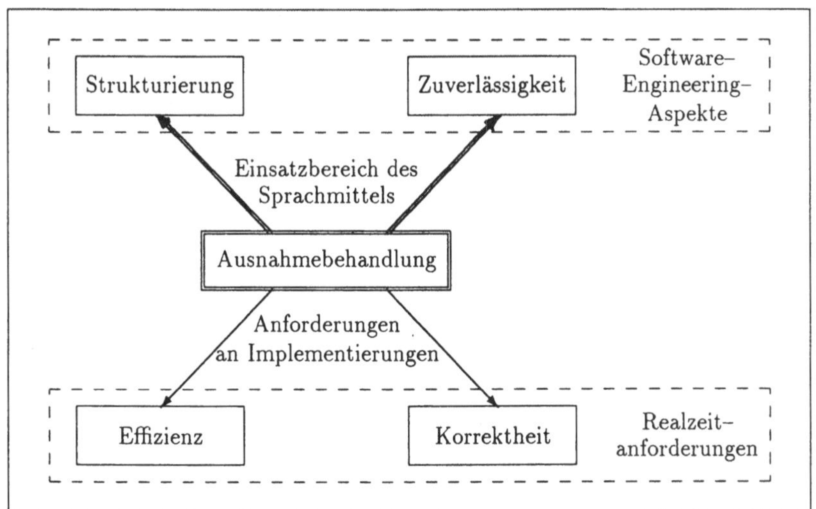

Abbildung1: Ausnahmebehandlung - Anforderungen und Einsatzbereich

Im folgenden Abschnitt stellen wir die programmiersprachlichen Mittel zur Behandlung von Ausnahmen vor. Dazu beschreiben wir die grundlegenden Komponenten und die wesentlichen Eigenschaften unabhängig von einem konkret realisierten Ausnahmemechanismus. Bei dieser Beschreibung gehen wir insbesondere darauf ein, inwieweit die Eigenschaften einen Beitrag zur Strukturierung und zur

Erhöhung der Zuverlässigkeit leisten. Zusammenfassend stellen wir dar, welche der vorgestellten Eigenschaften in welchen der bisher bekannten programmiersprachlichen Ausnahmekonzepten wiederzufinden sind. Hinsichtlich der Implementierung der Ausnahmebehandlung stellen Realzeitprogrammiersprachen besonders hohe Anforderungen an die Korrektheit und die Effizienz. Im dritten Abschnitt dieses Artikels werden die Korrektheitsaspekte diskutiert. Effizienzanforderungen stehen im Mittelpunkt des vierten Abschnitts. Schließlich fassen wir die Ergebnisse unserer Überlegungen zusammen und geben einen kurzen Ausblick auf laufende und geplante, weiterführende Arbeiten.

2 Sprachmittel zur Behandlung von Ausnahmen

Die Idee, innerhalb eines Programms auf das Eintreten von Ausnahmen mit Hilfe geeigneter programmiersprachlicher Mittel zu reagieren, wird schon lange diskutiert [Par72], [Goo75], [LS79], [CD82], [YB87]. Entsprechend der Vielzahl der Veröffentlichungen gibt es eine Vielzahl bereits implementierter oder vorgeschlagener Mechanismen zur Ausnahmebehandlung in Programmiersprachen [LS79], [Ada80], [Mey88], [Mac77], [Pea82], [Sti89]. Bei einer eingehenden Untersuchung dieser Vorschläge stellt man jedoch fest, daß sich noch keine einheitliche Terminologie zur Ausnahmebehandlung herausgebildet hat und daß jeder der beschriebenen Mechanismen nur einen eingeschränkten Teil der grundsätzlich möglichen und wünschenswerten Eigenschaften umfaßt. Unsere Überlegungen zu den Realzeitanforderungen an die Ausnahmebehandlung sind für alle Ausnahmemechanismen in Realzeitprogrammiersprachen von Bedeutung. Die Festlegung auf einen bestimmten Ausnahmemechanismus hieße, damit die spezifischen Eigenschaften eines anderen Ausnahmekonzepts außer acht zu lassen. Wir werden deshalb im folgenden eine Terminologie zur Ausnahmebehandlung einführen, auf die jeder bisher vorschlagene Ausnahmemechanismus abgebildet werden kann, und die eine einheitliche Beschreibung dieser Mechanismen erlaubt. Dazu stellen wir zunächst die grundlegenden Komponenten zur Behandlung von Ausnahmen in Programmiersprachen vor. Im Anschluß daran geben wir einen Überblick über die wesentlichen Eigenschaften von Ausnahmemechanismen. Eine ausführliche Beschreibung der Eigenschaften ist in [Fed90] zu finden.

2.1 Komponenten

Eine **Ausnahme** (engl.: exception) ist ein Ereignis, das zur Laufzeit eines Programms eintreten kann. Zu jeder Ausnahme läßt sich eine **Ausnahmebedingung** angeben, unter der das Ausnahmeereignis eintreten kann.

Ausnahmen können entweder systemdefiniert oder benutzerdefiniert sein. Ist die Definition einer Ausnahme bereits durch die Programmiersprache vorgenommen, so heißt eine Ausnahme systemdefiniert. Eine Ausnahme, die erst zum Zeitpunkt der Programmierung definiert wird, bezeichnet man als benutzerdefiniert.

Ein **Ausnahmebearbeiter** (engl.: exception handler) umfaßt eine Folge von Anweisungen, die ausgeführt werden, sobald die dem Bearbeiter zugeordnete Ausnahme eingetreten ist.

2.2 Fortsetzungen

Die wohl wichtigste Eigenschaft der Ausnahmebehandlung ist die Einflußnahme auf den Kontrollfluß eines Programms. Welche unterschiedlichen Semantiken dabei sinnvoll erscheinen, stellen wir im folgenden vor. Dazu nehmen wir an, daß Ausnahmen nur bei der Ausführung von Operationen (d. h. arithmetische Operationen, Funktionen, Prozeduren, ...) auftreten können. Betrachten wir eine Folge verschachtelter, noch nicht abgeschlossener Operationsaufrufe bei der in der innersten Operation eine Ausnahme eintritt. Diese Folge von Operationsaufrufen bezeichnen wir als Aufrufkette.

Sobald die Ausnahme eingetreten ist, wird die Ausführung des Programms unterbrochen und der zugeordnete Ausnahmebearbeiter ermittelt. Stellt die Operation, in der die Ausnahme eingetreten ist, bereits einen Ausnahmebearbeiter zur Verfügung, so wird dieser Bearbeiter ausgeführt. Andernfalls wird die Ausnahme so lange von der betrachteten Operation entlang der umgekehrten Aufrufkette weitergereicht, bis ein geeigneter Bearbeiter gefunden wird. Wurde ein Bearbeiter identifiziert, so können wir die folgenden drei Operationen in der Aufrufkette auszeichnen (vergleiche Abbildung 2):

- **Bearbeiteroperation** (handler operation): Die Operation, die einen geeigneten Bearbeiter zur Verfügung stellt, heißt Bearbeiteroperation.

- **Auslöser** (propagator): Die Operation, die die Ausnahme zuletzt an die Bearbeiteroperation weitergereicht hat, bezeichnet man als Auslöser.

- **Verursacher** (signaler): Die Operation, in der die Ausnahme eingetreten ist (oder die den Bearbeiter explizit aufgerufen hat, vgl. Abschnitt 2.4), nennt man Verursacher.

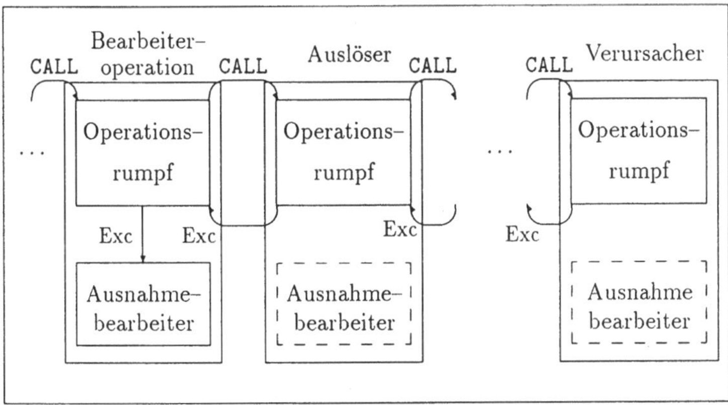

Abbildung 2: Aufrufkette

Sobald der für eine eingetretene Ausnahme zuständige Ausnahmebearbeiter ermittelt ist und die Bearbeitung durchgeführt hat, muß die Abarbeitung des unterbrochenen Programms fortgesetzt werden. Diese Fortsetzung soll nicht beliebig im Programm, sondern nur an wohldefinierten Stellen möglich sein. Für die Definition dieser Stellen bedienen wir uns der Bearbeiteroperation, des Auslösers und des Verursachers als zulässige Bezugsoperationen. Jede dieser Bezugsoperationen beschreibt genau eine Operation in der Aufrufkette, die nach Beendigung der Ausnahmebearbeitung entweder fortgesetzt, beendet oder erneut aufgerufen werden kann:

- Soll die Bezugsoperation fortgesetzt werden (RESUME), so wird die Programmabarbeitung mit derjenigen Anweisung der Bezugsoperation fortgesetzt, die auf die Anweisung folgt, bei der die Ausnahme eingetreten ist.

- Soll die Bezugsoperation beendet werden (TERMINATE), so wird die Abarbeitung der Bezugsoperation unverzüglich gestoppt und die Kontrolle an den Aufrufer der Bezugsoperation weitergegeben. Dort wird die Abarbeitung mit der Anweisung nach dem Operationsaufruf fortgesetzt.

- Soll die Bezugsoperation erneut aufgerufen werden, so sind zwei Varianten denkbar. Die erste Variante (REINIT) wiederholt die Ausführung aller Anweisungen und aller lokalen Variablendeklarationen der betrachteten Operation. Bei der zweiten Variante (RETRY) werden lediglich die Anweisungen wiederholt, nicht jedoch die Deklarationen.

Die verschiedenen Fortsetzungsmöglichkeiten für die Bearbeiteroperation als Bezugsoperation können wie folgt veranschaulicht werden (Abbildung 3):

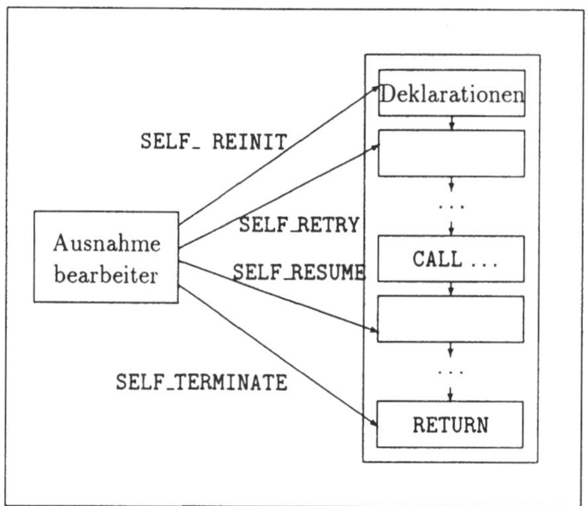

Abbildung 3: Fortsetzungen für die Bearbeiteroperation

Für die Definition der Schlüsselwörter haben wir folgende Syntax zugrunde gelegt: Das Präfix SELF bei jeder Fortsetzungsanweisung zeigt an, daß die Bearbeiteroperation die Bezugsoperation ist. Bezieht sich die Fortsetzungsanweisung auf die Bezugsoperation "Auslöser", so wird das Präfix PROP verwendet. Ist der "Verursacher" die Bezugsoperation, wird kein Präfix verwendet.

2.3 Parametrisierung von Bearbeitern

Die Parametrisierbarkeit von Bearbeitern ist ein wesentlicher Beitrag zu einer flexiblen und problemorientierten Ausnahmebearbeitung. Durch Bearbeiterparametrisierung können die Parameter von der Stelle, an der die Ausnahme eintritt, an den Ausnahmebearbeiter übergeben werden. Die Parameter erlauben es dem Ausnahmebearbeiter, Daten zu manipulieren, die an der Stelle, an der die Ausnahme eintritt zugreifbar sind, dem Bearbeiter jedoch lokal nicht zur Verfügung stehen. Damit kann der Bearbeiter eine auf die jeweilige Umgebung und den lokalen Zustand der Ausnahme zugeschnittene Bearbeitung durchführen.

2.4 Explizites Aufrufen von Bearbeitern

Ausnahmebearbeiter können mit Hilfe einer speziellen Anweisung (RAISE) explizit aufgerufen und ausgeführt werden. Diese Anweisung ist vor allem während der Testphase eines Programms von Vorteil. Damit ist es möglich, die Wirkungsweise von Ausnahmebearbeitern zu prüfen, ohne daß das verursachende Ausnahmeereignis real vorliegen muß. Besondere Bedeutung erlangt diese Anweisung, wenn es sich bei dem Ausnahmeereignis um ein externes Ereignis handelt, das beispielsweise durch Sensoren eines Roboters, Temperatur- oder Druckfühler registriert wird und einen gefährlichen Systemzustand anzeigt.

Soll eine Ausnahmebearbeitung durchgeführt werden, sobald Variablen im Programm eine bestimmte Bedingung erfüllen, so muß der zugeordnete Ausnahmebearbeiter ebenfalls explizit mit Hilfe der RAISE-Anweisung aufgerufen werden. Dabei liegt es in der Verantwortung de(r/s) Programmierer(in/s) dafür zu sorgen, daß die Ausnahmebedingung überprüft wird und die Ausnahme eintritt, d. h. der Ausnahmebearbeiter aktiviert wird. Im ungünstigsten Fall heißt das, daß nach jeder Anweisung eines Programms mittels einer bedingten Anweisung überprüft werden muß, ob die Ausnahmebedingung erfüllt ist. Ist die Bedingung erfüllt, muß der Ausnahmebearbeiter durch eine nachfolgende RAISE-Anweisung explizit aufgerufen werden. Um den hierfür erforderlichen aktiven Programmieraufwand zu reduzieren, werden Sprachmittel eingeführt, die in den nächsten Abschnitten beschrieben werden.

2.5 Einplanen von Ausnahmen

Ausnahmen können mit Hilfe einer speziellen Einplanungsanweisung (WHEN) eingeplant werden. Ist eine Ausnahme eingeplant, so prüft das Laufzeitsystem die Ausnahmebedingung nach jeder Anweisung, die in der Operation in der die Ausnahme eingeplant ist, ausgeführt wird. Die Überprüfung findet nach jeder Anweisung statt, da dies die kleinste Einheit ist, die in einem Programm Veränderungen vornehmen kann. Die Verwendung der WHEN-Anweisung bietet folgende Vorteile:

- Die Einplanung für jede Ausnahme muß nur einmal pro Operation vorgenommen werden.

- Die Überprüfung der Ausnahmebedingung wird automatisch vom Laufzeitsystem vorgenommen.

Durch die Reduktion der Anzahl der Anweisungen (eine WHEN-Anweisung anstatt vieler bedingter Anweisungen) wird die Lesbarkeit des Programms verbessert. Die Verantwortung für die Durchführung einer geeigneten Überprüfung der Ausnahmebedingungen, wird von de(r/m) Programmierer(in/) auf das Laufzeitsystem übertragen. Durch diese Automatisierung wird die Zuverlässigkeit des Programms erhöht.

2.6 Sperren und Freigeben von Ausnahmen

Mit der Möglichkeit des Einplanens von Ausnahmen entsteht natürlich bei der Programmierung der Wunsch, eine einmal vorgenommene Einplanung auch wieder rückgängig machen zu können. Hierfür ist eine Sperranweisung (DISABLE-EXCEPTION) vorzusehen.

Ist eine Ausnahme mittels DISABLE-EXCEPTION gesperrt worden, so wird, nachdem die Ausnahme eingetreten ist, keiner der zugeordneten Bearbeiter aktiviert, sondern das Programm "normal" abgearbeitet. Gibt man eine gesperrte Ausnahme mittels einer Freigabeanweisung (ENABLE-EXCEPTION) wieder frei, so wird der zugeordnete Bearbeiter ausgeführt sobald die entsprechende Ausnahme eintritt. Wurde eine eingeplante Ausnahme zunächst gesperrt (man spricht in diesem Zusammenhang auch von einer Ausplanung) und danach freigegeben, so nimmt das Laufzeitsystem wieder die Prüfung der Ausnahmebedingung vor und aktiviert den zugeordneten Bearbeiter sobald die Ausnahmebedingung erfüllt ist.

2.7 Einordnung exisitierender Ausnahmekonzepte

Nachdem wir die zentralen Eigenschaften von Ausnahmemechanismen vorgestellt haben, beschreiben wir nun, welche Eigenschaften sich in den bisher realisierten Ausnahmekonzepten wiederfinden.

Programmiersprachen erlauben im allgemeinen nur sehr eingeschränkte Ausnahmemechanismen. Sie sehen lediglich eine Art der Fortsetzung nach der Ausnahmebearbeitung vor. CLU [LS79] und ADA [Ada80] erlauben das Beenden der Bearbeitermethode. Eiffel [Mey88] sieht das erneute Starten der Bearbeiteroperation vor. PL/1 [Mac77] stellt die Möglichkeit des Fortsetzens des Verursachers zur Verfügung. Der Ausnahmemechanismus in Pearl [Pea82] und Pearl 90 [Sti89] gestattet das Fortsetzen der Bearbeitermethode. Die in den jeweiligen Sprachdefinitionen vorgesehenen weiteren Eigenschaften der Ausnahmebehandlung sind in Abbildung 4 angegeben.

	Parametrisierung von Bearbeitern	Explizites Aufrufen von Bearbeitern	Einplanen von Ausnahmen	Freigeben und Sperren von Ausnahmen
ADA [Ada80]	-	x	-	x[1]
CLU [LS79]	x	x	-	-
Eiffel [Mey88]	-	x	-	-
Pearl [Pea82]	-	-	x	-
PL/1 [Mac77]	-	x	-	x[1]

Abbildung 4: Eigenschaften einiger programmiersprachlicher Ausnahmekonzepte

3 Korrektheitsaspekte

In diesem Abschnitt diskutieren wir die Korrektheitsaspekte, die bei der Realisierung der im vorangehenden Abschnitt vorgestellten Sprachmittel zur Ausnahmebehandlung berücksichtigt werden müssen.

Echtzeitsysteme sind im allgemeinen hochsensible Anwendungen, die höchste Anforderungen an die sie steuernde Software stellen. Insbesondere wird von Echtzeitprogrammen erwartet, daß sie korrekt sind, wobei diese Korrektheit sowohl extern wie auch intern gewährleistet sein muß. Unter externer Korrektheit versteht man, daß das Programm auf korrekte Eingaben korrekte Ergebnisse liefert und auf fehlerhafte Eingaben eine wohldefinierte, evtl. in der Anforderungsdefinition beschriebene, Reaktion zeigt. Interne Korrektheit heißt, daß das Programm selbst keine Fehler erzeugt bzw. daß es selbst erzeugte Fehler selbst beheben kann. Der Mechanismus der Ausnahmebehandlung kann als Beitrag zur Erhöhung der externen Korrektheit, oder Zuverlässigkeit, gesehen werden. Dies wurde eingehend im vorhergehenden Abschnitt diskutiert.

Will man die interne Korrektheit sicherstellen, so muß garantiert sein, daß durch die Ausnahmebehandlung keine Laufzeitfehler auftreten. Programmfehler, die zur Laufzeit auftreten, können unter Umständen zum Programmabsturz führen, was für ein Echtzeitsystem fatale Folgen haben kann. Einen wertvollen Beitrag zur Vermeidung solcher Programmfehler leisten Korrektheitsprüfungen, die bereits zur Übersetzungszeit von Programmen durchgeführt werden. Die Syntax und die Semantik der Ausnahmebehandlung sollte deshalb so definiert werden, daß möglichst viele Korrektheitsprüfungen im Rahmen einer statischen Typprüfung oder einer Datenflußanalyse durchgeführt werden können. Welche Anforderungen sich daraus für die Ausnahmebehandlung ergeben, wird nachfolgend beschrieben. Im vierten Abschnitt wird dann aufgezeigt, inwieweit die statische Typprüfung bzw. die Datenflußanalyse auch zur Steigerung der Laufzeiteffizienz eines Programms beitragen kann.

---

[1]Es ist das Freigeben und Sperren von systemdefinierten Ausnahmen erlaubt.

3.1 Bedeutung der statischen Typprüfung

Die Anwendbarkeit einer statischen Typprüfung auf ein Programm setzt zunächst voraus, daß die Programmiersprache Typkonzepte kennt. Integriert man einen Ausnahmemechanismus in eine Sprache mit Typkonzepten, so ist eine Erweiterung der sprachspezifischen Typen um die Typen "Ausnahme" (EXC) und "Ausnahmebearbeiter" (HANDLER) erforderlich. Sieht die Programmiersprache die Deklaration aller verwendeten Konstanten und Variablen vor, so werden auch die benötigten Ausnahmen und Ausnahmebearbeiter deklariert. Eine Deklaration ist für die statische Typprüfung nicht zwingend notwendig, erleichtert aber den Prüfungsvorgang erheblich. Die Semantik der Ausnahmebehandlung wird außerdem leichter nachvollziehbar, wenn für jede Operation diejenigen Ausnahmen, die entlang der umgekehrten Aufrufreihenfolge an den Aufrufer weitergereicht werden können, explizit im Kopf der Operation spezifiziert werden.

Mittels statischer Typprüfung kann dann kontrolliert werden, ob

- die Bearbeiterdeklaration mit der Ausnahmedeklaration verträglich ist, d. h. die gleichen Parametertypen besitzt;

- Bearbeiterdeklarationen und die Anweisungen zum Aufrufen des Ausnahmebearbeiters bezüglich der formalen und aktuellen Parameter verträglich sind.

Nachfolgendes Beispiel soll die erforderlichen statischen Typprüfungen demonstrieren. Gegeben seien zwei Operationen op1 und op2, wobei op1 die Operation op2 aufruft. In op2 können zwei Ausnahmen exc1 und exc2 eintreten. Die Ausnahme exc2 wird lokal in op2 bearbeitet, die Ausnahme exc1 wird an den Aufrufer von op2, in unserem Fall op1, weitergereicht.

Statisch geprüft wird bei unserem Beispiel die Verträglichkeit der Ausnahmedeklaration für exc2 mit dem expliziten Bearbeiteraufruf und der Bearbeiterdeklaration innerhalb von op2. Entsprechende Prüfungen können für exc1 innerhalb von op1 durchgeführt werden. Innerhalb von op2 wird die Verträglichkeit der Ausnahmedeklaration für exc1 mit dem expliziten Bearbeiteraufruf und der Operationsdeklaration geprüft.

Beispiel 1: Statische Typprüfung bei Sprachkonstrukten der Ausnahmebehandlung

```
EXC exc1, exc2;              /* Deklaration von Ausnahmen */
. . .
VAR a, b, c : INTEGER;      /* global gueltige Variablen */
. . .
OPERATION op1
    . . .
    c := op2;
    . . .
    ON exc1 DO . . .        /* Bearbeiter fuer Ausnahme exc1 */
END_OPERATION

OPERATION op2
    WHEN a=0 RAISE exc1;    /* Einplanung fuer Ausnahme exc1 */
    WHEN a=b RAISE exc2;    /* Einplanung fuer Ausnahme exc2 */
    . . .
    ON exc2 DO . . .        /* Bearbeiter fuer Ausnahme exc2 */
END_OPERATION
```

Eine umfassende Beschreibung der statischen Typprüfungen für die in Kapitel 2 vorgestellten Sprachmittel zur Ausnahmebehandlung ist in [Sch89] zu finden.

3.2 Bedeutung der Datenflußanalyse

In dem Übersetzungslauf eines Compilers wird in der Phase der Syntaxprüfung unter anderem die statische Typprüfung vorgenommen. Die Datenflußanalyse ist die Phase, die sich an die Syntaxprüfung anschließt. Im Rahmen der Datenflußanalyse werden vor allem Untersuchungen durchgeführt, die zur Optimierung des Programmcodes führen sollen. Dieser Aspekt der Datenflußanalyse wird im nächsten Abschnitt diskutiert. Hier wollen wir die Datenflußanalyse einsetzen, um weitergehende statische Prüfungen zur Ausnahmebehandlung durchzuführen. Wir stellen an dieser Stelle die Ergebnisse der in [Fed90] vorgenommenen Untersuchungen dar.

Zu Beginn der Ausnahme-Datenflußanalyse wird ermittelt, welche Ausnahmen von Operationen und Ausnahmebearbeitern weitergereicht werden können. Die so gewonnenen Informationen werden verwendet, um zu prüfen, ob

- für jede benutzer- und systemdefinierte Ausnahme, die eintreten kann, ein Bearbeiter vorgesehen ist;

- Ausnahmen, die weitergereicht werden können, im Operations- bzw. Ausnahmebearbeiterkopf spezifiziert sind;

- der Rückgabeparametertyp des Bearbeiters mit den Fortsetzungsmöglichkeiten und der Bezugsoperation der Fortsetzung verträglich ist.

Bei den beiden letztgenannten Prüfungen werden Anforderungen an die korrekte Typisierung der Ausnahmen, Bearbeiter und Operationen untersucht. Aufgrund des dynamischen Verhaltens der Ausnahmebehandlung lassen sich diese Eigenschaften jedoch nicht im Rahmen einer statischen Typprüfung nachweisen. Für die Prüfung dieser Eigenschaften ist es nötig, die möglichen Aufrufketten, sowie die eventuell im Rahmen dieser Aufrufketten eintretenden Ausnahmeereignisse und das Weiterreichen dieser Ausnahmen entlang der umgekehrten Aufrufkette zu untersuchen.

Kommen wir an dieser Stelle zu dem bereits eingeführten Beispiel 1 (Statische Typprüfung bei Sprachkonstrukten der Ausnahmebehandlung) zurück. Im Rahmen der Datenflußanalyse der beiden Operationen op1 und op2 wird zunächst ermittelt, daß innerhalb op2 die Ausnahme exc2 und innerhalb von op1 die Ausnahme exc1 bearbeitet wird. Daraus ist ableitbar, daß für den Fall des Eintretens von exc1 in op2 die Ausnahme exc1 an den Aufrufer op1 weitergereicht und dort bearbeitet wird. D. h. jetzt erst kann geprüft werden, ob der Aufruf des Ausnahmebearbeiters für exc1 in op2 mit der Deklaration des Bearbeiters in op1 übereinstimmt.

Ziel der Datenflußanalyse ist es, bereits zur Übersetzungszeit möglichst viele der angesprochenen Fehler in einem Programm zu erkennen, die zur Laufzeit auftreten können. Dabei können jedoch im allgemeinen nicht alle Laufzeitfehler aufgedeckt werden. Eine nähere Untersuchung der Leistungsfähigkeit der Datenflußanalyse bezüglich der Ausnahmebehandlung ist in [Fed90] zu finden.

4 Effizienzaspekte

In diesem Abschnitt werden die Effizienzaspekte, die sich bei der Realisierung des Ausnahmekonzepts in einer Realzeitumgebung ergeben, diskutiert.

Einen Algorithmus bezeichnet man als effizient, wenn er ein bestimmtes vorgegebenes Problem in möglichst kurzer Zeit und/oder mit möglichst geringem Aufwand an Speicher löst. D. h. es gibt zwei Kriterien, die bei Effizienzbetrachtungen von Algorithmen eine Rolle spielen: Speicher- und Laufzeiteffizienz.

Die Frage der Speichereffizienz hatte schon immer einen sehr großen Einfluß auf den Entwurf von Realzeitprogrammiersprachen. So enthält etwa Basic PEARL [Pea82] keine dynamischen Datenstrukturen wie beispielsweise Zeiger oder dynamische Felder. Rekursive Prozeduraufrufe sind in Basic PEARL ebenfalls nicht vorgesehen.

Betrachtet man die in Abschnitt 2 vorgestellten Sprachmittel zur Ausnahmebehandlung und untersucht deren Speicherbedarf, so gelangt man zu dem Ergebnis, daß Effizienzfragen hier kein Problem darstellen. Konkret wird Speicherplatz benötigt für

- das Ablegen der Bearbeiter;

- eingeplante Ausnahmen (Information, ob die Ausnahme eingeplant ist oder nicht):

- gesperrte Ausnahmen (Information, ob die Ausnahme gesperrt ist oder nicht).

Man kann zur Übersetzungszeit sehr leicht den maximalen Speicherbedarf bestimmen, indem man annimmt, daß alle Ausnahmen eingeplant bzw. gesperrt sind. Der benötigte Speicherplatz für das Ablegen der Bearbeiter kann u. U. nicht gerade wenig sein, ist aber genau zur Übersetzungszeit bekannt. Damit kann noch vor der Laufzeit

- der gesamte erforderliche Speicherbedarf und

- der erforderliche Hauptspeicherbedarf

ermittelt werden. So werden Speicherengpässe vermieden und auch zeitaufwendige Zugriffe auf Externspeicher können auf ein vertretbares Maß reduziert werden.

Nachdem die Untersuchung des Speicherbedarfs von Programmen mit Ausnahmen diskutiert ist, wird im Rest des Abschnitts der Einfluß der Ausnahmebehandlung auf die Laufzeit eines Programms untersucht. Hierzu muß die Ermittlung des zuständigen Bearbeiters, das Einplanen von Ausnahmen und das Wiederaufrufen der Bezugsoperation näher betrachtet werden. Aus Platz- und Zeitgründen werden wir an dieser Stelle nur den Einfluß des Einplanens von Ausnahmen untersuchen.

Ein wichtiges Sprachmittel zur Behandlung von Ausnahmen ist die Möglichkeit der Einplanung von Ausnahmen. Hierdurch kann man an einer Stelle innerhalb einer Operation die Bedingung für das Eintreten einer Ausnahme formulieren. Die Ausnahme tritt genau dann ein, wenn die zugeordnete Bedingung erfüllt ist. Zur Laufzeit wird nach jeder Anweisung das Erfülltsein der Bedingung geprüft, da eine Anweisung die kleinste Einheit ist, die in einem Programm Veränderungen vornehmen kann.

Da das Überprüfen aller Einplanungsbedingungen nach jeder Anweisung die Laufzeit des Programms gewaltig erhöht, muß zur Übersetzungszeit eine Optimierung durchgeführt werden, so daß keine überflüssigen Prüfungen zur Laufzeit stattfinden. Nach jeder Anweisung wird die Menge der durch diese Anweisung geänderten Variablen bestimmt. Nach Ausführung der Anweisung werden dann nur die Einplanungen überprüft, bei denen eine der geänderten Variablen in der Einplanungsbedingung vorkommt.

Beispiel 2: Optimierung der Einplanung unter Berücksichtigung von Operationsaufrufen in Anweisungen.

```
EXC exc1, exc2, exc3;        /* Deklaration von Ausnahmen */
. . .
VAR a, b, c, d, e : INTEGER;  /* global gueltige Variablen */
. . .
OPERATION op1
    WHEN a=0    RAISE exc1;   /* Einplanung ein_1 */
    WHEN a=b    RAISE exc2;   /* Einplanung ein_2 */
    WHEN d=b+c RAISE exc3;    /* Einplanung ein_3 */

    . . .
    c := op2;                 /* Anweisung (1) */
    b := a DIV b;             /* Anweisung (2) */
    READ(e);                  /* Anweisung (3) */
    . . .
END_OPERATION

OPERATION op2
    . . .
    READ(d);
    . . .
END_OPERATION
```

Durch die Ausführung der Anweisung (1) wird die Variable c direkt geändert. Da die zu untersuchende Anweisung einen Operationsaufruf beinhaltet, muß noch bestimmt werden, welche Variablen durch die Anweisungen der aufgerufenen Operation verändert werden können. Durch den Aufruf der Operation op2 wird die Variable d geändert. Daher müssen nach Anweisung (1) alle Einplaungsbedingungen überprüft werden, die eine der Variablen c oder d enthalten, also die Bedingung der Einplanung ein_3. Die Anweisung (2) modifiziert die Variable b und zieht somit eine Überprüfung der Einplanungen ein_2 und ein_3 nach sich. Die Leseanweisung (3) wirkt sich auf keine der Einplanungsbedingungen aus.

Es muß also insgesamt dreimal eine Einplanungsbedingung überprüft werden. Ohne eine Optimierung wären für die drei Anweisungen neun Prüfungen nötig: nach jeder Anweisung würden alle drei Bedingungen geprüft.

Das Problem der Optimierung der Ausnahmen wurde durch eine Datenflußanalyse gelöst. Hierbei müssen zusätzlich zu den Operationsaufrufen in Anweisungen auch

- das Freigeben und Sperren von Ausnahmen,

- die Überlagerung von Variablendeklarationen,

- call–by–reference–Parameter und

- Zeigervariablen

beachtet werden. Eine formale Beschreibung der Datenflußanalyse zur Optimierung der Einplanungen ist in [Bae91] zu finden.

5 Zusammenfassung und Ausblick

In diesem Artikel haben wir diskutiert, welche besonderen Anforderungen an Mechanismen zur Ausnahmebehandlung gestellt werden, die in Realzeitprogrammiersprachen eingesetzt werden sollen. Dazu wurden zunächst die Ausnahmen und die Ausnahmebearbeiter als die zentralen Komponenten der Ausnahmebehandlung vorgestellt. Die wesentlichen programmiersprachlichen Konstrukte der Ausnahmebehandlung sind die Fortsetzungsmöglichkeiten, das explizite Aufrufen von Bearbeitern, die Parametrisierung von Bearbeitern, das Einplanen von Ausnahmen und das Freigeben und Sperren von Ausnahmen. Für jedes dieser Sprachmittel wurde angegeben, inwieweit es einen Beitrag zur Strukturierung bzw. zur Erhöhung der Zuverlässigkeit von Programmen leistet. Entscheidend für den Einsatz eines Ausnahmekonzeptes in der Realzeitprogrammierung sind nicht nur die Eigenschaften der Ausnahmebehandlung, sondern auch die Implementierung der jeweiligen Sprachkonstrukte. Diese Implementierung muß für Realzeitsysteme den Forderungen nach Korrektheit und Laufzeiteffizienz gerecht werden. Hierzu haben wir aufgezeigt, welche Auswirkungen diese Anforderungen auf die Syntax, die Semantik und den Einsatz der Ausnahmebehandlung besitzen. Insbesondere wurde dargestellt, wie die statische Typprüfung und die Datenflußanalyse eingesetzt werden können, um die Korrektheits- und Laufzeitanforderungen zu erfüllen.

Eine umfassende Beschreibung der in Kapitel 2 vorgestellten Sprachmittel zur Ausnahmebehandlung ist in [Fed90] zu finden; dort wurde eine Einbettung in eine objektorientierte Sprache mit nebenläufigen Prozessen vorgenommen.

Praktische Erfahrung mit der Implementierung von Mechanismen zur Ausnahmebehandlung werden zur Zeit am Lehrstuhl für Programmiersprachen der Universität Erlangen-Nürnberg gesammelt. In Anlehnung an die vorgestellten Sprachmittel zur Ausnahmebehandlung wird dabei C++ geeignet erweitert. In diesem Zusammenhang wird auch die Optimierung des Einplanens von Ausnahmen näher untersucht. Außerdem gibt es erste Überlegungen zur Behandlung von Ausnahmen über die Grenzen von nebenläufigen Prozessen hinweg.

Danksagung

Danken möchten wir an dieser Stelle unseren (ehemaligen) Kollegen des Lehrstuhls für Programmiersprachen C. Jacob und M. Zanzinger für das sorgfältige Korrekturlesen und die hilfreichen Kommentare.

Literatur

[Ada80] *The Programming Language ADA - Reference Manual*, 1980. Lecture Notes in Computer Science 106.

[Bae91] A. Baertsch. Optimierung der Einplanung von Ausnahmen. Studienarbeit Universität Erlangen–Nürnberg, 1991.

[CD82] N. Cocco, S. Dulli. A Mechanism for Exception Handling and its Verification Rules. *Computing Languages*, 7, 1982.

[Cri84] F. Cristian. Correct and Robust Programs. *IEEE Transactions on Software Engineering*, 10(2):163–174, 1984.

[DIN85] *Deutsches Institut für Normung: Informationstechnik - Begriffe, DIN 44300*, 1985.

[Fed90] C. Feder. *Ausnahmebehandlung in objektorientierten Programmiersprachen*. Springer, 1990. Informatik–Fachberichte 235.

[Goo75] J. B. Goodenough. Exception Handling: Issues and a Proposed Notation. *Communications of the ACM*, 18(12):683–696, 1975.

[LS79] B. Liskov, A. Snyder. Exception Handling in CLU. *IEEE Transactions on Software Engineering*, 5(11):546–556, 1979.

[Mac77] M. D. MacLaren. Exception Handling in PL/I. *SIGPLAN Notices*, 12(3):101–104, 1977.

[Mey88] B. Meyer. Disciplined exceptions. Version 2.1 TR–EI–2, Interactive Software Engineering Inc., 1988.

[Par72] D. L. Parnas. Response to detect errors in well-structured programs. Arbeitsbericht, Department of Computer Science, Carnegie–Mellon University, 1972.

[Pea82] *Deutsches Institut für Normung: Informationsverarbeitung, Programmiersprache PEARL, DIN 66253*, 1982.

[Sch89] R. Schorr. Denotationelle Semantik verschiedener Mechanismen der Ausnahmebehandlung, 1989. Studienarbeit Universität Erlangen–Nürnberg.

[Sti89] K. Stieger. PEARL 90 – Die Weiterentwicklung von PEARL. In R. Henn, K. Stieger (Herausgeber), *PEARL 89 – Workshop über Realzeitsysteme*, Seiten 99–137, 1989. Informatik–Fachberichte 231.

[YB87] S. Yemini, D. M. Berry. An Axiomatic Treatment of Exception–Handling in an Expression-Oriented Language. *ACM Transactions on Programming Languages and Systems*, 9(3):390–407, 1987.

Quantitativer Vergleich von drei
Echtzeitbetriebsysteme
für die digitale Regelung

Dipl.-Ing. C. Gralla
Institut für Regelungstechnik
Universität Hannover
Appelstr. 11, D-3000 Hannover 1

0.   Einleitung

Durch den Einsatz von digitalen Computern ist es notwendig, daß die
Grundfunktionen, die der Nutzer von diesem Computer verlangt, in einer
mehr oder weniger einfachen Form dem Anwender zur Verfügung gestellt
werden. Diese Aufgabe erledigt ein sogenanntes Betriebssystem, das die
Verwaltung der Ressourcen wie Speicherplatz, Floppy oder Harddisk,
Ein-/Ausgabegeräte etc. selbsttätig durchführt. Dieses Betriebssystem
unterliegt einer bestimmten Philosophie, mit der es die Ressourcen des
Computers konkurrierenden Programmen zuweist. Diese Philosophie wird
durch das Einsatzgebiet bestimmt. So unterliegt das Zuteilungs-
verfahren eines Multiuser-Betriebssystem anderen Gesetzen als das
eines Betriebssystemes, das nur Batchjobs bearbeitet. In der digitalen
Regelung oder Prozeßdatenverarbeitung spielt der Faktor Zeit eine
große Rolle. Dabei muß unter den beiden immer wieder verwechselten
Begriffen 'REALFAST' und 'REALTIME' unterschieden werden. Der erste
Begriff bedeutet nichts weiter als 'echt schnell', während ein
Betriebssystem mit dem Attribut 'REALTIME', der Definition nach, eine
Garantie gibt, in welcher maximalen Zeit eine Aktion durchgeführt
wird. Dies ist für die Prozeßrechentechnik bzw. schritthaltende Daten-
verarbeitung unbedingt notwendig.

1.   Anforderung an Echtzeitbetriebssysteme für die digitale Rege-
       lung

Neben einem deterministischen Zeitverhalten stehen in dem Pflichten-
heft eines Echtzeitbetriebssystems noch weitere Merkmale, die einen

sinnvollen zweckentsprechenden Einsatz ermöglichen. Die wichtigsten sechs Merkmale sollen hier kurz erläutert werden.

- Definiert angebbare Interruptantwortzeiten und deterministisches zeitliches Verhalten, das besonders bei der zyklischen Einplanung notwendig ist.
- Lauffähige Programme (Tasks bzw. Prozesse) müssen prioritätsgesteuert anlaufen.
- Eine Lastunabhängigkeit muß garantiert werden.
- Eine Multitaskingfähigkeit muß gegeben sein, die den Prozessor an andere laufwillige Tasks vergibt wenn die Prozessortätigkeit durch Interrupt, Timerablauf, I/O-'fertig' unterbrochen bzw. der Taskzuteilungsmechanismus (Taskscheduler) angestoßen wurde.
- Eine effiziente und schnelle Intertaskkommunikation muß möglich sein.
- Guter und schneller Durchgriff auf die Hardware der Schnittstellenkarten und - bausteinen ist erforderlich.

Weist ein Betriebssystem diese Eigenschaften auf, so ist damit eine digitale Prozeßregelung möglich. Das Problem dabei ist, daß diese auf dem Papier zugesicherten Eigenschaften in den meisten Fällen keine Aussage über die zeitlichen Bedingungen treffen. Die Angabe von Interruptantwortzeiten, Taskschedulingzeiten, Interprozßkommunikationszeiten oder gar die Angabe der Zeitäquidistanz bei zyklischer Einplanung fehlt völlig. So sind hier die wichtigsten Zeiten exemplarisch an drei verschiedenen Betriebssystemen untersucht worden.

2. Kurze Vorstellung der drei untersuchten Betriebssysteme REAL/IX, RTOS-UH und OS/9

Um einen objektiven Vergleich von Betriebssystemen zu ermöglichen, ist es erforderlich, die gleichen Tests auf der gleichen Hardware unter den verschiedenen Betriebssystemen durchzuführen. Als Hardware wurden die in der Industrie weit verbreiteten VME-Bussysteme mit MOTOROLA-Prozessorkarten verwendet. Als Echtzeitbetriebssysteme standen zum einen das REAL/IX der Firma AEG/MODCOMP als neuestes Echtzeit-UNIX System zur Verfügung. Das Echtzeitbetriebsystem des Instituts für Regelungstechnik der Universität Hannover RTOS/UH sowie das in der Industrie weit verbreitete Betriebssystem OS-9 von MICROWARE traten in Konkurrenz zueinander. In der einen Hardwarekonfiguration standen das REAL/IX und das RTOS/UH gegenüber, und auf zwei weiteren Rechnersystemen konkurrierten OS-9 und RTOS/UH. So ist ein indirekter Vergleich von REAL/IX und OS-9 über die Referenz RTOS/UH möglich.

2.1 Das Echtzeitbetriebsystem REAL/IX

Das Betriebssystem REAL/IX der Firma AEG/MODCOMP ist ein erweitertes UNIX System V.3 das mit Echtzeit-Elementen ausgestattet wurde. Es entspricht der System V Interface Definition (SVID) und besitzt einen preemptive Kernel. Die Taskverwaltung ist mit den beiden Verfahren REALTIME-Prioritäten-Scheduling oder Timesharing-Scheduling möglich. Das allgemeine Problem aller UNIX- oder UNIX-ähnlichen Betriebssysteme, das Daten- oder Programmein- und -auslagern (swopping), läßt sich durch das Prepage und Task-Memory-Locking umgehen. Der beschleunigte Abbruch laufender, nicht echtzeitfähiger I/O-Prozesse erfolgt, wenn ein Prozeß mit Echtzeiteigenschaften den Prozessor verlangt. Dadurch wird das Systemverhalten determinierbar. Eine erweiterte Interprozeßkommunikation erleichtert die Lösung von Echtzeitanwendungen sowie regelungstechnischer Software.
Die modernen Hilfsmittel wie TCP/IP Protokolle für ETHERNET, X-WINDOW Systems, Bourne- und Korn-Shells sowie nutzerdefinierte Systemaufrufe stehen hier selbstverständlich zur Verfügung. Die weiteren Eigenschaften in Kürze (Stand 1991):
- Preemptive Kernel
- Taskscheduling Realtime: PRIORITÄT 0 - 128,
                      UNIX   : Priorität 129 - 256 Timesharing
- Prepage und Memory-locking, wodurch das Auslagern von Daten oder Programmen verhindert werden kann.
- Interprozeßkommunikation: Zur Verfügung stehen Shared Memory, gemeinsame Events, Signale, Pipes, zählende sowie zusätzlich schnelle Bitsemaphoren.
- Realtime Timer: Zwei Timerkonzepte ermöglichen das Event-Scheduling, zum einen systemübergreifende Timer für allgemeine Aufgaben, und zum anderen Prozeßintervalltimer mit hoher Zeitauflösung für festgelegte Zeitpunkte, periodische Zeitabstände oder für spezielle Aufgaben. Alle Timerfunktionen sind über Systemcalls erreichbar. Timerauflösung von 60 bis 1920 Ticks pro Sekunde in 60'er Schritten einstellbar.
- Das Filesystem ist zweigeteilt in ein UNIX-Standard Filesystem und ein echtzeitfähiges Filesystem. Letzteres ermöglicht zusammen-

hängende, verlängerbare Files und die Umgehung des zu jeder Sekunde verwalteten Pufferspeichers, sowie asynchronen wie synchronen Filezugriff erlaubt und eine bitmapped Organisation für die Datenblöcke auf der Platte bietet.
- Das I/O-Subsystem ermöglicht eine prioritätsgesteuerte Verwaltung der Ein- und Ausgabeprozesse (incl. Warteschlangen) für Disk- und Direct-I/O.
- Spezifische Systemerweiterungen sind durch den Nutzer selbst möglich.
- Verwendete Version B.0 von 1991.

2.2 Das Betriebssystem RTOS/UH

Das **REAL-TIME-OPERATING-SYSTEM** der Universität Hannover wurde am Institut für Regelungstechnik unter der Leitung von Prof. Dr.-Ing. W. Gerth vor nunmehr 10 Jahren entwickelt.
In den letzten vier Jahren wurden etwa 4000 CPU-Lizenzen vergeben und das obwohl es sich um ein einfacheres Echtzeitbetriebssystem handelt als es die 'Großen' sind. Optimiert wurde es für den Einsatz in der Prozeßautomatisierungstechnik und ist gedacht als Werkzeug des Ingenieurs. Dieser kann das Problem in der Echtzeit-Multitasking-Hochsprache PEARL ohne Studium mehrbändiger Handbücher lösen. PEARL ist eine blockstrukturierte Sprache mit ähnlichen Elementen wie PASCAL. Die Palette der einsetzbaren Rechnern reicht vom winzigen Halbeuropakartenrechner mit MOTOROLAProzessor MC68008 bis zum Höchstleistungsmultiprozessor mit mehreren MC68020 incl. Floatingpointprozessor MC68881 im anonymen symmetrischen Verbund. Die eigentliche Intention dieses Betriebssystems ist die Multitaskingfähigkeit. Dabei können beliebig viele Programme bzw. Tasks quasiparallel den Prozessor nutzen. Durch den rein prioritätsgesteuerten Start lauffähiger Tasks läuft immer diejenige Task an, die die höchste Priorität besitzt. Ist ein abwechselndes Laufen von Tasks gleichhoher Priorität erforderlich, wie z.B. der Aufruf mehrerer Compiler im Mehrnutzerbetrieb, so kann für diese Prioritätsebene zusätzlich das Timesharing-Verfahren Verwendung finden. Die Synchronisation von Tasks ist durch zählende Semaphoren gegeben. Taskgemeinsame Variable lassen sich ohne Probleme definieren ohne die in 'C' oder 'Modula' üblichen Konstrukte. Als Echtzeitbetriebssystem wird die unmittelbare Reaktion auf Prozeßereignisse z.B auch ankommende Telegramme von BUSsystemen, durch die Interrupt-Aktion garantiert.
Die weiteren Eigenschaften in Kürze (Stand 1991):
- MOTOROLA-Prozessoren MC68xxx (auch MC68040)

- Multitasking -Multiuser
- Multiprozessorbetrieb ohne Änderung der Anwendersoftware nur durch Hinzufügen weiterer CPU-Boards.
- interruptgetriebenes Betriebssystem mit asynchroner Ein-/Ausgabe
- absolutzeit-, relativzeit- und ereignisgesteuerte Taskeinplanung möglich
- full preemptive Kernel ab Nucleus 6.8
- komplette Programmierumgebung, vom kompakten Laufzeitsystem bis hin zum vollständigen Entwicklungssystem mit Massenspeicher, Editoren, Compilern etc. unter RTOS-UH
- Crossentwicklung unter MS-DOS UNIX, VMS
- selbstkonfigurierbares Betriebssystem, z.B. Einbindung selbstgeschriebener Treiber eigener I/O-Karten.
- Netzwerkfähigkeit (PDV-, PROFIBUS, ETHERNET)
- Schnelles I/O-System
- Synchronisation von Tasks durch zählende Semaphoren, Named Pipes, Shared Memory
- Kleines und kompaktes Minimallaufsystem (20kByte) erhältlich (Einsatz in intelligenten Sensoren/Aktoren)
- Hochsprachen 'PEARL' und 'C'
- Verwendete Version mit Nucleus 6.5 sowie 6.8 von 1991

2.3 Das Betriebssystem OS-9

Das Betriebssystem OS-9 entstand gegen Ende der siebziger Jahre für den Prozessor von MOTOROLA MC6809. Die Firma MICROWARE-Systems-Corporation entwickelte dieses Betriebssystem mit dem Hauptanwendungsbereich Steuer- und Regelungstechnik sowie Prozeßdatenverarbeitung.
Die weiteren Eigenschaften in Kürze (Stand 1991):
- Multiuser-Multitasking-Betriebssystem
- Flüchtige, reentrante und lageunabhängige Speicherverwaltung möglich
- Mathematik- und Coprozessor-Unterstützung
- Unterstützung aller Systemresourcen
- Hardwareunabhängig
- UNIX Ein-/Ausgabemodell
- UNIX Taskmodell mit Taskforking und der Möglichkeit Prioritäten zu setzen mit den Zuständen 'active', 'waiting', 'sleeping'.
- Preemptive Taskscheduling für Echtzeitprozesse
- 100% prom-fähig
- Unabhängige Filemanager zur Unterstützung aller Arten von I/O-Devices

- Rugged 'Crash-proof' file system
- auf C-Source-Level UNIX-Softwarekompatibel
- Verfügbare Sprachen 'C', 'Basic', 'Pascal', 'Fortran', 'Assembler'
- User-State, System-State und C-Sourcelevel Debugger
- Scheibentechnik
- selbstkonfigurierbar (Festlegung einer anderen Speicheraufteilung für Endbenutzer sehr schwierig)
- Interprozeßkommunikation und Synchronisation mit Pipes, Data-Modulen, Events und Semaphoren sowie Signalen
- Netzwerkfähigkeit mit ETHERNET, Arcnet und Omninet
- I/O-Request nur auf System(Supervisor)-Ebene, die nur durch einen Interrupt unterbrechbar ist
- MMU auch als Systemsicherheitsmodul nutzbar
- Priorisierter Round-Robin-Scheduler mit Alterung der Prozesse, d.h. die älteste Task wird bei Eintreffen der Zeitscheibe gestartet. Die vorgegebene Priorität sowie das Taskalter bzw. die Wartezeit bestimmt ihre wirkliche Priorität.
- Relative Zeiten, Tageszeiten etc. lassen sich mit den Alarmen beschreiben.
- Bytestream orientiertes, interruptgesteuertes I/O-Handling
- Es existiert ein Recordlocking für Records die mehreren Nutzern (Tasks) zugeordnet sind.
- Verwendete Version 2.4 von 1991

3. Quantitative Messungen

Die Ergebnisse der praktischen Tests an den drei Betriebssystemen von LILGE (1991) werden hier nur auszugsweise wiedergegeben. Die Messungen erfolgten für alle Tests mit sogenannten synthetischen Benchmarktests in Anlehnung an DIN 19242. Diese Norm beinhaltet, das die Zeitmessung der eigentlichen Operation in einer Testschleife erfolgt, und das Ergebnis am Ende von den Overheadzeiten korrigiert wird.
Die Messung der Interrupt-Antwortzeit sowie die Überprüfung der Zeit-äquidistanz erfolgte mit Hilfe eines Oszilloskops. Dabei führt die eingeplante Task als Aktion das Setzten und Rücksetzen eines digitalen Ausgangs durch. Bei der zyklischen Einplanung wurde die Zeit zwischen zwei steigenden Flanken gemessen. Die Interrupt-Antwortzeit, d.h. die Zeit, die verstreicht, bis eine Task auf ein von außen auftretendes

Prozeßereignis hin startet, wurde ebenfalls mit dem Oszilloskop gemessen. Hierbei wurde der Meßwert um die Zeit korrigiert, die zum Setzen des digitalen Hardwareausganges notwendig war.

Unterschiede der drei zur Verfügung stehenden Prozessoren und Rechnertypen:

	MVME 147	TSVME110	cT'68000
Prozessor:	MC68030	MC68010	MC68000
Instruction Cache:	+	−	−
Data Cache:	+	−	−
Zugriffe pro Befehl:	3	4	4
Taktfrequenz:	25 MHz	16 MHz	8 MHz
Betriebsysteme:	REAL/IX, RTOS/UH	OS-9,RTOS/UH	OS-9, RTOS/UH

Allgemeine Tests

In diesem Testteil wurde untersucht, wie verschiedene Prozesse, bzw. Tasks, miteinander Daten, Nachrichten, Semaphoren oder Events austauschen. Die Zeiten für den Hardwarezuriff und die allgemeinen Bechmarktests sind hier ebenfalls angegeben.

Hardware	cT'68000		MVME 147	
Betriebssystem	OS/9	RTOS-UH	RTOS-UH	REAL/IX
1. Shared Memory:				
Einrichten (8 bit): [μsec]	7575	−	−	274
Prozeß anbinden: [μsec]	3550	−	−	192.3
Zugriff: [μsec]	9.33	10.28	1.083	0.652
2. Namend Pipes:				
Schreiben: [μsec]	605	2496	394.8	181.8
Lesen: [μsec]	603	2420	372.4	184.8
3. Zählende Semaphoren:				
Sperren-Freigeben: [μsec]	585.0	29.7	7.93	217.0
Sperren-Freigeben: [μsec] mit Prozesswechsel	1050	321.8	136.2	635.0
Abhängig von der Prozessanzahl?	nein	≤12.3μs/ Task	≤3.75μs/ Task	nein
Prinzip der Aktivierung von an Semaphore blockierter Prozesse:	FIFO	Priorität	Prio.	Prio.

| Hardware | cT'68000 | | MVME 147 | |
Betriebssystem	OS/9	RTOS-UH	RTOS-UH	REAL/IX
Digitale Ausgabe: [μsec]	5.0	13.6	1.2	0.727
Addition:				
Integer (2 byte) [μsec]	10.1	6.65	0.64	0.73
Integer (4 byte) [μsec]	10.3	9.05	0.73	0.73
Float (4 byte) [μsec]	520.0	76.66	5.83	5.61
Float (8 byte) [μsec]	213.0	127.14	6.61	6.37
Multiplikation:				
Integer (2 byte) [μsec]	68.3	12.08	1.57	1.87
Integer (4 byte) [μsec]	69.2	40.31	2.34	2.43
Float (4 byte) [μsec]	683.0	94.94	6.23	6.40
Float (8 byte) [μsec]	305.0	223.10	7.00	7.18
Division:				
Integer (2 byte) [μsec]	121.2	25.17	2.90	3.00
Integer (4 byte) [μsec]	121.8	79.98	4.26	4.30
Float (4 byte) [μsec]	1422.0	130.66	7.82	7.62
Float (8 byte) [μsec]	1135.0	956.44	8.60	8.38

Test bezüglich des Taskhandling

In diesem Testteil wird untersucht, wie in einem Multitasking-Betriebs-system der Prozeßwechsel organisiert wird, wie die Systembelastung und die deterministische Aussage über das Zeitverhalten anzusiedeln und wie die Interrupt-Einplanung möglich ist. Dabei wurden alle Messungen, soweit möglich, unter verschiedenen Lastzuständen des Betriebssystems getestet.

Test der Taskwechselzeiten

Die Taskwechselzeiten sind ein Maß für die Geschwindigkeit des Dispatcher und kennzeichnen auch den Overhead, der im Betriebssystem nötig ist, um den Prozessor an andere Tasks zu vergeben. Gemessen wird dabei die Zeit die ein Zyklus Task A -- Task B -- Task A benötigt.

Taskwechselzeit OS-9:

Hardware cT'68000, MC68000 mit 8 MHZ
Verwendeter Mechanismus 'KILL' mit 'TSLEEP'
Taskwechselzeit: 1228 μsec.
Kein Einfluß bei mehreren Tasks in der Schlange.

Taskwechselzeit RTOS-UH:
Hardware cT'68000, MC68000 mit 8 MHz
Verwendeter Mechanismus 'ACTIVATE und END'
Taskwechselzeit: 838 μsec.
Tasks in der Warteschlange haben Einfluß auf die Wartezeit.
Verwendeter Mechanismus 'SUSPEND und CONTINUE'
Taskwechselzeit: 834 μsec.
Tasks in der Warteschlange haben Einfluß auf die Wartezeit.

Taskwechselzeit RTOS-UH:
Hardware: MVME 147, MC68030 mit 25 MHZ
Verwendeter Mechanismus 'ACTIVATE und END'
Taskwechselzeit: 158 μsec.
Tasks in der Warteschlange haben Einfluß auf die Wartezeit.
Verwendeter Mechanismus 'SUSPEND und CONTINUE'
Taskwechselzeit: 180 μsec.
Tasks in der Warteschlange haben Einfluß auf die Wartezeit.

Taskwechselzeit REAL/IX:
Hardware: MVME 147, MC68030 mit 25 MHZ
Schnellste Möglichkeit mit 'Relinquish' bei Tasks gleicher Priorität:
Keinen Prioritätenschlangen-Durchlauf: 111 μsec.
Mit Prioritätenwarteschlange: 180 μsec.
Davon reine Prozeßwechselzeit: 78 μsec.
Mehrere Tasks haben keinen Einfluß auf die Zeitdauer.

Test der zyklischen Einplanung
Darunter fällt die Überprüfung von
- der Äquidistanz der Aktivierungspunkte. Wie genau wird die Zykluszeit eingehalten? Erfolgt die Einplanung der Task im festen Zeitraster?
- Eine Task wird zyklisch aktiviert, während eine Hintergrundtask Systemaufrufe (Systemcalls) tätigt. Wird die Phasenunreinheit durch die Systemaufrufe vergrößert? (Unterbrechbarkeit des Kernels bzw. längste Interrupt-Off-Zeit).

Für die zyklische Einplanung von Prozessen in **OS-9/68000** sind Alarme vorgesehen. Diese sind Signale, die sich ein Prozeß selbst sendet. Der zyklisch einzuplanende Prozeß muß zunächst einen Alarm einrichten, durch den er dann zyklisch geweckt wird, wenn er in einer Endlosschleife suspendiert. Eine Pufferung der Alarmsignale findet nicht statt. Befindet sich der Prozeß noch in der Ausführung, wenn er das Signal erhält, geht es verloren, und eine Einplanung wird verpaßt. Um dieses zu vermeiden, müßte eine Signalbehandlungsroutine eingerichtet werden, die der Prozeß bei jedem Signal zunächst durchlaufen muß und in der ein Signalzähler inkrementiert wird. Dieser Zähler ist vom Prozeß wieder zu erniedrigen, bevor sich der Prozeß erneut suspendiert.

Eine weitere Möglichkeit der zyklischen Prozeßeinplanung stellen die Events dar. Ein sehr hochpriorisierter Timerprozeß suspendiert sich für die Zykluszeit und signalisiert dann ein Event. Der zyklisch eingeplante Prozeß wartet in einer Endlosschleife auf dieses Event mit einem großem Wertebereich des Events, um mehrere vorherige Signalisierungen des Events noch zu erfassen. Eine Pufferung findet hier also statt. Die kleinstmögliche Zykluszeit beträgt 10 ms.

Die zyklische Prozeßeinplanung mit einer Zykluszeit von mindestens 1 ms in **RTOS-UH** erfolgt mit der einfachen PEARL-Anweisung

ALL 0.001 SEC ACTIVATE taskname

Maximal 10 Prozesse können bei **REAL/IX** mit den Process Interval Timern zyklisch eingeplant werden und haben eine zeitliche Auflösung von n*2.08333msec. Der zyklisch eingeplante Prozeß wartet dabei auf das Event eines Timers, den ein zweiter Steuerprozeß verwaltet. Dieser Steuerprozeß erledigt neben der Beschaffung der Echtzeitprivilegien, die Programmresidentmachung, das Prozeßforking, die Organisation des Events, des Timeridentifiers und den zyklischen Starts des Timers.

Resultate der Untersuchungen der zyklischen Einplanung

| Hardware | | TSVME110 | | MVME 147 | |
| Betriebssystem | OS-9/68010 | | RTOS-UH | RTOS-UH | REAL/IX |
	Alarme	Events			
vorgesehene Zykluszeit T_0 [ms]	10.000	10.000	2.000	2.000	2.0833
Abweichung von T_0 [%] von	− 0.20	− 0.20	− 0.25	−0.25	−1.28
ohne Last bis	+ 0.20	+ 0.20	+ 0.25	0.00	+1.28
Mittelwert [ms]	10.000	10.000	2.000	2.000	2.0833
Abweichung von T_0 [%] von	− 82.5	−83.0	− 29.3	−11.75	−4.96
mit Last bis	+179.0	+170.5	+ 29.5	+11.75	+4.96
Mittelwert [ms]	10.626	10.718	2.020	2.000	2.0833

Als Last diente ein Endlosprozeß mit einer kleineren Priorität als der zyklisch eingeplante, der eine Terminalausgabe tätigt.

Durch Herabsetzen der Priorität der Betreuungstask der Terminal-schnittstelle konnten die Abweichungen von der Zykluszeit T_0 in RTOS-UH auf $\pm$ 7.5 % bei dem TSVME110-Rechner und auf $\pm$ 2.5 % auf dem MVME 147-Rechner reduziert werden.

<u>**Test der Einplanung von Prozessen auf Interrupts**</u>
Hier ist Gegenstand der Untersuchung

- Reaktionszeit für einen Prozeß der auf einen Interrupt wartet.
- Interruptfolge-Grenzfrequenz und Auflösungsgrenz-frequenz. Ist nach Beseitigung der Interrupt-Quelle ein selbsttätiger Systemanlauf möglich?
- Wie der erste Fall, aber mit einem Hintergrundprozeß, der ständig Systemaufrufe tätigt. Verlängert sich dabei die Systemantwortzeit?

Möglichkeiten der Einplanung auf einen Interrupt

Die Einplanung eines Anwenderprozesses in **OS-9/68000** ist nicht vor-gesehen. Der Anwender muß eine Interruptserviceroutine mittels F$IRQ im System implementieren. Diese Routine muß dann auf geeignete Weise den einzuplanenden Prozeß aktivieren. Die Schnittstelle zwischen der Interruptserviceroutine und dem eingeplanten Prozeß ist offen und vom Anwender selbst zu gestalten. Für die Untersuchungen wurden wieder Events verwendet. Der einzuplanende Anwenderprozeß wartet auf ein Event, das von der Interruptserviceroutine bei jedem Interrupt signali-siert wird. Eine Pufferung von Einplanungen ist so möglich.

Die Einplanung von Anwenderprozessen auf einen Interrupt in **RTOS-UH** erfolgt durch die einfache PEARL-Anweisung:
                    WHEN Eventname ACTIVATE Taskname

Für eine Verarbeitung von Prozeß-Interrupts muß auf der **REAL/IX**-Seite ein Treiber geschrieben werden, der das Öffnen und Schließen sowie die Mehrnutzer-Verwaltung der Hardwarekarte durch Semaphoren erledigt. Nach dem Öffnen des Treibers erfolgt die Anbindung des Interrupts an den Anwenderprozeß durch den Anwender durch den Mechanismus der Connected Interrupts. Dieser Treiber ist bei der Systemgenerierung mit in des Betriebssystem einzubinden.

Durchführung der Untersuchungen

Folgende Kennwerte wurden ermittelt:

- Interruptantwortzeit: Zeit zwischen Interrupt und Anlauf des darauf eingeplanten Anwenderprozesses.

- Interruptfolgegrenzfrequ.: Die Frequenz einer periodischen Interrupteingabe, bei der Interruptantworten verlorengehen.

- Stillstandsfrequenz: Die Frequenz einer periodischen Interrupteingabe, bei der der eingeplante Anwenderprozeß überhaupt nicht mehr anläuft.

- Auflösungsfähigkeit: Die Zeit, die zwischen zwei Interrupts liegen muß, damit noch zwei Interruptantworten erfolgen.

Resultate der Untersuchung: Einplanung auf Interrupts

Hardware	TSVME110		MVME 147	
Betriebssystem	OS-9/68000	RTOS-UH	RTOS-UH	REAL/IX
Interruptfolgegrenzfreq.[kHz]	1.6	3.9	14.7	6.67
Systemstillstandsfrequ. [kHz]	3.8	3.9	14.7	94.0
Auflösungsfähigkeit [μs]	65.0	20.5	6.6	150.0
Interruptantwortzeit [μs] von	605	189	55.2	128
ohne Last bis	745	221	63.9	171
Interruptantwortzeit [μs] von	580	200	57.3	128.8
mit Last bis	25000!	820	110	228

Als Last diente wiederum eine Terminalausgabe durch einen Prozeß mit kleinerer Priorität.

4. Exemplarische Realisation von zyklisch eingeplanten Prozessen bei den untersuchten Betriebssystemen

Neben den reinen Meßwerten, die ein Betriebssystem zusammen mit der verwendeten Hardwarekonfiguration beschreibt, ist für die Beurteilung auch die Handhabung zu beachten, wie in der digitalen Regelungstechnik Prozesse zyklisch oder auf Interrupt eingeplant werden können. Einzelne Programmiersprachen unterstützen zusammen mit dem entsprechenden Echtzeitbetriebssystem diese Problemstellungen.
Als Beispiel sei hier das Problem der Pendelregelung angeführt, die alle 4 msec, unter anderem, einen Pendelwinkel mißt und daraufhin die berechnete Motorspannung an den Servomotor ausgibt.

Dieses Beispiel wird exemplarisch unter dem Betriebssystem RTOS-UH mit der Programmiersprache 'PEARL' als extremes Beispiel für anwenderorientierte Problemlösung dargestellt. Im Gegensatz dazu zeigt die zweite Konfiguration, das Betriebssystem REAL/IX mit 'C', eine universelle aber dadurch nicht komfortable Lösung.

Der Regelprozeß unter REAL/IX mit 'C':

```
/* Prozeß Regler  */
main()
{
    while(1)  /* endlos schleife*/
    {
    evrcv(1,&event4m);   /* warten auf den Event des Timers für die
                             zyklische Einplanung*/
    PENDELWINKEL = WINKELGEBER(); /* Funktionsprototyp  */
    /* berechne MOTORSPANNUNG */
    VERSTÄRKER(MOTORSPANNUNG,1);  /* Ausgabe der Motorspannung  */
    };

/* LÖSCHEN DES TIMERS  */
    IF (RELTIMERID(TID)==-1)
    {PERROR("RELTIMERID");
    EXIT(1);
}
EXIT(0); /* ENDE REGLER PROZESS  */
```

Für die Bedienung ein zweiter Prozeß als Laufzeitumgebung

```
/* Prozeß Start */


/* -#- Realtime-Privilegien des Regler-Prozesses holen */
/* -#- Regler-Prozeß vor dem Auslagern durch Memorylocking schützen */
/* -#- Regler-Prozeß resident machen */
/* -#- Durch Prozessforking den Regler-Prozeß lauffähig machen */


/*  Timer-Initialisierung: */
   /* -#- Event für den Timer holen, auf den der Reglerprozeß wartet*/
   /* -#- Timer Identifier holen */
   /* -#- Timer zyklisch einrichten und starten */


/* Ende des Startprozesses    */
( -#- bezeichnen dabei Systemaufrufe  )
```

Bedienung durch den Nutzer:

```
>>Start
```

Die Regeltask unter RTOS-UH mit PEARL:

```
Regler: Task(resident) Prio 10;
   GET PENDELWINKEL from WINKELGEBER;
   /* berechne MOTORSPANNUNG  */
   Put MOTORSPANNUNG to VERSTÄRKER;
END;/* of Task */
```

Die Bedienung durch den Nutzer (oder einer anderen Task):

```
>>ALL 0.04 SEC ACTIVATE REGLER
```

Wie hier zu ersehen ist, ist die Handhabung der Betriebssysteme für
dieses in der Regelungstechnik immer zu lösende Problem im Aufwand
sehr unterschiedlich. Das Betriebssystem RTOS-UH stellt auf der einen
Seite bereits alle notwendigen Dienste zur Verfügung, die bei dem
anderen Betriebssystem erst durch den Anwender zu programmieren sind.
Dieses Kriterium ist bei der Entwicklung von komplexen Regelungs- und

Steuerungsaufgaben mit mehreren, auf Zeitpunkte eingeplanten Tasks oder Prozessen nicht zu vernachlässigen. Durch die Anzahl der sogenannten Steuerprozesse entsteht ein höherer Programmier- und System-overhead. Darunter leidet die Überschaubarkeit sowie die Fehlerrate.

5. Ergebnisse

Das Betriebssystem REAL/IX ist für die schnelle digitale Regelungstechnik geeignet und durch das große UNIX-spezifische Softwareangebot für große bis mittlere Regelungsanwendungen gedacht. Die zyklische Einplanung von Prozessen oder die Einbindung von Interruptprozessen in das Echtzeit-UNIX-Betriebssystem erfordert einige Einarbeitung.
Das RTOS/UH Echtzeitbetriebsystem ist als Laufzeitumgebung für PEARL sehr einfach zu benutzen und auch durch den einfachen Hardware-durchgriff und seine Kompaktheit bis hinzu Kleinstregelkreisen prädestiniert.
Das Betriebsystem OS-9 erscheint dagegen ungeeignet für die digitale Prozeßregelung und -steuerung, da eine Zeitäquidistanz der zyklische Einplanung nicht möglich, sowie die Determinierbarkeit der Interrupt-antwortzeit nicht gegeben ist.

6. Literaturverzeichnis

HOMMEL   Hommel G., Herrtwich R.G., Krüger A.: Maßnahmen zur Über-prüfung der Leistungsmerkmale UNIX-ähnlicher Echtzeitbetriebssysteme, 1990, nicht veröffentlicht.

LILGE   Lilge T.: Vergleich von Echtzeitbetriebsystemen für den Einsatz in der digitalen Regelung. Diplomarbeit Institut für Regelungstechnik Universität Hannover, 1991.

UHLE   Uhle M.: Leistungstest für Prozeßrechner nach DIN 19242, Automatisierungstechnische Praxis atp 31(1989) 5, S. 224-S.229.

PEARL 90 und UNIX

Erwin Kneuer
Manfred Warzawa

Werum Datenverarbeitungssysteme GmbH
Erbstorfer Landstraße 14
2120 Lüneburg
Tel. 04131/8900-0

Zusammenfassung

Mit der zunehmenden Verbreitung von UNIX findet dieses Betriebssystem auch eine immer stärkere Verwendung in Automatisierungsprojekten. Dies gilt besonders für die UNIX-Betriebssysteme mit Echtzeiterweiterungen wie z.B. HP-UX, REAL/IX und SORIX.

Das portable PEARL-Programmiersystem von Werum wird seit vielen Jahren auf den unterschiedlichsten UNIX-Systemen (Apollo, HP, PCS, Sicomp SX, Sun) zur Programmentwicklung und teilweise auch für Automatisierungsprojekte eingesetzt. Mit der Weiterentwicklung des PEARL-Programmiersystems von Werum hin zu PEARL 90 wurde auch auf eine effiziente Implementierungsmöglichkeit für UNIX-Systeme geachtet.

In diesem Vortrag wird kurz die Implementierung von PEARL 90 auf UNIX-Systemen vorgestellt, die insbesondere eine komfortable und sichere Programmierung von Multitask-Aufgaben erlaubt. Ausführlich wird über ein PEARL Treiber-Interface berichtet, das es Anwendern in einfacher Art und Weise ermöglicht, beliebige E/A-Systeme in das PEARL-Programmiersystem zu integrieren.

Abschließend erfolgen ein Überblick über die bereits implementierten PEARL 90-Sprachelemente und ein Ausblick auf die zukünftige Entwicklung.

1.   Einleitung

'PEARL 90 und UNIX', dieser Titel führt sofort zu der Frage: "Wie kann eine Echtzeitsprache unter einem Multiuser-Timesharing-Betriebssystem sinnvoll genutzt werden ?"
Bei einer Echtzeitsprache denkt man an preemptive scheduling, kurze Reaktionszeiten auf Interrupts, schnelle Kontextwechsel, unterbrechbaren Betriebssystemkern und natürlich Geschwindigkeit. Für die meisten Anwendungen, bei denen Echtzeitsprachen zum Einsatz kommen, sind dies sicherlich die Hauptmerkmale. Mit der zunehmenden Automatisierung des gesamten Produktionsprozesses treten aber weitere Eigenschaften von Echtzeitsprachen in den Vordergrund. Hierbei handelt es sich um die komfortablen Möglichkeiten, parallele Aktivitäten zu definieren, zu manipulieren und zu synchronisieren. Diese Möglichkeiten erleichtern das Programmieren von nicht zeitkritischen Multitasking-Anwendungen auch unter Standard-UNIX mit timeslice scheduling, nicht unterbrechbarem Betriebssystemkern und mit der kleinsten Zeitauflösung von einer Sekunde. Für die immer größer werdende Zahl von Echtzeit-UNIX-Systemen (z.B. LynxOS, REAL/IX, SORIX, VENIX) sind natürlich alle Möglichkeiten von Echtzeitsprachen nutzbar.

In den folgenden Abschnitten wird das PEARL 90-Programmiersystem von Werum und seine Implementierung unter UNIX vorgestellt.

2.   Das PEARL 90-Programmiersystem für UNIX

2.1   Compiler

Über den PEARL 90-Compiler wurde bereits auf dem Workshop "PEARL 90" berichtet [1], deshalb erfolgt hier nur eine grobe Charakterisierung.

Der PEARL 90-Compiler erzeugt aus PEARL-Moduln lesbaren C-Code, d.h. TYPE-Definitionen, Variablen-Deklarationen sowie Kontrollanweisungen werden direkt in C-Code abgebildet. Für die nicht direkt übersetzbaren Tasking- und Ein-/Ausgabe-Anweisungen werden Funktionsaufrufe generiert, die in einer speziellen PEARL-Laufzeitbibliothek definiert sind. Die Kompatibilität der Parameterübergabe von PEARL 90 und C ermöglicht die direkte Nutzung von UNIX-System-Calls und sonstigen Bibliotheksfunktionen aus PEARL 90-Moduln.

2.2   Laufzeitsystem

Das PEARL 90-Laufzeitsystem besteht aus zwei portabel in PEARL programmierten Paketen (PEARL-K und PEARL-EA, siehe auch [2]), die die komplexen Tasking- und Ein-/Ausgabe-Anweisungen auf wenige primitive Funktionen reduzieren, die dann in einem UNIX-spezifischen Interface auf UNIX-System-Calls abgebildet werden.

Alle PEARL-Tasks eines Programms befinden sich in einem einzigen UNIX-Prozeß. Damit dieser PEARL-Prozeß nicht durch die Ein- bzw. Ausgabe-Operation einer einzelnen PEARL-Task durch UNIX suspendiert wird, werden alle E/A-Operationen von Sohnprozessen durchgeführt.

Der Datenaustausch erfolgt über "Shared Memory"; Fertigmeldungen werden in einer gemeinsamen Message-Queue hinterlegt, die durch das PEARL 90-Laufzeitsystem ausgewertet wird. Ein eigener Dispatcher garantiert, daß die lauffähige PEARL-Task mit der höchsten Priorität ausgeführt wird. Bei UNIX-Systemen mit Echtzeit-Erweiterungen werden für die Fertigmeldungen der Sohnprozesse Events benutzt, um die hier möglichen schnellen Reaktionszeiten auch für das PEARL-Tasking zu garantieren.

Dieser asynchrone Datenaustausch wird auch dem Anwender in einfacher Art und Weise mittels eines neu entwickelten Treiber-Interfaces zur Verfügung gestellt. Dieses Interface gestattet dem Anwender, einen sequentiellen Treiber (z.B. für X-Windows-Server oder Adapter für Prozeß-E/A) zu erstellen, der dann als Sohnprozeß eines PEARL-Programms wirkt und mit dem – unter Zuhilfenahme von TAKE/SEND-Anweisungen – Daten ausgetauscht werden können. Im folgenden wird dieses Interface vorgestellt.

2.3 Definition der "system defined data stations"

Zu jeder PEARL-Implementierung gehört eine vom Implementator vorgegebene Namensliste mit sogenannten "system defined data stations" (im folgenden 'System-Dation' genannt), die die auf einem Zielsystem vorhandenen E/A-Geräte beschreiben, mit denen PEARL-Programme Datenaustausch vornehmen können. Wegen der rechnerunabhängigen PEARL-E/A muß vor der Benutzung eines E/A-Geräts dessen System-Dation-Name einem benutzerdefinierten Bezeichner im Systemteil eines PEARL-Moduls zugeordnet werden. An dieser Stelle wird bereits vom Compiler eine implizite, meist geräteabhängige Datenstruktur erzeugt, mit der dann das E/A-Laufzeitsystem arbeitet.

Der Aufbau dieser Datenstrukturen der System-Dations ist nur dem Implementator bekannt und normalerweise mehr oder weniger in den Compiler "eingebrannt". Änderungen bzw. Erweiterungen der System-Dation-Namensliste waren deshalb in der Vergangenheit umständlich und meist nur von Spezialisten durchführbar. Mit PEARL 90 wurde hier ein neuer Weg beschritten. Die Definition von System-Dation-Namen und der Aufbau der zugehörigen Datenstrukturen erfolgen jetzt in einfachster Weise mit Hilfe von PEARL-Sprachelementen in einem PEARL-Modul nach dem Schlüsselwort MODULE und vor dem Schlüsselwort SYSTEM.

Der Aufbau einer System-Dation-Datenstruktur wird durch eine normale PEARL-TYPE-Definition beschrieben. Der System-Dation-Name wird durch eine Deklaration und der Inhalt der Datenstruktur durch eine – gegenüber PEARL leicht erweiterte – INIT-Liste definiert. Die beiden folgenden Formalismen müssen eingehalten werden:

1. Das erste Element einer System-Dation-Datenstruktur muß ein vom System vorgegebener Header-Typ sein

2. Das erste Element dieses Header-Typs wiederum muß die System-Dation und ihre Eigenschaften beschreiben. In der INIT-Liste geschieht dies durch einige PEARL-Schlüsselwörter, die auch bei einer Dation-Spezifikation zulässig sind. Für das erste Element gilt folgende Syntax:

```
system-dation-type   ::=   DATION sink_source_attribute  class  access
sink_source_attribute ::=  IN / OUT / INOUT / OUT IN
class                ::=   ALPHIC / ALL / BASIC
access               ::=   DIRECT / FORWARD / FORBACK
```

Die Schlüsselwörter haben die gleiche Bedeutung wie bei einer sogenannten 'user defined data station' (im folgenden 'User-Dation' genannt). Das sink_source_attribute 'OUT IN' ist für System-Dations gedacht, die sowohl Ein- als auch Ausgaben können, aber nicht zum gleichen Zeitpunkt. PUT-, GET-, READ- und WRITE-Anweisungen sind nur für System-Dations mit der class 'ALPHIC' oder 'ALL' zulässig, TAKE- und SEND-Anweisungen nur für die class 'BASIC'.

In einem PEARL-Systemteil treten nicht nur Bezeichner und System-Dation-Namen auf, sondern es sind auch Integer-Angaben, z.B. als Index oder connection point, möglich. Damit diese aktuellen Werte zur Compilezeit geprüft werden können und für das Laufzeitsystem auch in der einer System-Dation zugeordneten Datenstruktur zur Verfügung stehen, gibt es für FIXED-Komponenten in der INIT-Liste folgende Möglichkeit:

```
init_element ::=   position (bereich, default)
position     ::=   A / B / C / D / E / F
bereich      ::=   (integer_constant : integer_constant)
default      ::=   integer_constant
```

Das init_element "B (1 : 31, 0)" wird vom Compiler folgendermaßen ausgewertet. Die zweite mögliche Integer-Angabe (position B) dieses Systemteil-Statements muß größer gleich 1 und kleiner gleich 31 sein. Die Strukturkomponente wird mit dem aktuellen Wert oder – falls keine Angabe erfolgte – mit dem Default-Wert (in diesem Beispiel 0) initialisiert.

Beispiel:

```
MODULE (sysdef);
    TYPE t_terminal STRUCT [ hd        t_sys_header,
                             name      CHAR(12),
                             index     FIXED(15),
                                    . . .
                           ];
    DCL terminal t_terminal INIT
        (DATION ALPHIC INOUT FORWARD,
         '/dev/tty'\00\'',          /* null terminated string */
         A (1 : 8, 1),
         . . .
        );
            . . .
MODEND;
```

Wird ein Modul, der Definitionen von System-Dations enthält, mit einer Sonderoption übersetzt, so erzeugt der PEARL 90-Compiler zwei zusätzliche Ausgabedateien mit den File-Extensions 'sys' und 'h'. Die 'sys'-Datei enthält binär codiert alle System-Dation-Namen und die Beschreibung ihrer Datenstrukturen mit den zugehörigen Initialisierungswerten. Diese Datei wird von PEARL 90 bei der Übersetzung von Anwendermoduln zur Auswertung des Systemteils benutzt.

Die 'h'-Datei enthält alle PEARL-TYPE-Definitionen nach C transformiert. Die in C geschriebenen Ein-/Ausgabetreiber 'includen' dann diese Datei und haben somit automatisch den typgerechten Zugriff auf die Kontrollstrukturen der System-Dations.

Wird eine System-Dation nur in einem Modul benötigt, so reicht ihre Beschreibung in diesem Modul zusammen mit dem Anwendercode. Sie ist dann in der allgemeinen System-Dation-Liste nicht vorhanden und kann deshalb von anderen Anwendern auch nicht benutzt werden.

Die geschilderte Vorgehensweise erleichtert einerseits dem Implementator die Definition von System-Dations und – das ist der eigentliche Aspekt – erlaubt dem Anwender, bestehende System-Dations zu modifizieren bzw. weitere hinzuzufügen.

Für die Standard-E/A von PEARL (PUT, GET, READ, WRITE) sind unter UNIX folgende System-Dations standardmäßig verfügbar:

STDIN, STDOUT, STDERR	--	E/A mit dem Login-Terminal. Das Umlenken auf Files ist möglich
PRINTER	--	Druckerausgabe (indizierbar)
SERIAL	--	E/A mit seriellen Schnittstellen (indizierbar)
DISKDIRECT	--	Platten-E/A mit direktem Zugriff
DISKSEQ	--	Platten-E/A mit sequentiellem Zugriff. Verwendung bzw. Auswertung von Record-Definitionen wie Carriage-Return und Line-Feed

Der 'device-name' von den indizierbaren System-Dations (PRINTER und SERIAL) wird um den aktuell angegebenen Index (in ASCII) erweitert, bevor er in einem UNIX-OPEN verwendet wird. Durch die leichte Änderbarkeit der System-Dation-Beschreibungen ist der Anwender in der Lage, diese Beschreibungen an sein konkretes System anzupassen.

2.4 Allgemeines Treiber-Interface

Für die meisten Anwendungen in der Automatisierungstechnik sind die standardmäßig implementierten Ein-/Ausgabemöglichkeiten (Terminal, Platte, Drucker, serielle Schnittstelle) zwar wichtig, aber in der Regel nicht ausreichend. Für bestimmte Teilaufgaben eines Automatisierungsprogramms (z.B. grafisches Benutzer-Interface, Kommunikation) werden normalerweise Standardpakete benutzt. Wegen der Parameterkompatibilität von PEARL 90 zu C können nun alle verfügbaren Subsysteme sowie UNIX-System-Calls direkt von PEARL 90-Programmen benutzt werden.

In einer Multitasking-Anwendung ist die direkte Nutzung von E/A-Funktionen durch eine PEARL-Task meist nicht sinnvoll, da UNIX den gesamten Prozeß und damit indirekt alle PEARL-Tasks eines Programms suspendiert bis die E/A-Operation abgeschlossen ist. Für sinnvolle Multitasking-Anwendungen darf natürlich nur die betreffende PEARL-Task bis zum Abschluß der E/A-Operation suspendiert werden, alle weiteren lauffähigen Tasks müssen in der Zwischenzeit weiter ausgeführt werden.

Für die Standard-E/A von PEARL ist dies mit Hilfe von Sohnprozessen auch bereits so realisiert. Allerdings ist es für den PEARL-Implementator unmöglich, für alle Subsysteme eines UNIX-Systems System-Dations und die dazugehörigen Treiber zur Verfügung zu stellen. Dem PEARL90-Anwender werden deshalb die Mechanismen der Standard-E/A wie Definition von System-Dations und asynchrone E/A über shared memory durch Sohnprozesse auch für die PEARL-Statements TAKE und SEND in einfacher Form zur Verfügung gestellt.

TAKE- und SEND-Anweisungen sind nur für BASIC-Dations definiert, der Anwender muß deshalb zuerst eine für seine Zwecke geeignete System-Dation definieren. Dies erfolgt entweder durch Erweiterung des allgemeinen Definitionsmoduls der System-Dation oder – falls diese System-Dation nur in einem PEARL-Anwendermodul benutzt wird – evtl. auch lokal in diesem Anwendermodul. Der Anwender kann die Initialisierung und den Aufbau der Kontrollstruktur für eine selbst definierte System-Dation völlig frei bestimmen mit der Ausnahme, daß für die erste Komponente der Kontrollstruktur der vom System vorgegebene Header-Typ (t_sys_header) verwendet und korrekt initialisiert werden muß.

Die Struktur t_sys_header hat folgenden Aufbau:

```
STRUCT [    type1          BIT(16),
            type2          BIT(16),
            function       REF PROC,
            process        CHAR(32)
       ];
```

und muß folgendermaßen initialisiert werden:

'type1'   mit einem 'system_dation_type' (siehe Definition der 'system defined data stations'). Als 'class' muß BASIC angegeben werden

'type2'   beliebig

'function' mit NIL oder dem Namen der Treiberprozedur, die vom Anwender erstellt und zum PEARL-Programm dazugebunden werden muß

'process'   mit Leerzeichen oder Pfad- und Dateiname eines UNIX-Prozesses, der nun Treiberprozeduren enthält

Die beiden letzten Komponenten bestimmen, ob die Treiberprozedur synchron ('function' ungleich NIL) oder asynchron ('function' gleich NIL und 'process' ungleich blanks) zum PEARL-Prozeß arbeitet.

Die synchrone Version ist sinnvoll für Ein-Task-Programme, für Treiber, die nur Funktionen enthalten, welche nicht oder nur sehr kurz zur Suspendierung des PEARL-Prozesses führen oder für die Testphase der Treiberprozedur selbst.

PEARL-E/A-Anweisungen beziehen sich immer auf User-Dations, die im Problemteil eines PEARL-Moduls deklariert werden und sich auf eine System-Dation beziehen. Der PEARL90-Compiler generiert für alle User-Dations mit der 'class' BASIC folgende Kontrollstruktur:

```
TYPE T_EA_BUFFER STRUCT
    [ max_buffer                    FIXED(15),
      actual_length                 FIXED(15),
      statement_id                  FIXED(15),
      number_of_control_parameters  FIXED(15),
      control_parameter_1           FIXED(31),
      control_parameter_2           FIXED(31),
      control_parameter_3           FIXED(31),
      buffer                        CHAR (max_buffer) ];
```

Auf die Bedeutung der einzelnen Komponenten soll hier nicht weiter eingegangen werden. Ihre Existenz ist allerdings zum Verständnis des Treiber-Interfaces wichtig. Bei der Verwendung der PEARL-Anweisungen (OPEN, CLOSE, TAKE, SEND) mit BASIC-Dations wird durch das PEARL90-Laufzeitsystem die der System-Dation zugeordnete Treiberprozedur mit zwei Parametern aktiviert. Der erste Parameter ist die Kontrollstruktur der System-Dation, der zweite der der User-Dation zugeordnete E/A-Buffer. Über den RETURN-Wert können Fehler mitgeteilt werden, die dann vom Laufzeitsystem angezeigt werden. Eine Treiberprozedur kann in PEARL oder C geschrieben werden. Ihr struktureller Aufbau sei hier anhand einer C-Routine erläutert:

```
long xy-driver (t_xy_dation       *system_dation, t_io_buffer       *io_buffer)
{ long rc = C_UNDEF_FUNCTION;
    . . .
  switch (io_buffer -> statement_id)
  {
      case C_OPEN:
      . . .
      break;
      case C_CLOSE:
      . . .
      break;
      case C_TAKE:
      . . .
      break;
      case C_SEND:
      . . .
      break;
  }
  return (rc);
}
```

In der synchronen Version wird die Treiberprozedur einfach zum PEARL-Programm dazugebunden. E/A-Anweisungen einer PEARL-Task für diese System-Dation laufen dann synchron zum gesamten PEARL-Programm. Um die Treiberprozedur asynchron zum PEARL-Programm zu betreiben, muß sie mit folgender C-Main-Routine zu einem UNIX-Prozeß gebunden werden:

```
long xy_driver ( );
main (int argc, char *argv [ ])
{
    drv_install (argc, argv, xy_driver);
}
```

Pfad- und Dateiname dieses UNIX-Prozesses müssen dann in der System-Dation-Beschreibung anstatt der Treiberprozedur selbst angegeben werden. 'drv_install' ist eine in Objektform zur Verfügung gestellte Prozedur des PEARL 90-Laufzeitsystems. Dieser Mechanismus erlaubt es, eine synchron zum PEARL 90-Prozeß getestete Treiberprozedur ohne Änderungen im Quellcode asynchron in einem Sohnprozeß ablaufen zu lassen.

Eine detaillierte Beschreibung dieses Interfaces findet man im PEARL 90 – Benutzerhandbuch für UNIX-Systeme [4].

3. Vorteile von PEARL 90 für UNIX-Systemen gegenüber C

Was sind nun die Vorteile von PEARL 90 gegenüber anderen Sprachen wie z.B. C ? Für sequentielle Programme ist das letztendlich eine Geschmacksentscheidung des Programmierers (sofern er sie denn hat), denn mit der Abbildung von PEARL 90 nach lesbarem C gibt es hinsichtlich Effizienz und Möglichkeiten kaum noch Unterschiede. Der Nachteil der etwas längeren Übersetzungszeit bei PEARL 90 (ein zusätzlicher Compilerlauf zur Umsetzung von PEARL 90 nach C) wird durch die Vorteile wie geschachtelte Prozeduren, komfortable E/A und strenge TYPE-Prüfung (sieht nicht jeder als Vorteil ?!) wieder ausgeglichen.

Ganz anders ist dies bei Multitasking-Anwendungen, hier sind die Vorteile von PEARL 90 gegenüber sequentiellen Sprachen erheblich. Der wichtigste Aspekt ist mit Sicherheit die einfache Portierbarkeit auf andere Betriebssysteme wie z.B. OS/2, RMX oder VMS um nur einige zu nennen. Selbst wenn dieser Aspekt nicht zum Tragen kommen sollte ("Wir setzen nur UNIX ein."), ist die Liste der Vorteile von PEARL 90 immer noch sehr umfangreich.

PEARL hat komplexe und sichere (da in die Sprache integrierte) Mechanismen zur Manipulation und Synchronisation von Tasks. In C muß sich der Anwender dagegen mit UNIX-System-Calls zum Kreieren von Prozessen, der Benutzung von Semaphoren und evtl. dem Verwalten von shared memory auseinandersetzen. Der Signal-Mechanismus von Standard-UNIX ist wegen der Möglichkeit des Verlusts von Signalen nur bedingt einsetzbar. Wichtig ist auch, daß das Hinzufügen von PEARL-Tasks zu einer Anwendung nicht zur Erhöhung der Anzahl von UNIX-Prozessen führt. Die Anzahl der Tasks eines PEARL-Programms ist nicht begrenzt.

Entscheidende Vorteile bietet PEARL 90 auch in der Testphase: Die Multitasking-Anwendung ist nicht auf mehrere UNIX-Prozesse verteilt (was das 'Debuggen' der gesamten Anwendung doch erheblich erschwert), sondern in einem einzigen Prozeß zusammengefaßt. Mit dem Testwerkzeug PEARL-View, das zum Debuggen der Echtzeitobjekte von PEARL 90-Programmen dient, ist der Anwender dann in der Lage, sich den Status und den Prozedurstack von Tasks und, falls eine Task durch eine Synchronisationsoperation blockiert wurde, den Namen der SEMA- oder BOLT-Variablen und ihren Deklarationsort ausgeben zu lassen.

Besonders für Echtzeit-UNIX-Systeme ist PEARL 90 eine gute Entscheidung, denn im Gegensatz zu Standard-UNIX, und entgegen allen Standardisierungsbemühungen gibt es bereits mehrere Echtzeit-UNIX-Systeme, die sich in ihren Echtzeit-Erweiterungen unterscheiden.

Mit PEARL 90 können also Multitasking-Anwendungen eines Standard-UNIX-Systems oder dem Echtzeit-UNIX-System X ohne Änderungen und unter Ausnutzung von Echtzeit-Eigenschaften auf das Echtzeit-UNIX-System Y portiert werden.

Deshalb ist PEARL 90 ein komfortables und sicheres Multitasking-Tool für UNIX-Systeme.

4.   Implementierungsstand von PEARL 90

Die unter dem Arbeitstitel 'PEARL 90' geführten Weiterentwicklungen von PEARL wurden bereits auf dem PEARL 89 Workshop vorgestellt [3]. Die Werum GmbH hat an dieser Weiterentwicklung mitgearbeitet und mit ihrem PEARL 90-Programmiersystem bereits den überwiegenden Teil implementiert. In Kapitel 2.1 von [3] sind die einzelnen Spracherweiterungen von PEARL 90 stichwortartig zusammengefaßt. In der folgenden Liste sind die Spracherweiterungen aufgeführt, die Werum mit seinem PEARL 90-Programmiersystem bereits realisiert hat.

- Erweiterung des Zeichensatzes für Identifier
- Zeilenkommentar
- Modifikation der Modulschnittstelle
- Konstantendefinition und deren Verwendung
- Verbesserte Stringverarbeitung (CONVERT, CAT, Slices, Steuerzeichen und -sequenzen)
- Typdefinitionen (auch einfache Typen)
- Initialisierung von zusammengesetzten Variablen (Felder und Strukturen)
- Referenzen
- Lokale geschachtelte Prozeduren
- Rekursion
- Trigonometrische Funktionen
- Änderung der Voreinstellung bei CLOSE
- Einführung neuer 'Control's: S, SOP und RST
- Semaphore und Bolts (bis auf TRY 'sema')
- Attribut für Starttask(s)
- Algorithmische Operationen aus Full PEARL, z.B. DUR/DUR
- Zuweisung von Strukturen
- Überlagerung von unterschiedlich strukturierten Objekten
- Prozeduraufruf ohne CALL

- Verbessertes CASE-Statement
- Trigger-Anweisung
- Dynamische Prioritäten im Zusammenhang mit ACTIVATE und CONTINUE
- Suspendierung von Fremdtasks
- Round-Robin für gleichpriore Tasks

Darüberhinaus wurden REF TASK und REF PROC implementiert, Eigenschaften, die besonders im Hinblick auf objektorientierte Programmierung wichtig sind.

5.   Ausblick

Unter SCO-UNIX und SunOS ist PEARL 90 bereits verfügbar. Wegen der Abbildung von PEARL nach C und der weiteren Verfeinerung der portablen Komponenten des PEARL 90-Programmier-systems konnten die Portierungsaufwände weiter reduziert werden. Für Standard-UNIX sind etwa 2 Mannwochen, für Echtzeit-UNIX bzw. für andere Echtzeit-Betriebssysteme ungefähr 1 bis 4 Mannmonate nötig.

Aufgrund dieser niedrigen Portierungsaufwände, besonders für Standard-UNIX-Systeme, wird PEARL 90 in naher Zukunft auf allen gängigen Betriebssystemen verfügbar sein. Der PEARL90-Anwender hat damit eine komfortable und zukunftssichere Plattform für Multitasking- und Echtzeit-Anwendungen.

Literatur

[1]   Warzawa, M.; Kneuer, E.: Neue Implementierungswege mit PEARL 90. In: Informatik Fach-berichte 262, PEARL 90 Workshop über Realzeitsysteme, Springer Verlag, 1990.

[2]   Erdtmann, A.; Kneuer, E.: Implementierung der Echtzeitsprache PEARL unter dem Echtzeit-UNIX-Betriebssystem SORIX von Siemens. In: Drebinger, L. (Hrsg.): Echtzeit '90, Kongreß-Vortrags-Band, 19. bis 21. Juni 1990, Sindelfingen.

[3]   Stieger, K.: PEARL 90 – Die Weiterentwicklung von PEARL. In: Informatik Fachberichte 231, PEARL '89 Workshop über Realzeitsysteme, Springer Verlag, 1989.

[4]   PEARL 90. Benutzerhandbuch für UNIX-Systeme. Werum GmbH, Lüneburg.

RISC contra CISC - Beobachtungen bei der Portierung eines Echtzeitbetriebssystemes.

W. Gerth und J. Gottfriedsen

Institut für Regelungstechnik
Universität Hannover
Appelstr. 11

1. Einleitung

In den letzten Jahren findet man zunehmend verschiedene RISC-Prozessortypen in Arbeitsplatzrechnern. Diese werden in der Regel mit UNIX-ähnlichen Betriebssystemen betrieben. Inzwischen gibt es RISC-Prozessor-Hardware auch in Form von VME-Bus-Karten und sogar stand-alone Rechnerkarten sind verfügbar. Sollten die Chippreise akzeptable Werte erreichen, so könnten RISC-Prozessoren in Zukunft vielleicht verstärkt Einzug in die Prozessrechentechnik finden. Über die Vor- und Nachteile der RISC-Architektur gibt es seit langem Diskussionen. Dagegen gibt es offenbar wenige vergleichende Erfahrungen aus der Praxis bezüglich ihrer Eignung für Echtzeitsysteme. Mit diesem Beitrag soll den zahlreichen Spekulationen nicht eine weitere hinzugefügt werden. Statt dessen sollen die ganz realen praktischen Beobachtungen bei der Portierung des verbreiteten **RTOS**-Echtzeitbetriebssystemes geschildert werden. Das RTOS/PEARL-System wurde ja schon einmal portiert, und zwar vor fast 10 Jahren auf die Prozessoren der 680xx - Familie. Mit diesem Prozessor hat es sich in den letzten Jahren so durchgesetzt, daß heute mehrere tausend Realisierungen im industriellen Einsatz zu finden sind. Seit Anfang 1991 läuft es auch auf dem 68040, mit dem eine neue Leistungsdimension erschlossen wurde: Der 68040-CISC-Prozessor hat eine RISC-ähnliche Taktausbeute. Im Sommer 1991 entstand dann im Rahmen einer Diplomarbeit ein völlig funktionskompatibler 'echter' RISC-RTOS-Systemkern für den Prozessor Am29000 [1].

2. RISC und CISC in einer ersten Gegenüberstellung.

Die folgende Gegenüberstellung von 68000 und 29000 ist zwar hardwarespezifisch, jedoch würde sich hinsichtlich des Gesamteindruckes nicht viel ändern, wenn man statt dessen etwa eine Gegenüberstellung des 80386 mit dem 88000 wählen würde. Bevor wir das Portierungsprojekt gestartet haben, wurden alle verbreiteten RISC-Prozessortypen inspiziert. Die Wahl fiel schließlich auf den Prozessor 29000 von Advanced Micro Devices (AMD), weil er vom Preis-Leistungsverhältnis her besonders günstig erschien. Zudem stellte sich dann heraus, daß es vermutlich der zur Zeit in größter Zahl eingesetzte RISC-Prozessor ist. Er wird z.B. auch in Laserdruckern und Hochleistungsgrafikkarten eingesetzt. Erfreulicherweise erwies sich die Herstellerfirma schon bei den ersten Kontakten als sehr kooperativer Partner für das Projekt, da man dort genau wie bei uns im Am29k ein preiswertes Hochleistungszugpferd für den Embedded-Controller-Bereich sieht. So erhielten wir Unterstützung in Form eines 29000-Singleboardsystemes 'STEB' (Standalone Evaluation Board), welches wohl ursprünglich für firmeninterne Vorführungs- und Schulungszwecke in der Anfangszeit des 29000 gedacht war. Dieses kleine System arbeitete zu unserer großen Zufriedenheit robust und fehlerfrei - eine Beobachtung, die heute selbst bei ziemlich teurer Rechnerhardware leider immer seltener gemacht werden kann.

Die unten geschilderten strukturellen Portierungsprobleme mit dem 29000 dürfen keinesfalls speziell diesem Chiptyp angelastet werden. Sie sind RISC-typisch und wären in dieser oder sogar verschärfter Form bei den Konkurrenztypen genauso aufgetreten.

MC68000   **Am29000**

Mikroprogramm   kein Mikroprogramm
Befehle unterschiedlich lang   festes Befehlsformat
16/32 Bit Architektur   32 Bit Architektur
10 Adressierungsarten   2 Adressierungsarten
ALU kann auf Speicher zugreifen   ALU kann nur auf Reg. zugr.
Systemstack   kein Systemstack (!)
Autom. Interruptmaske   keine autom. Interruptmaske
ca. 200 Interruptvektoren mögl.   Nur 4(7) IR-Autovektoren
8 Adress + 8 Datenregister   192 General-Purpose Reg.
2 Spezialregister (PC+SR)   27 (!) Spezialregister

Ein entscheidender Unterschied zwischen CISC und RISC ist auch beim Rechendatenfluß hinsichtlich der Zugriffsmöglichkeiten des Rechenwerks zu erkennen:

Rechendatenfluß der CISC-Registermaschine (680xx)

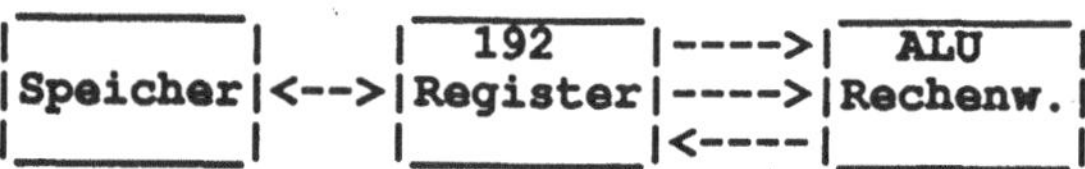

Rechendatenfluß beim RISC-Prozessor (Am29000)

Eine Erkenntnis sei hier vorweggenommen: Die bei der Portierung relevanten Probleme gründen sich überhaupt nicht auf den 'Reduzierten Befehlssatz' (reduced instruction set), der Befehlssatz des 29000 eignet sich sogar sehr gut, um ein Echtzeitbetriebssystem zu kodieren. Die Probleme entspringen sämtlich den **begleitenden** architektonischen Besonderheiten, die den RISC-Prozessor mit einem möglichst niedrigen gegen 1.0 strebenden Verhältnis Clockzyklen/Maschinenbefehl ausstatten sollen. Bei den arithm./log. Befehlen und bei einem schnellen Instruktionsspeicher wird der Wert 1.0 ja auch tatsächlich erreicht, während beim (alten) 68.000 hier Werte > 4.0 anzusetzen sind. Als Folge davon stellen die Prozessoren 68000 und 68020 im Vergleich zum RISC-Prozessor bei gleicher Clockfrequenz allerdings wesentlich geringere Anforderungen an die Speichergeschwindigkeit.

3. Das Prozeßmodell von RTOS.

Das Innenleben eines Echtzeitbetriebssystemes mit seinen Stärken und Schwächen begreift der Ingenieur am besten an Hand eines sauber definierten 'Prozeßmodelles'. Dazu studieren wir hier einfach einen hypothetischen Ablauf längs der Zeitachse. Als Ordinate wird mit **wachsender Priorität nach oben** der jeweils aktive Prozeßlevel aufgetragen. Jeder Level ist für darunterliegende nicht unterbrechbar.

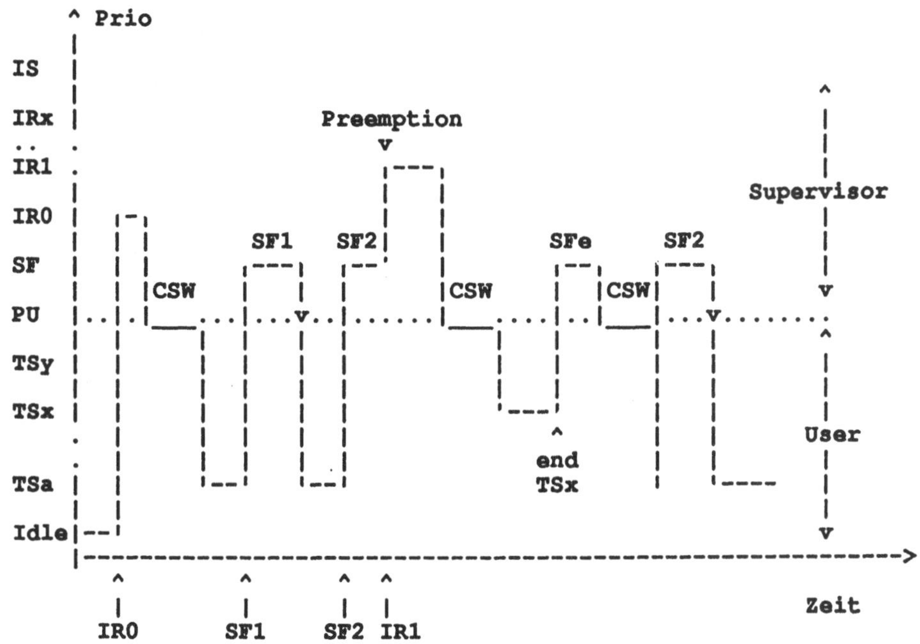

Ein typisches Prozeß/Zeitdiagramm von RTOS/PEARL

Dargestellt ist die durch einen Hardwareinterrupt bewirkte Aktivierung
der Task 'TSa', wie sie etwa durch das PEARL-Statement

    WHEN IR0 ACTIVATE TSa; vereinbart sein könnte.

Die Task TSa ruft dann eine Systemfunktion SF1 auf, z.B. ein
erfolgreiches **REQUEST** auf eine Semaphorvariable. Im obigen Beispiel
wurde angenommen, daß beim Aufruf einer weiteren Systemfunktion SF2
zufällig gerade ein Hardwareinterrupt ausgelöst wird, der zum echten
'preemptive Contextswitch' (CSW) zugunsten der Task TSx führt. SF2
wird also abgebrochen, damit TSx möglichst sofort starten kann. TSx
ruft an ihrem dynamischen Ende die Terminate- (end)-Systemfunktion SFe
auf. Der PU exekutiert einen Contextswitch, der jedoch nur fiktiv in
den Prozeß TSa zurückführt, da sofort die abgebrochene Systemfunktion
SF2 wieder in Bearbeitung genommen wird. Ein eventueller interner
Kontext von SF2 wird bedingt durch ihre Bauart dabei neu erstellt –
mußte also vorher nicht gerettet werden (s.u.).

RTOS verwendet zwangsweise dennoch in den Systemfunktionen Sequenzen, die durch den PU nicht aufgebrochen werden können. wie z.B. beim Semaphorrequest zwischen Abfrage und Umsetzen unbedingt erforderlich. Solche Sequenzen sind aber vorher statisch auszählbar, hängen also z.B. nicht von der aktuellen Speicherbelegung ab. Auch die Suche nach Platz oder irgendwelchen Objekten im Speicher ist nach jeweils einer Handvoll Maschinenbefehle immer wieder für den PU abbrechbar. Bei der Unterbrechung einer SF durch den PU gilt so eine Art 'Throw-away'-Prinzip: Die SF selbst haben keinen eigenen Kontext oder nur solchen, der bei Neubeginn der SF von alleine wiederkehrt; was die SF bis zum Abbruch geleistet hat, wird einfach bei Wiederaufnahme der verdrängten Task wiederholt. Dadurch entsteht theoretisch natürlich ein Verlust von Prozessorarbeitsleistung. Er ist jedoch in der Praxis kaum je nachzuweisen, lediglich beim Labortestbetrieb mit Signalgenerator und zyklischen Interrupts im Frequenzbereich der (hohen) Systemleistungsgrenze beobachtet man verfahrensbedingte charakteristische Phänomene. Man beachte, daß die Wegwerfarbeit ja stets dem minderwichtigen, zu verdrängenden Prozeß aufgehalst wird. Diese Technik ist in den letzten Jahren ständig verbessert worden und ist sicher einer der Gründe für die sehr gute Phasentreue, Determiniertheit und schnelle Reaktivität der modernen Implementierungen von RTOS. Die Abbrechbarkeit von Systemfunktionen ist für den Regelungstechnikingenieur zwingend. Multiusersysteme, wie z.B. normales Unix oder OS-9 haben trotz ihrer sonstigen Qualitäten hier ganz gravierende konzeptionelle Mängel, die sie für typische anspruchvolle Regelaufgaben ungeeignet machen [2]: Irgendeine niederpriore Task macht eine Terminalausgabe, ruft dazu eine SF auf und schon ist der Reglerzyklus unvorhersehbar gestört, weil der Timerinterrupt erst am Ende der SF zum Taskwechsel führt.

In RTOS bildet der Prozeßumschalter PU die Grenzlinie zwischen den folgenden Supervisorprozessen:

IS = Interruptsperre, durch Software ein-/ausgeschaltet.
IR = Interruptroutinen, durch Prozessorhardware aktiviert.
SF = Systemfunktion, durch Softwareinterrupt/Trap aktiviert.

Der RTOS-Kern prüft bei jedem 'Abstieg' vom Supervisor- in den Userstatus auf der PU-Ebene eine Sammelflag, in der jede zwischenzeitliche Taskzustandsänderung archiviert wurde. Der PU selbst ist der niedrigst priorisierte Supervisorprozess des Systemes, läuft also im privilegierten Mode des Prozessors mit vollem Instruktionssatz.

4. Zur Implementierungssprache.

Trotz der günstigen Portierungsaspekte wurde niemals ernsthaft daran gedacht, den Kern des Betriebssystemes in einer höheren Programmiersprache, etwa C, zu programmieren. Auch wenn es völlig gegen den Zeitgeist zu sein scheint: ein effizientes Echtzeitmultitaskingbetriebssystem kann im Kern nach unserer Meinung nur in Maschinensprache kodiert werden! Bei der Umsetzung des obigen Prozeßmodelles sind ständig Zugriffe auf die spezifischen Hardwarekomponenten des Prozessors erforderlich, Maschinenzyklen müssen abgeschätzt werden können etc. Darüberhinaus haben wir hinsichtlich der Effizienz auch der besten C-Compiler bei hardwarenahen Programmierproblemen, z.B. beim Emulatorbau, mittlerweile etliche negative Beobachtungen machen müssen. Oft genug sind hier schon unerfahrene Assemblerprogrammierer sogar auf so unübersichtlicher Hardware wie dem Intel 80x86 bei der Projektabwicklung hardwarenaher Probleme im Wettkampf Sieger nach Zeit und Produktqualität gegen erfahrene C-Profis geblieben. Bei der Bearbeitung komplexer Datenstrukturen und der Umsetzung anspruchsvoller Algorithmen kommt natürlich auch bei uns niemand auf die Idee, Assemblersprache zu verwenden.

Für den RISC-Prozessor wurde vor Beginn des Projektes ein Assembler geschrieben, der auf allen heutigen Betriebssystemen als Crossassembler lauffähig ist. Ein Assembler für den Am29000 ist wegen des sehr übersichtlichen und geradlinigen Befehlsaufbaues strukturell sehr einfach zu erstellen, anstrengend war dabei nur die Eingabe der zahlreichen Mnemos für Befehle, Spezialregister und Funktionsbits. Die Codierung des neuen RTOS in der 29000-Assemblersprache erwies sich später dann ebenfalls als völlig unproblematisch und gut strukturierbar - freilich immer erst, nachdem man das zur jeweiligen Funktion gehörende Hardwarestrukturproblem gelöst hatte.

5. Was ist der 'Kontext'?

Diese 'dumme Frage' wurde bei der Erschaffung des bisherigen RTOS niemals gestellt. Es war völlig klar, daß damit die Register, der PC und das Statusregister gemeint waren.

Beim Am29000 setzt hier jedoch sofort die Diskussion an. Würde man alle 192+27 Register zum Kontext rechnen, so ergäben sich beträchtliche Task-Reaktionszeiten. Besonders der Zugriff auf die Spezialregister geht nur umständlich und zeitraubend im Umweg über die Universalregister. Wie oben erwähnt, kommt kein einziger arithmetischer oder logischer Befehl ganz RISC-typisch direkt an eine Speicherzelle heran: Das Betriebssystem kann selbst in seinem Innenleben nur mit Hilfe von Registern arbeiten, die logischerweise nicht den Tasks zugeordnet werden dürfen.

Die Software-Vorstellungen der Hardwareentwickler des Am29000 zum Multitasking erwiesen sich leider für das RTOS-Projekt nicht als Hilfe. Von den 192 gleichartigen Universalregistern bilden 128 die Gruppe der lokalen Register. Über ein Zeigerregister kann man nun das lokale Register LR0 auf einen wählbaren Punkt des physikalischen 128-Registersatzes legen, die folgenden Register LR1 ... LR127 werden weiter aufsteigend modulo 128 (Ringstruktur) zugeordnet. Nach der Vorstellung der Hardwareleute können dann z.B. 8 Tasks in ihren Maschinenbefehlen alle die lokalen Register LR0...LR15 benutzen, der Prozeßumschalter shifted beim Taskwechsel nur das Zeigerregister, welches damit zum Kontext gehören würde. Das sieht auf den ersten Blick bestechend aus, war dann aber leider am Ende nur die Verführung in eine zeitraubende Sackgasse:

- Selbst die kleinsten RTOS-Anwendungen auf Halbeurokartenrechnern mit 68008 haben deutlich mehr als 8 Tasks in der Systemverwaltung. Der 29000 gehört aber einer viel höheren Leistungsklasse an, vergleichbar dem 68020 oder darüber. In RTOS/PEARL-Projekten auf 68020-Systemen gibt es durchaus bisweilen 300 und mehr PEARL-Tasks. Folglich benötigt man beim 29000 einen Verdrängungsalgorithmus für die Register und muß bei jeder Prozeßumschaltung prüfen, ob der Registersatz für den neuen Prozeß überhaupt noch gültig ist.

- Eine bedarfsgerechte Zuordnung der Registerzahl zur jeweiligen Task bringt zusätzliche, beim Prozeßwechsel zu erledigende Verwaltungsarbeit mit sich.

- Das Retten von 16 Universalregistern in den Speicher dauert zeitlich nur wenig länger als die Abfrage dauern würde, um festzustellen, ob der Registersatz nicht inzwischen verdrängt wurde. Man kann x Universalregister mit einem Befehl in den Speicher transportieren und umgekehrt, wobei für jedes zusätzliche Register nur 1 Elementarclockzyklus mehr verbraucht wird.

- Der wesentliche Zeitverbrauch entsteht beim Kontextswitch durch das Retten der Spezialregister. Deren Anteil am Kontext muß darum so niedrig wie möglich gehalten werden.

Um ganz sicher zu gehen, wurde der Ansatz mit geshiftetem Registerzeiger dennoch kodiert, wobei gleich die endgültige kleine (s.u.) Anzahl von Spezialregistern im Kontext zu Grunde gelegt wurde. Unter idealen Voraussetzungen für die Registerzeigermethode wurde in einer einzigen Konstellation der äußerst magere Gewinn von ganzen 4 % (!) beim Zeitverbrauch für den Kontextswitch gemessen, ansonsten war die Methode stets deutlich ineffizienter. Die angenommene Konstellation kommt in der RTOS-Praxis aber nicht vor und darum war der gesamte gutgemeinte Denk-Ansatz der Hardwareleute des Chip-Herstellers hier zu verwerfen.

Kontext des 680xx	**Kontext des Am29000**		
17 Register mit 32 Bit	0 .. 128 Register 32 Bit		
	PC0	mit 32 Bit	
	PC1	''	
Syst.Stackframe 12 Bytes	OPS	''	
(enthält PC, SR)	ALU	''	
	Q	''	
------------------------------	------------------------------		
80 Bytes ohne FPU	20 ... 532 Bytes ohne FPU		

Anzumerken ist hierbei, daß die beim Am29000 zum Kontext gerechneten Spezialregister Program-Counter 0 (PC0), Program-Counter 1 (PC1), Old Processor-Status (OPS), Arithm./Logic-UNIT-Status (ALU) und MUL/DIV-Hilfsregister (Q) das absolute Minimum darstellen, welches am Ende langer Untersuchungen herauskristallisiert werden konnte. Alle anderen Spezialregister konnten entweder konstant gehalten werden oder werden nur auf der Supervisorebene variiert. Die obigen Spezialregister reflektieren quasi den internen Verarbeitungszustand der Instructionpipeline, des Rechenwerks etc. - Daten, die bei CISC-Prozessoren nicht nach außen erscheinen, da der Mikroprogrammcode Interrupts erst am Ende eines CISC-Befehles honoriert. Eine Ausnahme hiervon bildet der 'Mid-Instruction-Interrupt' des Gleitkommarechenwerks 68881/2, bei dem u.U. ca. 200 (!) Bytes Kontext zusätzlich zu retten ist.

Die Anzahl benötigter Arbeitsregister kann also beim 29000-RTOS für jede Task vom Programmierer bzw. vom Compiler individuell festgelegt werden. Wird dadurch nicht aber die Determiniertheit der Reaktionszeit gefährdet? Im Prinzip ja, doch unterscheidet sich der Zeitverbrauch beim Kontextswitch in beiden Extremfällen 0 Register / 128 Register bei einem 25 Mhz-Prozessor ohne Wait-states nur um den anscheinend sehr kleinen Wert von lediglich **knapp 6 Mikrosekunden.**

6. Endgültige Registerbelegung.

Wie beschrieben, kann die RISC-Maschine auf die Speicherzellen ausschließlich mit Load- und Store- Befehlen zugreifen. Will man also z.B. nur 'eben schnell' prüfen, ob der Inhalt der Speicherzelle xy negativ ist oder nicht, so gehören dazu 3 Befehle, bei höheren Speicherzellen mit Adressen länger als 16 Bit sogar 4:

```
CONSTH   regx,high16bit
CONST    regx,low16bit
LOAD     regy,regx
test     regy
```

Das hat für die **Interruptroutinen** die Konsequenz, daß man selbst zum Retten irgendeines Registers bereits ein freies Register braucht. Also muß man sinnvollerweise für jeden Interruptprozeß eine kleine Anzahl Register **dauerhaft** abzweigen. Dazu werden 16 'globale' Register aus dem Gesamtvorrat von 64 (192-128) festgelegt. Sie dürfen nun nur noch auf der ihnen zugeordneten IR-Ebene benutzt werden. Für die Gesamtheit aller SF von RTOS verbleiben damit 48 Register.

Für die Portierung erwies es sich als günstig, daß es im Systemkern selbst nur eine begrenzte und anwenderproblemunabhängige Anzahl

globaler Daten gibt, die das System für seine Prozeß- und Speicherverwaltungsarbeit benötigt. Bei der Konzeption von RTOS waren von
vornherein irgendwelche numerischen Beschränkungen, wie sie z.B. durch
altmodische Prozeßverwaltungstabellen entstehen, ausgeschlossen worden. In der Am29k-Version von RTOS werden 15 wichtige Systemdaten
ständig in Registern gehalten. Damit sind die zeitlichen Nachteile
durch den problematischen Speicherzugriff nicht nur gut in den Griff
zu bekommen, sondern werden am Ende sogar noch in einen **Leistungsvorteil gegenüber dem 680xx** umgekehrt.

Wie bereits erwähnt, gibt es keinen Systemstack. Die restlichen 33
Register werden eingesetzt, um Unterprogrammrücksprungadressen, temporäre Pointer einzelner Systemprozesse, Zeitverwaltungszellen etc.
aufzunehmen. Einige Register enthalten auch wichtige und häufig
gebrauchte Konstanten, z.B. die Null und das Bitmuster des logischen
TRUE.

```
16 Register   ->  fest den Interruptebenen zugeordnet.
15 Register   ->  Zentrale wichtige Systemvariable.
33 Register   ->  Stackersatz, temporäre SF-Variable.
```

7. Sonstige Probleme mit der RISC-Architektur.

Bei Auftreten eines Interrupts rettet der Prozessor bekanntlich keine
Daten auf einen Stack, sondern legt vom Statusregister eine Kopie
(OPS) an, sperrt alle Interrupts und Traps und friert die anderen
Spezialregister ein. Man hat dann nur einen sehr eingeschränkten
Befehlssatz zur Verfügung, kann aber mit einem Interruptreturn extrem
schnell den Interruptprozeß wieder verlassen. Will man andere Interrupts zulassen oder den eingefrorenen Zustand aufheben, so ist eine
recht umständliche Prozedur abzuwickeln und eine dazu Komplementäre
vor dem Interruptreturn. **RISC-Prozessoren** sind bei der **Interruptverarbeitung ganz allgemein ziemlich unhandlich,** weil ihnen ja die komplexen Interruptnebenfunktionen der CISC-Prozessoren fehlen. Der eingefrorene Zustand des 29000 ist trotz des stark reduzierten Befehlssatzes für RTOS ein attraktiver Kompromiß. Hier erwies es sich als
günstig, daß das RTOS-Konzept mit Hinblick auf eine möglichst hohe
Auflösungsgrenzfrequenz schon immer konzeptionell auf möglichst simple
und kurze Interruptprozesse getrimmt war. Diese Prozesse erzeugen ja

Störungen im Ablauf der anderen Prozesse und sollten auch von daher zeitlich minimiert werden. Im Am29k-RTOS wird man wohl auch bei späteren Implementierungen mit dem eingefrorenen Zustand auskommen, wenn man zeitlich problematische Aufgaben auf Taskebene verlagert (Dämonen). Der PEARL-Programmierer kodiert ja bekanntlich niemals Supervisorprozesse, sondern stets nur Tasks, was sich heute erneut und ganz besonders für die RISC-Prozessoren als segensreiches Konzept erweist.

8. Daten des CISC-RTOS im Vergleich zum RISC-RTOS.

Studiert man den Maschinencode irgendwelcher Programme für den 29000, so fällt sofort eine sehr starke Dominanz des 'CONST'-Befehles auf, mit dem man jeweils eine 16-Bit-Konstante aus dem Befehlswort in die obere oder untere Hälfte eines Registers bringen kann. Dieser Befehl wird immer wieder gebraucht, wenn man an irgendeine Speicherzelle heranwill. Zwei CONST-Befehle ersetzen praktisch das 32-bit lange Extensionwort der direkten Speicheradressierung bei CISC-Prozessoren - verbrauchen aber den doppelten Platz im Instruktionsspeicher. Alle speicherorientierten CISC-Befehle lassen sich nur durch ganze Bündel von RISC-Befehlen abbilden. Trotzdem kann das RISC-Programm schneller sein, weil die RISC-Maschine bei schnellem Speicher ja mit der Clock-frequenz von Befehl zu Befehl eilt.

Es war darum ziemlich spannend, am Ende nachzusehen, wievielmal mehr Maschinenbefehle der neue 29000-RTOS-Kern enthalten würde. Da wurden einige Fallbeispiele probeweise kodiert und unsere Anfangsabschätzung vermutete danach etwa die 3-fache Anzahl erforderlicher Maschinenbe-fehle. Das wäre höchstwahrscheinlich immer noch ein Zeitgewinn gegenü-ber dem 680xx, wobei der 68040 ausgenommen werden muß.

Gesamtspeicherbedarf für alle RTOS-Systemfunktionen:

680xx: 7.5 kbyte   29000: 12.5 kbyte

Das ist ein sehr erstaunliches Ergebnis, denn es wird beim 29000-RTOS tatsächlich **nur 1.7** mal mehr **Programmspeicher** benötigt als bei der 680xx-Version.

Bezüglich der Anzahl **benötigter Befehle** sehen die Verhältnisse sogar noch günstiger aus, manche wichtige Systemfunktion benötigt sogar nur **1.4** mal mehr **Maschinenbefehle** als beim 680xx-RTOS, nur bei den ungünstigsten Fällen wurde vereinzelt der Faktor 1.7 beobachtet.

Der Vorteil der sehr schnellen Befehlsausführung wurde also nicht durch Verlängerung des Codes wieder aufgezehrt!

Aus diesen Daten läßt sich einigermaßen brauchbar abschätzen, daß das 29000-RTOS in seiner Leistungsfähigkeit bei gleichem Prozessorclock irgendwo zwischen der 68030- und der 68040-Version einzuordnen sein wird. Es sei dabei daran erinnert, daß die doch überraschend guten Ergebnisse zum größten Teil auf die dauerhafte Plazierung zentraler Systemdaten in Registern zurückzuführen sind. Damit ist die Abbildung der RTOS-Funktionen **nur nach außen gleichwertig** und man darf diesen hervorragenden Leistungsvorteil nun keineswegs völlig unkritisch auf beliebige algorithmische Probleme übertragen.

Die gemessenen Reaktionszeiten bestätigen die aus der geringen Code-verlängerung abzuleitende erfreuliche Tendenz. Dazu wurde u.a. folgendes Experiment durchgeführt:

Eine Task mit residentem (=dauernd zugewiesenem) Task-arbeitsspeicher soll auf einen Interrupt hin aktiviert werden. Der Maschinencode dazu entspricht genau dem, den der RTOS/PEARL-Compiler nach der Anpassung seines Codegenerators an den 29000 aus dem PEARL-Statement

WHEN IRxyz ACTIVATE Antworttask;

erzeugen wird. Eingesetzt wurde ein Registerbedarf von 16 Registern und eine höher priorisierte aber aktuell blockierte weitere Task, die damit auch vom PU zu beachten war. **Gemessen** wurde die tatsächliche Zeitverzögerung (Oszilloskop) **vom Auslösen des Interrupts** bis zum **ersten Befehl der Antworttask.** Das verfügbare Board arbeitete nur mit 16 Mhz und war auf 2 Waitstates eingestellt. Trotzdem benötigte das System für den ganzen Ablauf inkl. vollständigem CSW nur ganze **36 us** und diese ergeben rechnerisch beim idealen 25 Mhz Prozessor ohne Waitstates den erstaunlichen Wert von weniger **als 8 Mikrosekunden!**

Zeiten von äußerer Auslösesignalflanke bis zum Start einer PEARL-task:

68030/25Mhz   **68040/25Mhz**   **29000/25Mhz**

55 us   **33 us**   **8 us**

Das bisherige kleinste zyklische Einplanungsintervall von 1ms bei RTOS/PEARL ist zwar im Vergleich zu konzeptionell längst veralteten Betriebssystemen mit Planungsatomen von 10ms oder mehr immer noch gut. Im Lichte der obigen Reaktionsgeschwindigkeiten der Prozessoren 68040 und 29000 ist diese Auflösung jedoch inzwischen viel zu grob. Das **29000-RTOS erhielt darum als Planungsatom 0.1 ms.** Mit dem PEARL-Statement

'ALL 0.0001 SEC ACTIVATE ....'

erreicht man saubere Abtastraten von 10 Khz. Vermutlich ist sogar 0.1 ms noch zu grob, denn mit einem 'No-wait-25Mhz-29000' scheinen Hochsprachtaskzyklusfrequenzen bis **hin zu 50 Khz** möglich!

9. Zusammenfassung und Ausblick.

Das zentrale Problem der Portierung des gesamten Programmiersystemes RTOS/PEARL wurde mit der Bereitstellung aller RTOS-Systemdienste im 29000-RTOS gelöst. Alle durch das RISC-Konzept bedingten Klippen ließen sich wegen der hohen Registerzahl des 29000 nach entsprechender innerer Umstrukturierung des Betriebssystemes gut umschiffen.

Die bisher ermittelten Leistungsdaten sind wirklich beeindruckend. Allerdings stellt sich die Frage nach dem **Kostenaufwand** für einen 25Mhz-29000-Prozessor mit 'no-wait'-Speicher (ROM und RAM). Dennoch: Schon die tatsächlich gemessenen Werte bei 16 Mhz und 2 wait-states liegen bezüglich der Echtzeitreaktivität bei den gleichen Werten wie beim 25Mhz-68040!

Eine kleinere Ärgerlichkeit des 29000 ist darin zu sehen, daß die globalen Register zwar bankweise gegen Zugriffe der Tasks (Usermode) geschützt werden können. Erforderlich gewesen wäre aber eine Möglichkeit, nur das Beschreiben der Register zu verhindern - und das geht leider nicht. So bleiben die Register ungeschützt. Allerdings können nur 'böswillige' Assemblerprogrammierer hier Schäden anrichten. RTOS/PEARL ist ja ohnehin nie mit dem Anspruch angetreten, ein ...ix-Betriebssystem sein zu wollen; zugunsten der Kompaktheit und Schnelligkeit als Prozeßrechensystem wurde auch bisher schon kein großer Aufwand gegen absichtlich unkooperative Nutzer vorgesehen.

Offenbar geht die **Entwicklung der 290xx-Familie** beim Hersteller zügig weiter. Auch sind noch preiswertere Versionen des Chip im Gespräch. So werden wir jetzt als nächste Projekte das PEARL-Kompilier- und Ablaufsystem sowie die Shell in Angriff nehmen. Es sieht heute so aus, daß RTOS und PEARL damit schon bald eine neue und vom Preis-/Leistungsverhältnis her attraktive Hardwarebasis haben werden. Hinsichtlich der **Skalierbarkeit** gelten alle Eigenschaften des bisherigen 680xx-RTOS: Der Anwender baut das System ohne umständliche Systemgenerierung einfach additiv zusammen und der 29000-RTOS-Kern führt die erforderliche Selbstmontage beim Einschalten des Chips automatisch aus. Natürlich ist auch die **EPROMfähigkeit** wie bisher gegeben. Bezüglich der **Ablaufgeschwindigkeiten** ist den 680xx-RTOS-Systemen mit dem brüderlichen 29000-RTOS nun ein ernst zu nehmender Konkurrent erwachsen.

Wer seine bisherigen Echtzeitprobleme schon in PEARL kodiert hat, kann sich gänzlich unbeschwert auf neue Möglichkeiten freuen, denn für ihn ändert sich PEARL-typisch überhaupt nichts bei den Quelltexten seiner problemlösenden Programme, wenn er die neue Hardware für seine Projekte einsetzen will.

Literatur.

[1] Gottfriedsen, J., "Echtzeitbetriebssystemkern für einen RISC-Prozessor". Diplomarbeit Inst. für Regelungstechnik Uni Hannover 1991.

[2] Gralla, Ch., "Quantitativer Vergleich von 3 Echtzeitbetriebssystemen für die digitale Prozeßregelung". Fachtagung PEARL 91 (in diesem Tagungsband).

[3] Johnson, M., "Am29000 User's Manual". Advanced Micro Devices 1990.

C für die Echtzeitprogrammierung

Dr. Michael Huelke

electronic system design GmbH

Vahrenwalderstraße 7, D-3000 Hannover 1

<u>Kurzfassung</u>

Als Beitrag zur Sicherheit, Wirtschaftlichkeit und Komfort von C-Entwicklungen innerhalb einer Echtzeit/Multitasking-(E/M)-Umgebung stellt dieser Vortrag das Prinzip **C-MODUL** vor:
Für E/M-Anwendungen wird die bekannte Modularität der C-Programmierung (Objekte in einer Linkeinheit = TASK) aufgestockt (Tasks in einer Ladeeinheit = MODUL). Durch eine neue C-Speicherklasse **absolute extern** gekennzeichnete Referenzen können auf Objekte außerhalb von TASK oder MODUL verweisen und oft bis zur Ladezeit unbefriedigt bleiben. Es entsteht eine flexible, modularisierende Softwarehandhabung während der Erstellungsphase.
E/M-Software wird in einzel (nach)ladbare Module mit jeweils beliebig vielen Tasks unterteilt und modulweise bearbeitet. Fertige Module oder Funktions-Büchereien bleiben in EPROM oder RAM geladen. Neue Module und deren modulübergreifenden Referenzen kann der Lader mit früher geladenen Objekten verbinden. Der Erstellungszyklus wird vor allem bei Cross-Entwicklungen reduziert.
Module können wachsen, umgebaut, geteilt oder fest installiert werden- ohne Änderung von Quelltext oder Linkeinheit. Es entsteht eine Art anonyme symmetrische Entwicklungsumgebung, die sich dem Entwicklungsverlauf und der Mitarbeiterstruktur anpaßt.

<u>Einleitung</u>

Die Programmiersprache C hat sich zum Quasi-Standard für die industrielle Software-Erstellung entwickelt. Die ANSI-Standardisierung unterstützt diesen Trend. Echtzeit-Multitasking-(E/M)-Funktionalität, für viele Lösungen der Regelungs-, Meß- und Automatisierungstechnik unabdingbar, steht einerseits noch vor einer Normung, andererseits unterstützen nur wenige Betriebssysteme die geforderten Echtzeiteigenschaften.

Die für Erstellung und Ablauf von E/M-Software notwendigen Task- und Modulkonzepte sind von der Standardisierung überhaupt nicht erfaßt. Hier ist der Systemanbieter gefordert. Als Vorbild kann die Normung der im Vergleich zu C weniger bekannten Prozesssprache **PEARL** dienen, die seit Jahren für E/M-Anwendungen erfolgreich eingesetzt wird.

Als Beitrag zur Sicherheit, Wirtschaftlichkeit und Komfort von typischen Entwicklungen innerhalb einer Echtzeit/Multitasking (**E/M**)-Umgebung stellt dieser Vortrag das Prinzip **C-MODUL** vor.

C-MODUL *bedeutet:*

Die bekannte Modularität der C-Programmierung entsteht durch den Vorgang:

> ***Objektdateien vereinigt der Linker zur Linkeinheit (= TASK).***

Für E/M-Anwendungen wird diese Modularität erweitert durch den Vorgang:

> ***Tasks vereinigt der Modulerzeuger zur Ladeeinheit (= MODUL).***

*Referenzen, die durch eine neue C-Speicherklasse **absolute extern** gekennzeichnet werden, können auf Objekte außerhalb der eigenen TASK oder des MODULs verweisen und oft bis zur Ladezeit unbefriedigt bleiben.*

Die hier vorgestellte Implementierung von C-MODUL existiert für die ORGANON-C-Entwicklung der esd GmbH Hannover für das E/M-Betriebssystem RTOS-UH der Universität Hannover.

Aufbau der C-Module

Das Speichersystem verwaltet beliebig viele Module, die ihrerseits beliebig viele Tasks mit ihren privaten Daten und jeweils einem Modul-Datenblock beinhalten (Bild 1).

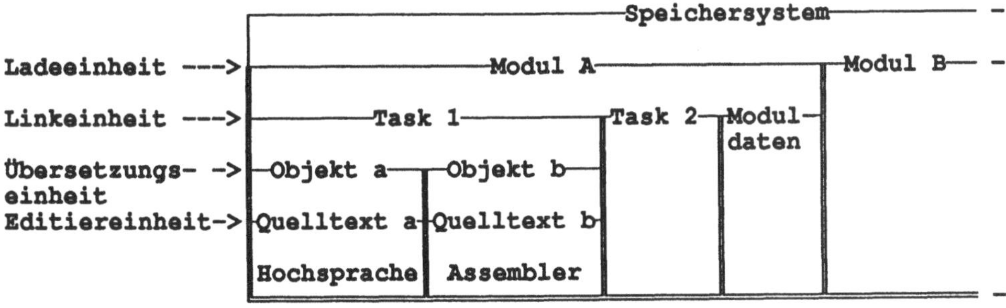

Bild 1   Struktur der C-Module

Die differenzierte Strukturierung durch Tasks und Module scheint einem 'Strukturierungsfimmel' entsprungen zu sein. Sie hat aber ihre Berechtigung:

- *Die Einteilung in Tasks ergibt sich als Abbild bzw. Lösungsansatz des Problems.*
- *Die Einteilung in Module entspricht dem evolutionären Charakter des Softwareprojektes.*

Grundsätzlich können alle Tasks mit den globalen Daten zu einem großen Modul gebunden werden. Eleganter ist es, einmal verwirklichte Programmteile fest im System zu installieren (im RAM oder im EPROM) und den Datenpool oder die Funktionen(bücherei) für später entstehende Tasks zu veröffentlichen. Später nachgeladene Module werden vom Lader an referenzierte Objekte gebunden (Bild 2), was i.a. eine hierarchische Datenbeziehung voraussetzt. Selbstverständlich lassen sich C-Module auch mit PEARL-Objekten koppeln.

Die mühsame Alternative: Alle benötigten Objekte gemeinsam - etwa vom Hostrechner - laden und damit ständig zwischen Massenspeicher und RAM bewegen.

Die Aufteilung der Module könnte auch dem Programmierteam entsprechen, wobei jeder Mitarbeiter - z.B. an dem mehrbenutzerfähigen RTOS-UH - ein Modul bearbeitet und seine aktualisierte Software dem Team verfügbar macht.

Die Zugehörigkeit von Objekten bzw. Tasks zu einem Modul ist nicht implizit. Zudem sind alle Taskattribute (Taskname, Priorität, etc) im Quelltext verankert, Umgruppierungen von Tasks zwischen mehreren Modulen sind diesbezüglich risikolos.

*Module können also wachsen, umgebaut, geteilt oder fest installiert werden - je nach Situation. Damit kann man sich dem Entwicklungsverlauf und der Mitarbeiterpräsenz optimal anpassen - eine Art **anonyme symmetrische Entwicklungsumgebung** entsteht.*

Zur Veranschaulichung sei im Folgenden die RTOS-UH Implementation von C-MODUL besprochen. Dabei werden die Anforderungen ersichtlich, die C-MODUL an die Entwicklungsplattform stellt.

Eigenschaften des RTOS-UH

RTOS-UH ist eine E/M-Umgebung für Erstellung, Test und Ablauf von PEARL- und C-Applikationen direkt auf einem Zielrechner. Beliebig viele, symbolisch gekennzeichnete Tasks agieren prioritäten- bzw. ereignisgesteuert. Ausführbare Tasks lädt RTOS-UH einmalig aus EPROM oder Massenspeicher in das System-RAM. Sie können danach beliebig oft aktiviert werden. Erst durch explizites Entladen verschwindet eine Task aus der Verwaltung.

Kode- und Datenbereiche einer Task lassen sich symbolisch markieren, sodaß das Ladeprogramm unbefriedigte Referenzen einer später geladenen Task noch zu ihrer Ladezeit befriedigen kann. Systemaufrufe mit E/M-Funktionalität bedienen sich der symbolischen Taskidentität.

Die Verwaltung globaler Objekte unter RTOS-UH

Die Flexibilität der Anordnung einer Task x in Modul y auf Adresse z gelingt nur, wenn Referenzen auf globale Objekte so spät wie möglich im Entwicklungs-Zyklus

Editieren->Übersetzen->Linken->Modulerzeugen->Laden->Ausführen

nachgereicht werden können.

Bei C-MODUL werden absolute Referenzen nur dann schon beim Linken eingespeist, wenn diese Objekte langlebig und konstant sind (Adressen von Datenpools oder Bücherei-Funktionen). Zur Ladezeit werden noch fehlende Referenzen anhand symbolischer Import-Direktiven der Ladedatei versorgt, denn erst dann kann die aktuelle Position globaler Daten, Funktionen etc. der sich verändernden Softwareumgebung bekannt sein. Bei gegenseitigen Referenzen zwischen Modul A und B werden die Module einfach gemeinsam geladen und verbunden (Bild 2).

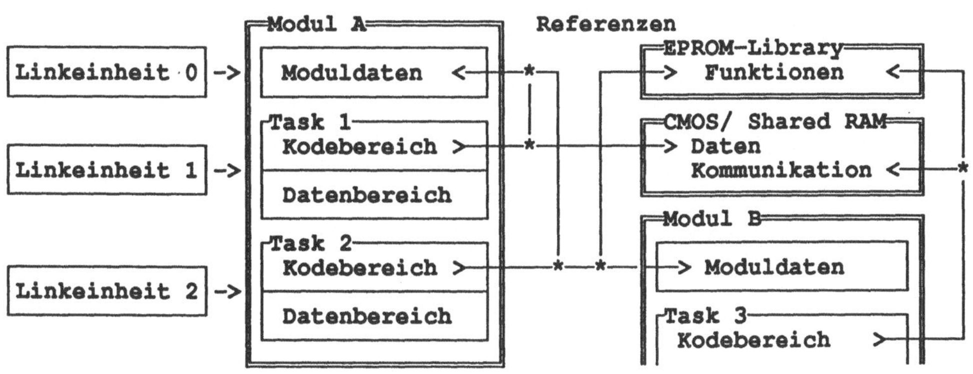

Bild 2   Funktions- und Datenreferenzen eines Moduls

Die Referenzierung von bereits geladenen, unabhängigen Modulobjekten bedingt ihre Veröffentlichung. Diese Objekte können globale Daten oder Funktionen sein, wobei letztere aufgrund der dort verwendeten Datenadressierung über Basisregister nicht einmal reentrant sein müssen.

Die Veröffentlichung geschieht für langlebige Objekte, indem der RTOS-UH-Lader beim einmaligen Ladevorgang eine Labeldatei (Beispiel 1) aller globalen Symbole anhand der Export-direktiven (Beispiel 3) erzeugt. Zu Testzwecken können Adressen und Symbole geändert oder ergänzt werden. Die Labeldatei wird vom Linker mitbenutzt.

Beispiel 1   Symboladresse in der Labeldatei

    00C012E0: symbol..................<CR>

Beispiel 2   Symbolische Markierung im Speicher

```
DC.W        $AEB1, $BF95, $050F      /* RTOS-UH Markierung      */
DC.B        'symbol'                 /* Zeichenkette            */
DC.W        Relative_Adresse         /* Kurz relativer Verweis  */
```

Beispiel 3   Exportdirektive in der S-Record Ladedatei

    S20E0012E0U006symbol1234cc<CR>

Beispiel 4   Absolute Speicherklasse im C-Programm

```
extern int data;                   /* tasklokale Daten         */
absolute extern long  array[];     /* Modul- oder Globaldaten  */
absolute extern int  func2(char*); /* in anderen Modulen/EPROM */
```

Objekte, deren Adresse sich ständig ändert, sollten besser durch RTOS-UH -typische "symbolische Markierungen" (Beispiel 2) als Kodebestandteil oder durch Exportdirektiven in der Ladeeinheit des deklarierenden Modul für den RTOS-UH-Lader gekennzeichnet werden.

Exportdirektiven sind obligatorisch, um unvermeidbare, gegenseitige Referenzen mehrerer Module auflösen zu können. Ein typisches Ladekommando dafür lautet

    LOAD /W0/BIN/MODULA.SR + /W0/USR/MODULB.SR + ...

Sollten dem Lader auch nach Auswertung aller angebotenen Deklarationen (Beispiel 3) noch Referenzen unbekannt bleiben, dann sucht er RAM und EPROM nach der eindeutigen Bytefolge der Markierung (Beispiel 2) ab und nutzt den zugehörigen Adressverweis. Die Markierung entsteht optional durch den Modulerzeuger.

Falls Moduldaten und -funktionen nach dem Ladevorgang versteckt bzw. geschützt sein sollen, oder wenn die Testphase abgeschlossen ist, dann verzichtet man auf diese umfangreichen Markierungen.

Absolute Referenzen beim ORGANON-C

*Die Referenzierung von Symbolen, die nicht innerhalb einer Übersetzungseinheit definiert werden, geschieht üblicherweise mit dem C-Schlüsselwort **extern** bzw. **XREF** für den Assembler. Dies sind damit **tasklokale** Variablen, der Linker muß unbedingt alle Referenzen auflösen.*

*Als wesentlicher Baustein von C-MODUL entstand die neue Speicherklasse **absolute extern** bzw. **XABS** um tasklokale und globale Referenzen für den Programmierer und das ORGANON-System syntaktisch deutlich zu trennen.*

*Die entsprechende Definition globaler Daten ist einfach: Beim Aufbau durch den Modulerzeuger **modl** wird der Datenbereich einer der zusammengebundenen Linkeinheiten als Moduldaten vereinbart, eventuell vorhandener Kode entfällt. Alle weiteren Linkeinheiten, mit Kode- und Datenbereich, bilden RTOS-UH-Tasks (Bilder 1 und 2). Ein typisches Kommando zur Erzeugung eines RAM-Moduls lautet:*

    MODL -r(am module) /W0/LINK/L0.BD /W0/LINK/L1.BD /W0/LINK/L2.BD

EPROM-Module bildet der Modulerzeuger anhand der angegebenen Daten-(RAM)-Adresse und Kode-(EPROM)-Adresse. LIBRARY-Module enthalten relokatibel ladbare Funktionen, wobei deren statische Daten dem aufrufenden Modul zugeordnet werden.

Bewertung

Flexibilität hat selbstverständlich ihren Preis. Die Erzeugung der Module kostet etwas Zeit im gesamten Entwicklungs-Zyklus, der Lader muß mehr leisten als nur ein binäres Programm-Abbild vom Massenspeicher zu kopieren.

Dies ist vordergründig ein Nachteil der Modularisierung. Jedoch bleiben im Verlauf der Entwicklung mehr und mehr Module ständig geladen, womit der Zyklus sogar noch attraktiver werden kann im Vergleich zu herkömmlichen Lade-Methoden.
Weitere Vorteile durch C-MODUL seien hier kurz genannt:

*1) Neben dem üblichen, gerichteten Datenaustausch zwischen zwei Tasks entsteht eine schnelle **Ankopplung an einen konsistenten, statischen Datenpool**, den beliebig viele Tasks parallel bearbeiten. Nur bei besonderen Bedarf sollte man Zugriffe durch Semaphoren synchronisieren.*

Der Datenpool und seine Referenzierung wird vom System dynamisch verwaltet, ein fehler-anfälliges Speicherlayout entfällt.

*2) E/M-Software kann auf mehrere Programmierer aufgeteilt werden. Entsprechend einer Funktionsschnittstelle kann eine eindeutige **Taskschnittstelle** (z.B. Symbole und Datentypen von globalen Variablen) definiert werden. **Sichtbarkeitsregeln** (auf System-, Modul-, Task- und Funktionsebene) sichern sensible Datenbereiche. Dies alles erleichtert Test und Pflege.*

*3) Software ist teuer und anfällig durch ständige Versionsfortschreibung. Software soll wieder-verwendbar und modularisiert sein wie ein Baukasten. Durch den Marktdruck sind Unternehmen heute gezwungen, Produkte vielseitig auszustatten und Kundenwünsche zu erfüllen. Jede Option benötigt Treiber-Software, die sich leicht in Task(s) modularisieren und in **Task-Bibliotheken** verwalten läßt. Bei Bedarf werden Softwarekomponenten (=Tasks) durch Produktionsskripte zusammengestellt und letztlich als EPROM programmiert.*

*4) Mit C-MODUL läßt sich der **"abstrakte Datentyp"** verwirklichen, um jedes Programm, auch wenn es keine Multitasking-Anwendung ist, robust und pflegeleicht zu gestalten. Dazu formuliert man innerhalb eines eigenständigen Moduls eine Reihe von Zugriffs-Prozeduren auf die Modul-daten (z.B. einer Datenbank). Die Prozeduren sind öffentlich und können von anderen Modulen genutzt werden. Die Moduldaten dieses abstrakten Datentyps sind dagegen wirkungsvoll versteckt, um eindeutige Zugriffswege (anderer Programmierer) zu erzwingen.*

*5) Die gemeinsam benutzte **shared library** verringert den Kodebereich einzelner Tasks, verringert die Linkzeiten (kein Kopieren von Funktionen) und gewährleistet Versions-Konsistenz.*

6) In der RTOS-UH Implementation findet die Konversion von RAM- zur EPROM-Version eines Moduls beim Modulerzeuger statt. Alle Quelltexte, Objekte und Funktions- oder Task-Bibliotheken liegen immer nur in einer einzigen, voll relokatiblen Version vor.

<u>Fazit</u>

C-kodierte Echtzeit-Multitasking-Anwendungen erhalten mit C-MODUL die bewährten, aber weiterentwickelten Struktur-Konzepte der leider selten eingesetzten E/M-Sprache PEARL.

Ada9X:
Sprachelemente für
Realzeitanwendungen

Karlotto Mangold

ATM Computer GmbH, Konstanz

Zusammenfassung:

Im Rahmen dieses Vortrages soll kurz dargestellt werden, wie die turnusmäßige Überarbeitung des ANSI/MIL-Standards 1815A erfolgt. Dazu wird das Ada9X-Projekt skizziert und auf die einzelnen Projektphasen eingegangen.

Im zweiten Teil werden ausgewählte Änderungen von Ada für die Realzeitanwendung in der Form dargestellt, wie sich diese Erweiterungen heute zeigen. Es muß jedoch ausdrücklich darauf hingewiesen werden, daß diese Darstellung eine Momentaufnahme im Evolutionsprozeß von Ada9X ist, da noch kein endgültig verabschiedetes Dokument über die Sprachänderungen vorliegt.

Summary:

This paper consists of two parts. The first one describes the revision process which was started to revise the Ada Standard. This revision is called Ada9X Project. The second part lists a selection of the already published requirements for Ada9X. This selection was done with respect to the specific requirements which are improving the implementation of real_time_systems. It must be pointed out, that the presented language features are possibly in an intermediate stage as up to now no final accepted version of the changes is available.

Einleitung:

Nachdem vor mehr als zehn Jahren, am 8. Dezember 1980, die Sprache Ada als MIL-Standard 1815 publiziert wurde, hat sich Ada inzwischen zu einer allgemein anerkannten Sprache entwickelt. An dieser Stelle muß darauf hingewiesen werden, daß die Zeit, die vergeht von der ersten Veröffentlichung einer Sprache bis zu deren weiten Verbreitung und Akzeptanz, in der Größenordnung von etwa zehn Jahren zu liegen scheint. Diese Beobachtung läßt sich nicht nur an Ada, sondern auch an Pascal, PEARL und C belegen.

Bekanntlich wurde Ada als Sprache zur Implementierung von sogenannten "embedded systems" entwickelt [1]. Ende der siebziger Jahre, während der Entwicklung von Ada, und Anfang der achtziger Jahre, während der ersten Probeimplementierungen, wurden jedoch die Realzeit-Anforderungen eher niedrig bewertet oder blieben unberücksichtigt. Dies führte dazu, daß beim Übergang von Ada_80 [2] zu Ada_83 [3] sogar einige wenige Realzeit-Elemente aus dem Sprachumfang entfernt wurden. Inzwischen ist Ada nicht nur in militärischen Anwendungen vorgeschrieben, sondern wird in zunehmendem Maße auch in zivilen Realzeit-Anwendungen eingesetzt. Bei einem Vergleich von Ada mit PEARL [4] bietet Ada wenig Realzeit-Elemente und stößt durch sein synchrones Rendez_Vous bei den Anwendern von Realzeitsprachen auf Vorbehalte. Hinzu kommt, daß durch die strikten Validierungs-Prozeduren [5] fast keine Möglichkeit zu existieren scheint, die Sprache für diese Belange zu erweitern. Inzwischen hat es sich jedoch gezeigt, daß die Vorbehalte der Realzeit-Nutzer gegenüber Ada, die meist noch in der Zeit der ersten Generation der Ada-Compiler entstanden sind, heute überwiegend nicht mehr zutreffen. Dazu tragen folgende drei Effekte ursächlich bei: Die verfügbaren Prozessoren wurden leistungsfähiger, der erzeugte Code wurde effizienter, und durch die Nutzung des Paket-Konzeptes wurden die Leistungen der Realzeit-Betriebssysteme für die Ada-Anwendung verfügbar. Letzteres ist zwar eine sprachkonforme Lösung, jedoch führt die Nutzung der unterschiedlichen Betriebssystemleistungen über (betriebssystemspezifische) Pakete zu erheblichen, unerwünschten Portierungsproblemen, die eigentlich durch den Einsatz einer standardisierten höheren Programmiersprache überwunden werden sollten. Aus diesem Grund wird im Rahmen des Ada9X-Projektes [6] besonderes Gewicht auf die Realzeit-Elemente in Ada gelegt. Nicht dargestellt werden hier die speziellen Anforderungen, die aus Sicht sicherheitskritischer Anwendungen und vertrauenswürdiger Systeme an Ada9X gestellt werden, soweit es sich hierbei nicht um Anforderungen der Echtzeitprogrammierung handelt.

Auf Grund der aktuellen Version 3.0 des Mapping Dokuments [7], kann erwartet werden, daß Ada9X die Realzeitbelange wesentlich stärker berücksichtigt. Hier ist sogar ein spezieller Appendix G zum LRM vorgesehen, in dem Anforderungen festgelegt werden, die von den Ada-Implementierungen unterstützt werden sollen, die für Realzeitsysteme verwendet werden. Dieser Anhang fordert die Existenz von mindestens 31 Prioritäten, ein Paket zum dynamischen Ändern der Prioritäten, die Steuerbarkeit der Scheduling-Strategie für ein gesamtes Programm, die Behandlung von Interrupts mit Interrupt_Handlern, die Definition von benutzerspezifischen Timern, Möglichkeiten zur expliziten Speicherverwaltung, Einflußnahme auf die Elaboration ,sowie bitweise Intrinsic-Funktionen.

Das Ada9X Projekt

Im oben zitierten Projektplan [6] findet sich folgende Begründung: "Das nationale amerikanische Standard-Institut (ANSI) und die Prozeduren des Department of Defense fordern, daß der Ada Sprachstandard [3] periodisch bestätigt, revidiert oder zurückgezogen wird. Das AJPO hat angeordnet, daß eine Überarbeitung erforderlich ist. ... dieser Revisionsprozeß wird als Ada9X-Projekt durchgeführt. ... Das Hauptziel des Ada9X-Projekts besteht in der Überarbeitung des ANSI/MIL-STD-1815A unter Berücksichtigung wesentlicher aktueller Anforderungen mit minimalen negativen Auswirkungen und maximalen positiven Einflüssen auf die Ada-Gemeinschaft. ..."

Der Projektablauf wird aus dem Projektablaufplan (Abb. 1) ersichtlich. Hier sollen lediglich die wichtigsten Meilensteine erwähnt werden.

- Sammlung von Änderungswünschen:

    Diese Phase endete im Oktober 1989 und erbrachte über 700 Änderungswünsche.

- Auswertung der Änderungswünsche und Erstellung der Anforderungen:

    Diese Phase endete im November 1990 und führte zur Veröffentlichung der Ada9X-Anforderungen [8]. Dieses Dokument kann von seinem Charakter her durchaus mit dem Steelman [1] verglichen werden.

- Die Abbildungsphase:

    In diesem Abschnitt, der sich von Mitte 1990 bis Mitte 1991 erstreckt, werden durch das Mapping-Team – beauftragt wurde die Firma Intermetrics – Anforderungen auf Sprachkonstrukte abgebildet und Lösungen empfohlen.

- Die Implementierungsphase:

    Hier soll nachgewiesen werden, daß sich die gemäß den Anforderungen geänderte Sprache implementieren läßt und die gestellten Anforderungen erfüllt.

- Der Standardisierungsprozeß:

    Nach Abschluß der Sprachänderungen und Erstellung der entsprechenden Dokumentation sollen die üblichen Verfahren durchgeführt werden, um für die geänderte Sprache durch ANSI, ISO und DoD die Anerkennung als Standard zu erhalten. Die heute gültigen Zeitpläne sehen eine Verabschiedung von Ada9X-Standards im Jahr 1993 vor, das heißt "X = 3". Dieser Termin ist zwar knapp gesetzt, doch erschien er mir auf Grund der Termintreue bei der Ada-Entwicklung und dem Stand des Ada9X-Projektes bis vor einem halben Jahr noch als realisierbar. Nachdem inzwischen jedoch das für Juli 91 angekündigte "mapping document" [7] noch nicht als endgültig betrachtet werden kann, erscheint mir die Einhaltung des Terminplans zumindest fraglich.

Nachdem seit Ende 1990 der Anforderungskatalog an Ada9X vorliegt [8], der etwa vierzig konkrete Anforderungen und etwa zwanzig weitere Studienobjekte enthält, sollen im folgenden diejenigen Anforderungen dargestellt werden, die direkt die Implementierung von Echtzeitsystemen beeinflussen.

Im Juli 1991 sollte gemäß Plan das endgültige "mapping document" vorliegen. Aus dem jetzt vorliegenden Dokument [7] werden als wesentliche Neuerung die "protected records" zur asnchronen Kommunikation zwischen Tasks hier dargestellt. Nicht zuletzt wegen der anhaltenden Diskussionen im Realzeitbereich und der in Frankreich unter dem Namen ExTRA (Extension Temps-Réel pour Ada) durchgeführten Arbeiten, die zur Einführung eines neuen work item bei ISO/IEC SC22 [9] geführt haben, ist das mapping document noch nicht verabschiedet. Die Darstellung der protected records ist hier also eine Momentaufnahmen, die sich bis zur endgültigen Fixierung noch verändern kann.

Ada9X für Realzeit-Anwendungen

Unter diesem Begriff werden drei unterschiedliche Problemkreise zusammengefaßt. Zunächst ist die Zeitmessung zu nennen. Es wurde erkannt, daß zur Berechnung einer Reihe physikalischer Größen (wie z.B. Geschwindigkeit) die Messung der verstrichenen Zeit (elapsed time) erforderlich ist. Diese Zeit muß streng monoton sein. Zur Kommunikation mit externen Partnern wird die Tageszeit benötigt, wie sie in Ada_83 im Paket CALENDAR enthalten ist. Diese Zeit muß formale und juristische Randbedingungen, wie Zeitzonen, Sommerzeit und Schaltsekunden berücksichtigen. Aus Zweckmäßigkeitsgründen darf bei den beiden Zeiten die Aktualisierungsrate unterschiedlich sein. Als Erweiterung zum Paket CALENDAR soll in Ada9X auch die elapsed time unterstützt werden.

Als zweiter Problemkreis ist die periodische Taskausführung zu erwähnen. Da die derzeitige DELAY-Anweisung mit der spezifizierten Wartezeit lediglich eine minimale Wartezeit garantiert, ist sie für die Einplanung periodischer Aktivitäten nicht ausreichend. Deshalb ist bereits im draft mapping document ein "delay until" enthalten, das auf einer streng monotonen Zeitführung beruht. Diese MONOTONIC.TIME hat eine feinere Auflösung als die bekannte CALENDAR.TIME.

Ein wesentliches Kriterium für Echtzeit-Systeme ist die Vorgabe von "dead_lines" für Aktivitäten und die Definition von Aktionen, die ausgeführt werden sollen, falls eine vorgegebene dead_line überschritten wird. Eng verwandt mit der Diskussion über die Vorgabe von dead_lines und deren Einhaltung ist die Auswahl der besten Scheduling-Strategie. Da unterschiedliche Anwendungen auch unterschiedliche Scheduling-Strategien erfordern, wurden zwei Ansätze diskutiert:

Einmal wird eine Anzahl verschiedener Scheduling-Algorithmen zur Auswahl angeboten, unter denen der Anwendungs-Programmierer wählen kann und damit die Möglichkeit hat, für seine Bedürfnisse den besten Algorithmus auszuwählen. Damit soll insbesondere eine Möglichkeit geboten werden, ein deterministisches System-Verhalten implementieren zu können. Der andere Ansatz sieht vor, in Ada9X Grundelemente bereitzustellen, mit deren Hilfe in der Sprache geeignete Scheduler implementiert werden können. Inzwischen scheint die Einführung eines Pragmas wahrscheinlich, mit dem für ein ganzes Programm die Scheduling-Strategie vorgegeben werden kann. Zu dieser Strategie gehören deterministische Auswahlkriterien für offene accept-Alternativen, prioritätsgesteuerte Warteschlangen, transitive und nicht-transitive Prioritätsvererbung. Nach den bisher vorliegenden Unterlagen sind jedoch alle Möglichkeiten zur Beeinflussung der Scheduling-Strategie streng prioritätsgebunden, so daß es schwierig werden dürfte, trotz dynamischer Prioritäten ein echtes deadline-scheduling in Ada9X zu implementieren. Im Mapping Document [7] wurde ein Ansatz gewählt, der das Anwendungsprogramm erkennen läßt, ob eine Berechnung rechtzeitig beendet werden konnte. Daraus wird jedoch keine Vorgabe für die Scheduling-Strategie abgeleitet. Wie eine zeitüberwachte Berechnung in Ada9X formuliert werden könnte, sei an folgendem Beispiel dargestellt.

```
select
  delay 5.0;
  put_line("Berechnung nach fünf Sekunden nicht beendet");
in
    -- Die folgende Berechnung sollte spätestens nach 5 Sekunden beendet
    -- werden. Andernfalls muß Divergenz befürchtet werden.
    Komplizierte_Rekursive_Berechnung(x,y);
end select;
```

Das dritte Problem in diesem Themenkreis läßt sich mit Asynchronität bezeichnen. Dabei ist sowohl die asynchrone Kommunikation, als auch asynchrone Taskabläufe gemeint. Bei einer Reihe von Systemzuständen (wie z. B. Restart, Rekonfiguration, Fehlerbehandlung, Überlast, etc) kann es erforderlich sein, abhängig von asynchron auftretenden Ereignissen Tasks zu unterbrechen oder zu beenden und andere ggf. mit neuen Prioritäten zu starten oder fortzusetzen. Gleichzeitig mit dieser neuen Leistung muß natürlich die Möglichkeit bestehen, zur Vermeidung von Inkonsistenzen, zumindest zeitweise solche Unterbrechungen zu verbieten. Zur Erzeugung sicherer Programme und zur Vermeidung von dead-locks sollte die Unterbrechungssperre zeitlich überwacht werden können, damit auch im Falle von Fehlern die Unterbrechungssperre wieder gelöst wird. Im Falle einer asynchronen externen Unterbrechung sollten die von der unterbrochenen Task belegten Betriebsmittel freigegeben werden, um sicherzustellen, daß die zu startenden Tasks nicht in Engpaßsituationen laufen.

Während die reale Welt asynchrone Interrupts produziert und im allgemeinen auch darauf eingestellt ist, asynchrone spontane Meldungen eines Systems entgegenzunehmen und darauf zu reagieren, fehlte bei Ada bisher diese Funktionalität. Natürlich können solche Probleme mit Hilfe des Rendez_Vous behandelt werden, wenn man bereit ist, eine genügende Anzahl von Tasks zu implementieren. Ein wesentlicher Mangel in der Sprache Ada war bisher das Fehlen einer Möglichkeit, Sendungen abzusetzen, ohne das Risiko einer Blockade des Senders einzugehen, weil der Empfänger nicht bereit ist. Während sich in der Literatur, beispielsweise in [10], viele komplizierte Modelle zur Auflösung solcher Situationen finden, steht nun in den Ada9X-Requirements die Forderung, Ada9X möge die nichtblockierende asynchrone Kommunikation zwischen Ada-Tasks unterstützen. Dabei wurde berücksichtigt, daß die bisher vorgeschlagene Einführung von sogenannten "passiven" Tasks zur Modellierung von Warteschlangen und Puffern zu unnötigem und häufig nicht akzeptablem Overhead führt.

Neben der bisher dargestellten 1->1-Kommunikation wird zusätzlich noch der Multicast als nicht blockierende asynchrone 1->n-Kommunikation gefordert, da insbesondere bei der Implementierung von Multicast auf der Basis des Rendez_Vous ein erheblicher Aufwand getrieben werden muß.

Asynchrone Kommunikation in Ada9X mit protected records

Ein "protected record" ist ein neuer Datentyp in Ada9X. Ein protected record hat wie ein gewöhnlicher record Komponenten. Er unterscheidet sich jedoch in folgendem:

Ein protected record enthält zusätzlich Prozeduren, Funktionen und Eingänge, sogenannte geschützte Operationen. Diese sind insofern ähnlich wie die normalen Operationen, als auch die geschützten Operationen die einzige nach außen sichtbare Schnittstelle zum protected record bilden. Durch die Implementierung muß sichergestellt werden, daß diese geschützten Operationen unteilbar und ununterbrechbar sind. Damit wird die Konsistenz eines protected record gewährleistet. Hinzu kommt, daß die Komponenten eines protected record nach außen nicht sichtbar sind, sondern nur über die geschützten Operationen zugreifbar sind. An Stelle einer formalen Beschreibung der Syntax und Semantik der protected records soll hier ein kommentiertes Beispiel eines protected records als ringförmiger Pufferspeicher zwischen einer Erzeuger- und einer Verbraucher-Task gegeben werden, wie es in draft rationale document [1 1] enthalten ist.

```
generic
  type DATUM is private;
package Puffer is
  protected type Data_Protector (Size: integer) is
    entry Put(data: in  DATUM); -- geschützte Funktion zum Ablegen
    entry Get(data: out DATUM); -- geschützte Funktion zum Auslesen
  record
    Data_Buffer. array (0 .. Size - 1) of DATUM; -- Datenspeicher
    Buffer_Size: integer := 0;  -- Anzahl belegter Elemente
    Out_pointer: integer := 1;  -- aktueller Pufferzeiger
  end Data_Protector;
end Puffer;


package body Puffer is
  protected type Data_Protector is
    entry Put(Data: in DATUM)
      when Buffer_Size < Size is -- noch Platz im Puffer
      begin
                        -- Ablegen des Datums im Puffer
        Data_Buffer((Out_Pointer + Buffer_Size) mod Size) := Data;
        Buffer_Size := Buffer_Size + 1;  -- Füllstand erhöhen
      end Put;

    entry Get(Data: out DATUM)
      when Buffer_Size > 0  -- Element im Puffer vorhanden
      begin
```

```
      Data := Data_Buffer(Out_Pointer) -- aktuelles Element entnehmen
      Buffer_Size := Buffer_Size - 1;  -- Füllstand erniedrigen
                        -- Zeiger aktualisieren
      Out_Pointer := (Out_Pointer + 1) mod Size;
    end Get;
  end Data_Protector;
end Puffer;
```

Eine Reihe weiterer, für die Realzeitprogrammierung notwendiger Funktionen wird in [8] unter der Überschrift System-Programmierung geführt. Hier ist insbesondere die Spezifikation der bitgenauen Ablage von Datenstrukturen und die Behandlung von Interrupts zu nennen. Die bitgenaue Ablage von Datenstrukturen kann zwar mit Hilfe der representation_specification erzwungen werden, aber nur, falls diese vom jeweiligen Compiler vollständig unterstützt wird. Da gemäß Ada Language Reference Manual [3] Kapitel 13 die jeweils zugelassenen representation_clauses implementierungsabhängig sein können, ist die Portierung solcher Programme erschwert. Die Forderung nach gesicherter, deterministischer Interruptbearbeitungszeit mit minimalem Overhead ist in [8] explizit enthalten. Mit dieser Leistung sollen die bisherigen implementierungsabhängigen Interrupt-Bearbeitungen vereinheitlicht werden. Außerdem soll die Zuordnung von Interrupt zu Interrupt-Handler dynamisch geändert werden können.

Ada9X für Parallel—Verarbeitung und verteilte Systeme

In Ada_83 ist mit dem Task-Konzept zwar die Basis für die Implementierung von Ada-Programmen auf enggekoppelten parallelen Prozessoren gegeben. Dieser Ansatz zeigte jedoch einige Schwächen, die in anderen Sprachen, wie C oder FORTRAN meist durch herstellerspezifische, nicht portable Lösungen überwunden werden. Dieser Problemkreis der parallelen oder verteilten Systeme wird dadurch noch komplexer, daß es grundlegend verschiedene Hardware-Strukturen gibt. Einerseits sind Vektor-Prozessoren ohne erkennbare Kontrollflüsse zu nennen, und andererseits kommen die MIMD (multiple instruction multiple data)-Architekturen dem Ada-Task-Modell recht nahe. Außerdem sind lose gekoppelte Systeme mit heterogenen Komponenten zu berücksichtigen. Da diese unterschiedlichen Strukturen für jeweils unterschiedliche Aufgabenstellungen besonders geeignet sind, muß Ada9X Lösungen enthalten, die für alle diese Architekturen geeignet sind. Diese Allgemeinheit führt dazu, daß zunächst nur die grundlegenden Voraussetzungen zur Implementierung solcher Systeme geschaffen werden.

<u>Gemeinsamer Speicher:</u>
Ada9X muß es dem Ada-Programmierer gestatten, den Zugriff zum gemeinsamen Speicher (shared memory) zu kontrollieren und diesen Speicher zu nutzen. In Mehrprozessor-Systemen mit gemeinsamem Speicher sind die Möglichkeiten von Ada_83 nicht ausreichend. In [12] sind diese An-

forderungen ausführlich dargestellt. Hier seien nur beispielhaft Probleme mit Mehrprozessorsysteme mit shared memory und prozessorspezifischen lokalen Cache-Speichern erwähnt.

Hochparallele Architekturen und Vektor-Prozessoren:

Auf hochparallelen Systemen wird eine Vielzahl von tasks benötigt. Deshalb muß Ada9X auch für eine große Anzahl von Tasks die effiziente Erzeugung, Initialisierung, Ausführung und Terminierung ermöglichen. Darüber hinaus soll eine Möglichkeit geschaffen werden, damit eine Task ihre eigene Identität ermitteln kann. Ohne diese Möglichkeit ist die Kommunikation zwischen Tasks einer Familie nur über die Taskhierarchie möglich. Für die effiziente Nutzung von Vektor-Prozessoren muß Ada9X den Compilern die Möglichkeit bieten, Anweisungsfolgen – dazu gehören auch geeignete Schleifen – effizient auf Vektor-Architekturen abzubilden. Da das in Ada vorhandene Task-Konzept ein zu mächtiges Geschütz für die Parallelisierung von indizierten Operationen ist, muß durch eine Lockerung der Vorschriften über das Exception-Handling in [3] Kapitel 11.6, die Anwendung der aus FORTRAN bekannten Vektorisierungstechniken erlaubt werden. Da in Mehrprozessorsystemen die Anzahl der gleichzeitig aktiven Tasks größer sein kann als die Anzahl verfügbarer Prozessoren, muß in Ada9X die Möglichkeit bestehen, die Zuordnung von Tasks zu bestimmten Prozessoren zu formulieren.

Verteilung einer Ada-Anwendung:

Seit der Veröffentlichung von Ada_83 hat die Anzahl und die Bedeutung verteilter Systeme stark zugenommen. Neben der Vervielfachung der Betriebsmittel ist auch die Ausfallsicherheit ein wesentlicher Grund für solche Systeme. Die bisher in Ada implementierten verteilten Systeme gehen von zwei unterschiedlichen Ansätzen aus. Einmal wird auf jedem Prozessor ein eigenes Ada-Programm installiert, und diese Programme kommunizieren über geeignete nicht standardisierte Kanäle. Zum anderen wird ein Ada-Programm auf verschiedenen Prozessoren verteilt. Beide Ansätze beruhen auf Leistungen, die in Ada_83 nicht enthalten sind. Deshalb muß Ada9X die Möglichkeit bieten, Ada-Code auf einem homogenen verteilten System zu verteilen. Um diese Verteilung zu unterstützen, können einige Erweiterungen notwendig werden. Dazu gehören:
- die Spezifikation der exakten Bedeutung inklusive Zeitbedingungen und Fehlerverhalten von entry calls, remote subprogram calls und der exception propagation
- die Spezifikation der Bedeutung von Hardwarefehlern
- die Behandlung unabhängiger und unterschiedlich genauer Uhren.

Rekonfigurierung eines verteilten Systems:

Um Ada9X in fehlertoleranten Systemen einsetzen zu können, muß die dynamische Rekonfigurierung von verteilten Systemen unterstützt werden. Dazu gehört der Ersatz oder die Modifikation von Komponenten eines verteilten Systems ohne erneute Übersetzung und ohne Restart der gesamten Anwendung. Diese Forderung kollidiert mit den derzeitig geltenden Regeln über die Elaborierung von Paketen und Programmen.

<u>Unterstützung für verteilte Systeme in Ada9X</u>

Im dem vorliegenden mapping document [13] wird die Verteilung eines Ada-Programms dadurch unterstützt, daß Bibliothekseinheiten klassifiziert und die Bildung aktiver und passiver "partitions" unterstützt wird. Dabei sind passive partitions Modelle des gemeinsamen Speichers und können nur Typ- und Datendeklarationen enthalten. Eine aktive Partition kann als virtueller Knoten aufgefaßt werden, der beliebige Bibliothekseinheiten enthält. Die Schnittstelle zu anderen virtuellen Knoten besteht aus Paketen, die Prozeduren bereitstellen, die von außen über remote Procedure Call (RPC) aufgerufen werden können. Das für diese RPCs notwendige Kommunikationssystem bleibt – zumindest derzeit – in Ada9X offen und kann vom Anwender als message-passing-system bereitgestellt werden.

Enthält eine Bibiliothekseinheit nur Code, statische Konstanten und statische Typdeklarationen, so soll diese Einheit zur Bindezeit für jede Partition dupliziert werden, die diese Einheit benötigt. Die anderen Bibliothekseinheiten werden, ebenfalls zur Bindezeit, eindeutig einer Partition zugeordnet. Mit diesem Ansatz wird die statische Verteilung eines Programmes unterstützt. Die Funktionalität ist vergleichbar mit Mehrrechner-PEARL [14] ohne die dort mögliche dynamische Rekonfigurierung. Ein weiterer Unterschied zu Mehrrechner-PEARL besteht darin, daß durch die verwendeten RPCs zwar die bisher in Ada vorhandene synchrone Kommunikation unterstützt wird, daß aber noch nicht erkennbar ist, wie die neue asynchrone Kommunikation (protected records) in solchen verteilten Systemen genutzt werden kann. Dafür wird jedoch die Programmierung solcher Systeme dadurch unterstützt, daß die Typprüfung innerhalb des Ada-Programms in der üblichen Weise durch den Compiler erfolgt.

Schlußbemerkungen

Zur Zeit ist, wie bereits erwähnt, noch offen, wie Ada9X genau aussehen wird und ob die Projektvorgabe "X=3" auch wirklich erreicht werden wird, das heißt, daß in 1993 der Ada9X verabschiedet vorliegt. Wegen der Vielzahl der Änderungen und ihrer weitreichenden Auswirkungen sind viele der Distinguished Reviewer noch skeptisch [15]. Außerdem ist zu berücksichtigen, daß die Arbeiten in Frankreich im Rahmen des ExTRA-Projekts [9] und bei acm SIGAda [16] darauf abzielen, die unstrittig berechtigten Anforderungen in einer mehr Ada83-konformen Weise zu implementieren. Trotz dieser Situation kann hier die Prognose gewagt werden, daß zwar noch unklar ist, wie die syntaktische Form und die semantische Wirkung der hier dargestellten Erweiterungen für die Implementierung von Echtzeitsystemen genau aussehen wird, daß aber die hier beschriebene Funktionalität als erforderlich anerkannt ist und in Ada9X auch verfügbar sein wird. Aus der Tatsache, daß diese Erweiterungen von Ada_83 als notwendig betrachtet werden, sollte aber keineswegs gefolgert werden, daß Ada_83 für Realzeitsysteme ungeeignet sei. Die geplanten Ada-Erweiterungen sind kein Grund, die Ada-Implementierung von Realzeitsystemen solange zu verzögern, bis Ada9X – samt qualitativ guten Compilern – verfügbar ist. Man sollte vielmehr Ada_83 jetzt für die Implementierung von Realzeitsystemen nutzen. Die dabei eventuell auftretenden

Schwachpunkte müssen in Relation zu den Mängeln gesehen werden, die die meisten der anderen Sprachen aufweisen, die sonst heute zur Implementierung solcher Systeme verwendet werden.

Literatur:

[1] "Steelman", Requirements For High Order Computer Programming Languages, Department of Defense, June 1978

[2] Ada Reference Manual, Proposed Standard Document, United States Department of Defense, July 1980 in Ledgard, H., Ada: An Introduction, NewYork Heidelberg Berlin 1981

[3] Reference Manual for the Ada Programming Language, ANSI/MIL-STD-1815A, United States Department of Defense, January 1983

[4] Ada Compiler Validation Procedures, Version 2.0 May 1989, Ada Joint Program Office, Washington DC

[5] Mangold, K., Die "Echtzeitsprachen" PEARL und Ada – ein Vergleich, in Drebinger,L. (Hrsgb), Echtzeit 90 S. 187-198

[6] Ada9X Project Report, Ada9X Project Plan, January 1989, Office of the Under Secretary of Defense for Acquisition, Washington DC

[7] Ada9X Mapping Document, version 3.0, chapter 9 and annex G, July 1991, Office of the Under Secretary of Defense for Acquisition, Washington DC

[8] Ada9X Requirements, December 1990, Office of the Under Secretary of Defense for Acquisition, Washington DC

[9] Proposal for a New Work Item: Real Time Ada Extensions and user Run Time Executive Interface, ISO/IEC JTC 1 N 1226, 1991-02-22, ANSI, New York

[10] Proceedings of the Second International Workshop on Real-Time Ada Issues, ACM Ada Letters, Vol VIII, Number 7, Fall 1988

[11] Ada9X Draft Mapping Rationale Document, February 1991, Office of the Under Secretary of Defense for Acquisition, Washington DC

[12] Dewar, R.B.K. Shared Variables and Ada 9X Issues. Software Engineering Institute, January 1990, Ada 9X Project Report.

[13] Ada9X Draft Mapping Document, February 1991, Office of the Under Secretary of Defense for Acquisition, Washington DC

[14] DIN 66253 Teil 3, Mehrrechner-PEARL, Berlin 1989.

[15] Landwehr, R., Statusbericht zur Revision von Ada (Ada9X), Mai 1991, CCI, Meppen.

[16] Catalogue of Interface Features and Options for the Ada Runtime Environment, Release 3.0, July 1991, ARTEWG, acm SIGAda, New York.

Abbildung 1 : Ada9X Projekt—Plan

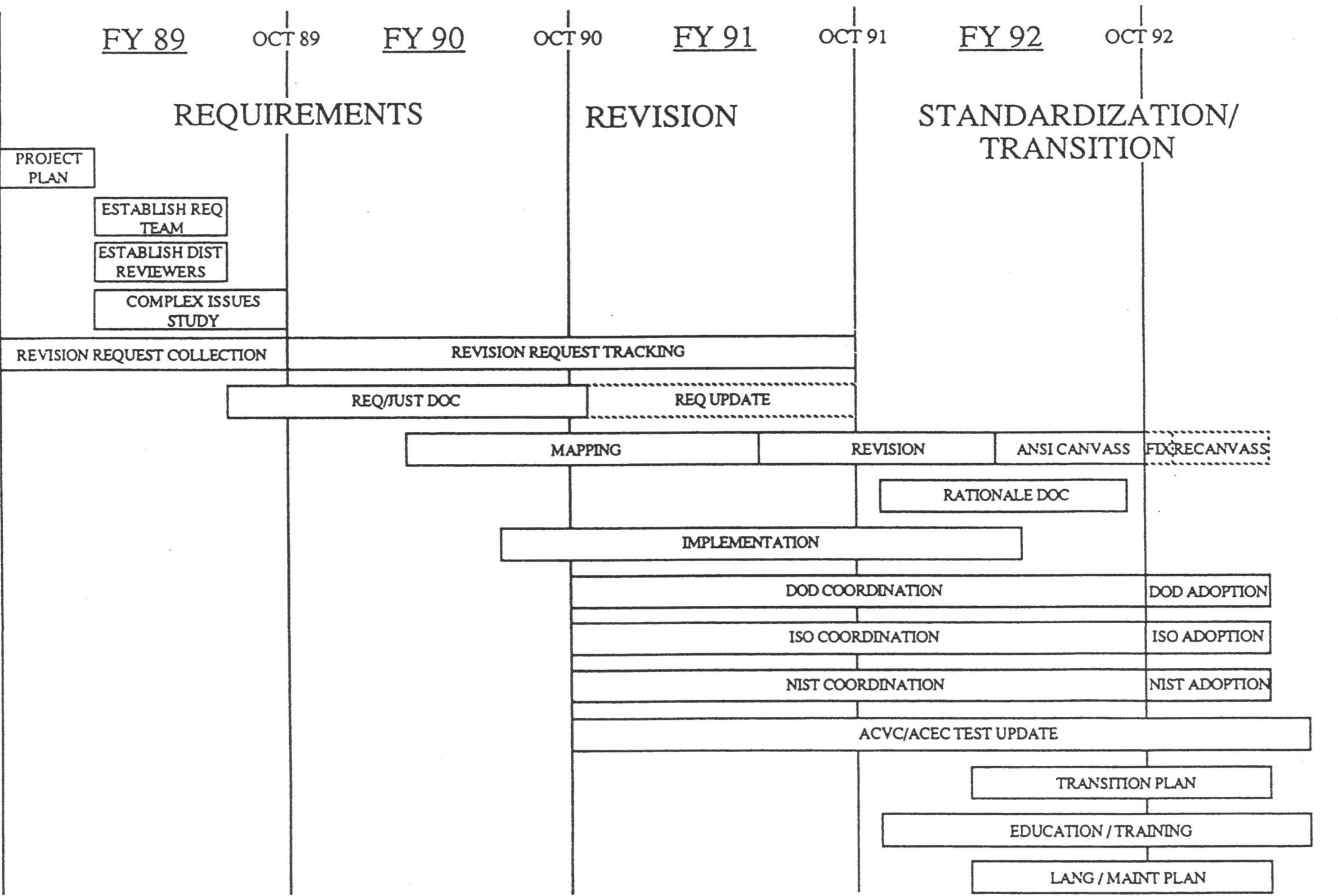

Informatik — Fachberichte

Band 198: U. Reimer, FRM: Ein Frame-Repräsentationsmodell und seine formale Semantik. VIII, 161 Seiten. 1988.

Band 199: C. Beckstein, Zur Logik der Logik-Programmierung. IX, 246 Seiten. 1988.

Band 200: A. Reinefeld, Spielbaum-Suchverfahren. IX, 191 Seiten. 1989.

Band 201: A. M. Kotz, Triggermechanismen in Datenbanksystemen. VIII, 187 Seiten. 1989.

Band 202: Th. Christaller (Hrsg.), Künstliche Intelligenz. 5. Frühjahrsschule, KIFS-87, Günne, März/April 1987. Proceedings. VII, 403 Seiten, 1989.

Band 203: K. v. Luck (Hrsg.), Künstliche Intelligenz. 7. Frühjahrsschule, KIFS-89, Günne, März 1989. Proceedings. VII, 302 Seiten. 1989.

Band 204: T. Härder (Hrsg.), Datenbanksysteme in Büro, Technik und Wissenschaft. GI/SI-Fachtagung, Zürich, März 1989. Proceedings. XII, 427 Seiten. 1989.

Band 205: P. J. Kühn (Hrsg.), Kommunikation in verteilten Systemen. ITG/GI-Fachtagung, Stuttgart, Februar 1989. Proceedings. XII, 907 Seiten. 1989.

Band 206: P. Horster, H. Isselhorst, Approximative Public-Key-Kryptosysteme. VII, 174 Seiten. 1989.

Band 207: J. Knop (Hrsg.), Organisation der Datenverarbeitung an der Schwelle der 90er Jahre. 8. GI-Fachgespräch, Düsseldorf, März 1989. Proceedings. IX, 276 Seiten. 1989.

Band 208: J. Retti, K. Leidlmair (Hrsg.), 5. Österreichische Artificial-Intelligence-Tagung, Igls/Tirol, März 1989. Proceedings. XI, 452 Seiten. 1989.

Band 209: U. W. Lipeck, Dynamische Integrität von Datenbanken. VIII, 140 Seiten. 1989.

Band 210: K. Drosten, Termersetzungssysteme. IX, 152 Seiten. 1989.

Band 211: H. W. Meuer (Hrsg.), SUPERCOMPUTER '89. Mannheim, Juni 1989. Proceedings, 1989. VIII, 171 Seiten. 1989.

Band 212: W.-M. Lippe (Hrsg.), Software-Entwicklung. Fachtagung, Marburg, Juni 1989. Proceedings. IX, 290 Seiten. 1989.

Band 213: I. Walter, Datenbankgestützte Repräsentation und Extraktion von Episodenbeschreibungen aus Bildfolgen. VIII, 243 Seiten. 1989.

Band 214: W. Görke, H. Sörensen (Hrsg.), Fehlertolerierende Rechensysteme / Fault-Tolerant Computing Systems. 4. Internationale GI/ITG/GMA-Fachtagung, Baden-Baden, September 1989. Proceedings. XI, 390 Seiten. 1989.

Band 215: M. Bidjan-Irani, Qualität und Testbarkeit hochintegrierter Schaltungen. IX, 169 Seiten. 1989.

Band 216: D. Metzing (Hrsg.), GWAI-89. 13th German Workshop on Artificial Intelligence. Eringerfeld, September 1989. Proceedings. XII, 485 Seiten. 1989.

Band 217: M. Zieher, Kopplung von Rechnernetzen. XII, 218 Seiten. 1989.

Band 218: G. Stiege, J. S. Lie (Hrsg.), Messung, Modellierung und Bewertung von Rechensystemen und Netzen. 5. GI/ITG-Fachtagung, Braunschweig, September 1989. Proceedings. IX, 342 Seiten. 1989.

Band 219: H. Burkhardt, K. H. Höhne, B. Neumann (Hrsg.), Mustererkennung 1989. 11. DAGM-Symposium, Hamburg, Oktober 1989. Proceedings. XIX, 575 Seiten. 1989

Band 220: F. Stetter, W. Brauer (Hrsg.), Informatik und Schule 1989: Zukunftsperspektiven der Informatik für Schule und Ausbildung. GI-Fachtagung, München, November 1989. Proceedings. XI, 359 Seiten. 1989.

Band 221: H. Schelhowe (Hrsg.), Frauenwelt – Computerräume. GI-Fachtagung, Bremen, September 1989. Proceedings. XV, 284 Seiten. 1989.

Band 222: M. Paul (Hrsg.), GI–19. Jahrestagung I. München, Oktober 1989. Proceedings. XVI, 717 Seiten. 1989.

Band 223: M. Paul (Hrsg.), GI–19. Jahrestagung II. München, Oktober 1989. Proceedings. XVI, 719 Seiten. 1989.

Band 224: U. Voges, Software-Diversität und ihre Modellierung. VIII, 211 Seiten. 1989

Band 225: W. Stoll, Test von OSI-Protokollen. IX, 205 Seiten. 1989.

Band 226: F. Mattern, Verteilte Basisalgorithmen. IX, 285 Seiten. 1989.

Band 227: W. Brauer, C. Freksa (Hrsg.), Wissensbasierte Systeme. 3. Internationaler GI-Kongreß, München, Oktober 1989. Proceedings. X, 544 Seiten. 1989.

Band 228: A. Jaeschke, W. Geiger, B. Page (Hrsg.), Informatik im Umweltschutz. 4. Symposium, Karlsruhe, November 1989. Proceedings. XII, 452 Seiten. 1989.

Band 229: W. Coy, L. Bonsiepen, Erfahrung und Berechnung. Kritik der Expertensystemtechnik. VII, 209 Seiten. 1989.

Band 230: A. Bode, R. Dierstein, M. Göbel, A. Jaeschke (Hrsg.), Visualisierung von Umweltdaten in Supercomputersystemen. Karlsruhe, November 1989. Proceedings. XII, 116 Seiten. 1990.

Band 231: R. Henn, K. Stieger (Hrsg.), PEARL 89 – Workshop über Realzeitsysteme. 10. Fachtagung, Boppard, Dezember 1989. Proceedings. X, 243 Seiten. 1989.

Band 232: R. Loogen, Parallele Implementierung funktionaler Programmiersprachen. IX, 385 Seiten. 1990.

Band 233: S. Jablonski, Datenverwaltung in verteilten Systemen. XIII, 336 Seiten. 1990.

Band 234: A. Pfitzmann, Diensteintegrierende Kommunikationsnetze mit teilnehmerüberprüfbarem Datenschutz. XII, 343 Seiten. 1990.

Band 235: C. Feder, Ausnahmebehandlung in objektorientierten Programmiersprachen. IX, 250 Seiten. 1990.

Band 236: J. Stoll, Fehlertoleranz in verteilten Realzeitsystemen. IX, 200 Seiten. 1990.

Band 237: R. Grebe (Hrsg.), Parallele Datenverarbeitung mit dem Transputer. Aachen, September 1989. Proceedings. VIII, 241 Seiten. 1990.

Band 238: B. Endres-Niggemeyer, T. Hermann, A. Kobsa, D. Rösner (Hrsg.), Interaktion und Kommunikation mit dem Computer. Ulm, März 1989. Proceedings. VIII, 175 Seiten. 1990.

Band 239: K. Kansy, P. Wißkirchen (Hrsg.), Graphik und KI. Königswinter, April 1990. Proceedings. VII, 125 Seiten. 1990.

Band 240: D. Tavangarian, Flagorientierte Assoziativspeicher und -prozessoren. XII. 193 Seiten. 1990.

Band 241: A. Schill, Migrationssteuerung und Konfigurationsverwaltung für verteilte objektorientierte Anwendungen. IX, 174 Seiten. 1990.

Band 242: D. Wybranietz, Multicast-Kommunikation in verteilten Systemen. VIII, 191 Seiten. 1990.

Band 243: U. Hahn, Lexikalisch verteiltes Text-Parsing. X, 263 Seiten. 1990.

Band 244: B. R. Kämmerer, Sprecherunabhängigkeit und Sprecheradaption. VIII, 110 Seiten. 1990.

Band 245: C. Freksa, C. Habel (Hrsg.), Repräsentation und Verarbeitung räumlichen Wissens. VIII, 353 Seiten. 1990.

Band 246: Th. Bräunl, Massiv parallele Programmierung mit dem Parallaxis-Modell. XII, 168 Seiten. 1990

Band 247: H. Krumm, Funktionelle Analyse von Kommunikationsprotokollen. IX, 122 Seiten. 1990.

Band 248: G. Moerkotte, Inkonsistenzen in deduktiven Datenbanken. VIII, 141 Seiten. 1990.

Band 249: P. A. Gloor, N. A. Streitz (Hrsg.), Hypertext und Hypermedia. IX, 302 Seiten. 1990.

Band 250: H. W. Meuer (Hrsg.), SUPERCOMPUTER '90. Mannheim, Juni 1990. Proceedings. VIII, 209 Seiten. 1990.

Band 251: H. Marburger (Hrsg.), GWAI-90. 14th German Workshop on Artificial Intelligence. Eringerfeld, September 1990. Proceedings. X, 333 Seiten. 1990.

Band 252: G. Dorffner (Hrsg.), Konnektionismus in Artificial Intelligence und Kognitionsforschung. 6. Österreichische Artificial-Intelligence-Tagung (KONNAI), Salzburg, September 1990. Proceedings. VIII, 246 Seiten. 1990.

Band 253: W. Ameling (Hrsg.), ASST '90. 7. Aachener Symposium für Signaltheorie. Aachen, September 1990. Proceedings. XI, 332 Seiten. 1990.

Band 254: R. E. Großkopf (Hrsg.), Mustererkennung 1990. 12. DAGM-Symposium, Oberkochen-Aalen, September 1990. Proceedings. XXI, 686 Seiten. 1990.

Band 255: B. Reusch, (Hrsg.), Rechnergestützter Entwurf und Architektur mikroelektronischer Systeme. GME/GI/ITG-Fachtagung, Dortmund, Oktober 1990. Proceedings. X, 298 Seiten. 1990.

Band 256: W. Pillmann, A. Jaeschke (Hrsg.), Informatik für den Umweltschutz. 5. Symposium, Wien, September 1990. Proceedings. XV, 864 Seiten. 1990.

Band 257: A. Reuter (Hrsg.), GI – 20. Jahrestagung I. Stuttgart, Oktober 1990. Proceedings. XVIII, 602 Seiten. 1990.

Band 258: A. Reuter (Hrsg.), GI – 20. Jahrestagung II. Stuttgart, Oktober 1990. Proceedings. XVIII, 602 Seiten. 1990.

Band 259: H.-J. Friemel, G. Müller-Schönberger, A. Schütt (Hrsg.), Forum '90 Wissenschaft und Technik. Trier, Oktober 1990. Proceedings. XI, 532 Seiten. 1990.

Band 260: B. J. Frommherz, Ein Roboteraktionsplanungssystem. XI, 134 Seiten. 1990.

Band 261: W. Zimmermann, Automatische Komplexitätsanalyse funktionaler Programme. VII, 194 Seiten. 1990.

Band 262: W. Gerth, P. Baacke (Hrsg.), PEARL 90 - Workshop über Realzeitsysteme. 11. Fachtagung, Boppard, November 1990. Proceedings. X, 187 Seiten. 1990.

Band 263: H. Eckhardt, Entwurfstransaktionen für modulare Objektsysteme. VIII, 144 Seiten. 1990.

Band 264: T. Härder, H. Wedekind, G. Zimmermann (Hrsg.), Entwurf und Betrieb verteilter Systeme. Fachtagung, Dagstuhl, September 1990. Proceedings. XII, 283 Seiten. 1990.

Band 265: U. Herrmann, Mehrbenutzerkontrolle in Nicht-Standard-Datenbanksystemen. VIII, 183 Seiten. 1991.

Band 266: R. Cunis, A. Günter, H. Strecker (Hrsg.), Das PLAKON-Buch. VIII, 279 Seiten. 1991

Band 267: W. Effelsberg, H. W. Meuer, G. Müller (Hrsg.), Kommunikation in verteilten Systemen. GI/ITG-Fachtagung, Mannheim, Februar 1991. Proceedings. X, 589 Seiten. 1991.

Band 268: J. Raczkowsky, Multisensordatenverarbeitung in der Robotik. X, 168 Seiten. 1991.

Band 269: G. Hommel (Hrsg.), Prozeßrechensysteme '91. Berlin, Februar 1991. Proceedings. XIV, 449 Seiten. 1991.

Band 270: H.-J. Appelrath (Hrsg.), Datenbanksysteme in Büro, Technik und Wissenschaft. GI-Fachtagung, Kaiserslautern, März 1991. Proceedings. XIII, 507 Seiten. 1991.

Band 271: A. Pfitzmann, E. Raubold (Hrsg.), VIS '91, Verläßliche Informationssysteme. GI-Fachtagung, Darmstadt, März 1991. Proceedings. VIII, 355 Seiten. 1991.

Band 272: R. Grebe, C. Ziemann, Parallele Datenverarbeitung mit dem Transputer. Aachen, September 1990. Proceedings. X, 300 Seiten 1991.

Band 273: M. Timm (Hrsg.), Requirements Engineering '91. VIII, 208 Seiten. 1991.

Band 274: R. Denzer, H. Hagen, K.-H. Kutschke (Hrsg.), Visualisierung von Umweltdaten. Workshop, Rostock, November 1990. Proceedings. VII, 97 Seiten. 1991.

Band 276: H. Maurer (Hrsg.), Hypertext / Hypermedia '91. Tagung der GI, SI und OCG, Graz, Mai 1991. Proceedings. VIII, 299 Seiten. 1991.

Band 277: U. Borgolte, Flexible, realzeitfähige Kollisionsvermeidung in Mehrroboter-Systemen. XIII, 105 Seiten. 1991.

Band 278: H. W. Meuer (Hrsg.), SUPERCOMPUTER '91. Proceedings. VIII, 266 Seiten. 1991.

Band 279: G. Schwichtenberg (Hrsg.), Organisation und Betrieb von Informationssystemen. 9. GI – Fachgespräch über Rechenzentren, Dortmund, März 1991. Proceedings. IX, 337 Seiten. 1991.

Band 280: B. Westfechtel, Revisions- und Konsistenzkontrolle in einer integrierten Softwareentwicklungsumgebung. X, 321 Seiten. 1991.

Band 281: W. Emde, Modellbildung, Wissensrevision und Wissensrepräsentation im Maschinellen Lernen. XI, 204 Seiten. 1991.

Band 282: P. Buchholz, Die strukturierte Analyse Markovscher Modelle. VII, 192 Seiten 1991.

Band 283: M. Dal Cin, W. Hohl (Hrsg.), Fault-Tolerant Computing Systems. 5th International GI/ITG/GMA Conference, Nürnberg, September 1991. Proceedings. XII, 425 Seiten. 1991.

Band 284: R. Stadler, Ausführbare Spezifikation von Directory-Systemen in einer logischen Sprache. X, 142 Seiten. 1991.

Band 285: T. Christaller (Hrsg.), GWAI-91. 15. Fachtagung für Künstliche Intelligenz, Bonn, September 1991. IX, 273 Seiten. 1991.

Band 286: A. Lehmann, F. Lehmann (Hrsg.), Messung, Modellierung und Bewertung von Rechensystemen. 6. GI/ITG-Fachtagung, Neubiberg, September 1991. Proceedings. VIII, 338 Seiten. 1991.

Band 287: H. Kaindl (Hrsg.), 7. Österreichische Artificial-Intelligence-Tagung, Wien, September 1991. Proceedings. VIII, 180 Seiten. 1991.

Band 288: G. Helm, Symbolische und konnektionistische Modelle der menschlichen Informationsverarbeitung. X, 161 Seiten. 1991.

Band 289: N. Fuhr (Hrsg.), Information Retrieval. GI/GMD-Workshop, Darmstadt, Juni 1991. Proceedings. VII, 162 Seiten. 1991.

Band 290: B. Radig (Hrsg.), Mustererkennung 1991. 13. DAGM-Symposium, München, Oktober 1991. Proceedings. XVIII, 584 Seiten. 1991.

Band 291: W. Brauer, D. Hernández (Hrsg.) Verteilte künstliche Intelligenz und kooperatives Arbeiten. 4. Internationaler GI-Kongreß, München, Oktober 1991. Proceedings. IX, 546 Seiten. 1991.

Band 292: P. Gorny (Hrsg.), Informatik und Schule 1991. GI-Fachtagung, Oldenburg, Oktober 1991. Proceedings. IX, 335 Seiten. 1991.

Band 293: J. Encarnação (Hrsg.) Telekommunikation und multimediale Anwendungen der Informatik. GI-21. Jahrestagung, Darmstadt, Oktober 1991. Proceedings. XII, 710 Seiten. 1991.

Band 294: R. Möller (Hrsg.), 2. Workshop Sichtsysteme. Bremen, November 1991. Proceedings. 1991. VII, 118 Seiten. 1991.

Band 295: W. A. Halang (Hrsg.), PEARL 91 — Workshop über Realzeitsysteme. 12. Fachtagung, Boppard, November 1991. Proceedings. 1991. X, 197 Seiten. 1991.